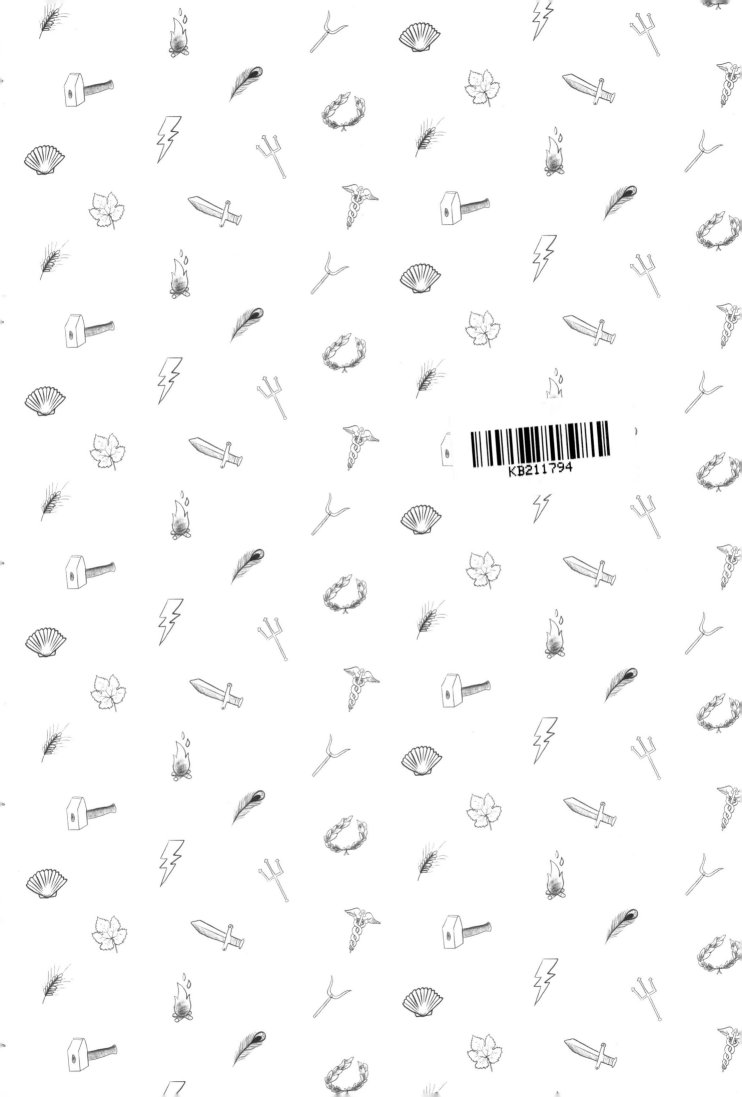

KB211794

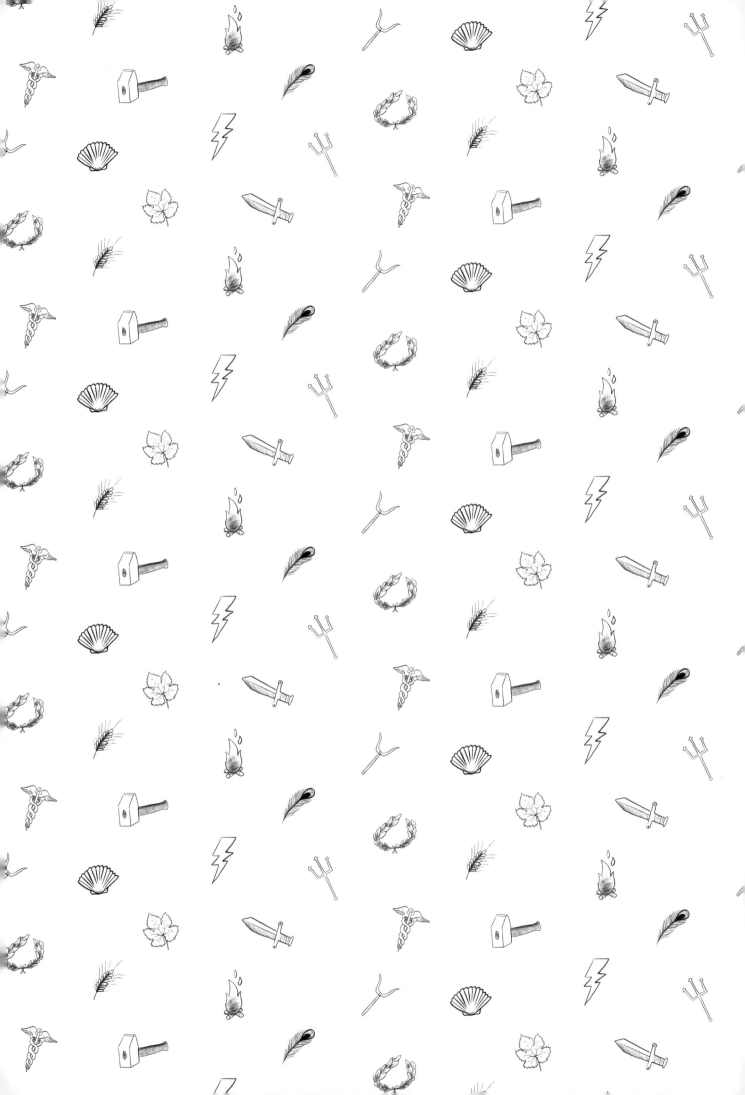

그리스 로마
신화의
주인공들

그리스 로마 신화의
주인공들

초판 인쇄 | 2022년 11월 10일
초판 발행 | 2022년 11월 15일

글쓴이 | 오드 고에민
그린이 | 안 로르 바루시코
옮긴이 | 손윤지
펴낸이 | 조승식
펴낸곳 | BH balance & harmony
등록 | 1998년 7월 28일 제22-457호
주소 | 서울시 강북구 한천로 153길 17
전화 | 02-994-0071
팩스 | 02-994-0073
홈페이지 | www.bookshill.com
이메일 | bookshill@bookshill.com

ISBN 979-11-5971-457-3
값 16,000원

* BH balance & harmony 는 도서출판 북스힐의 그래픽 노블 임프린트입니다.
* 잘못된 책은 구입하신 서점에서 교환해 드립니다.

너무 추워요!

턱을 들어볼래?

멋쟁이, 안녕!

그리스 로마 신화의 주인공들

오드 고에민 글 | 안 로르 바루시코 그림 | 손윤지 옮김

BH balance harmony

차례

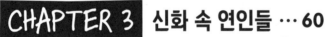
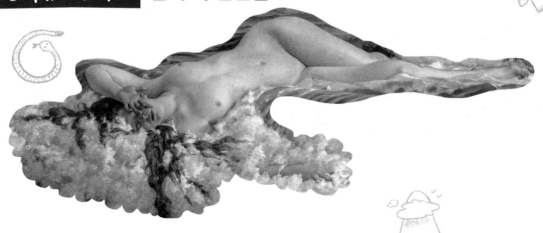

신화의 형성

종교와 역사에서 신화의 역할

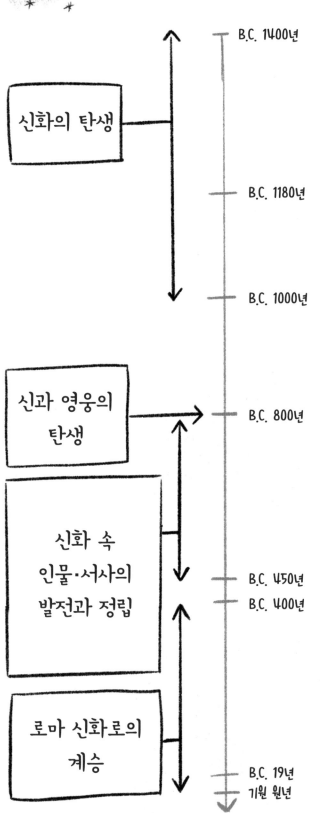

B.C. 1400년

신화의 탄생

★ B.C. 1400~B.C. 1000년
미케네 궁 최초의 음유 시인들

B.C. 1180년

★ B.C. 1180년
트로이 전쟁

B.C. 1000년

★ B.C. 1180~B.C. 800년
영웅 서사시의 탄생 +
이오니아학파의 음유 시와
운문 탄생

종교로서의
신화

신과 영웅의
탄생

B.C. 800년

★ B.C. 800년
호메로스: 『일리아드』, 『오디세이아』

★ 헤시오도스: 『신들의 계보』,
『노동과 나날』

신화 속
인물·서사의
발전과 정립

★ B.C. 450년
아이스킬로스, 에우리피데스,
소포클레스: 신화 속 비극의 탄생

B.C. 450년

B.C. 400년

★ B.C. 400년
플라톤, 소크라테스, 투키디데스:
그리스 신화에 대한 문제 제기와
역사의 탄생

로마 신화로의
계승

★ B.C. 19년
베르길리우스의 『아이네이스』:
로마 문화를 탄생시킨 시인,
헬레니즘의 영향을 받음

종교로서의
신화를 넘어선,
역사와 보편적
교육으로서의
신화

B.C. 19년
기원 원년

★ 기원 원년
오비디우스의 『변신 이야기』:
그리스 문화유산의 승화
기독교 시대의 시작

그리스 문명 속의 신화

그리스 신화는 그리스 문명의 주축으로, 숭고한 성직자이자 노래하는 음유 시인들이 왕궁의 청중들을 사로잡기 위해 연회장에서 말하던 재미있는 이야기로만 그치지 않는다. 당시 신화는 인간사를 잇는 도구일 뿐 아니라 인간이 지닌 믿음의 관점에서 보면, 일종의 종교이기도 했다. 신화는 인간과 신의 기원을 이야기한다. 또한, 도시 국가들 사이에 벌어진 모든 전쟁과 대립을 뛰어넘어 문명의 통일을 구축하도록 모든 그리스인에게 공통된 역사와 표본, 언어와 소속감을 부여한다. 신화는 설명이 불가한 것을 설명한다.

문명의 탄생

신화의 역사는 그리스의 어둑한 새벽으로 거슬러 올라간다. 기원전 14~기원전 11세기, 음유 시인들은 역사적인 사건들과 기상학적 현상에서 영감을 받고 초기 미케네 궁에서 그들의 첫 번째 이야기를 읊는다. 기원전 1180년, 트로이 전쟁이 (실제로) 발발하면서 이오니아에서는 최초의 영웅 서사시뿐만 아니라 시편과 학파가 탄생했다. 호메로스는 기원전 약 800년경에 등장한 것으로 추정된다. 당시 음유 시인들은 신에 대한 숭배를 고무시키는 역할을 하였지만, 그래도 성직자보다는 시인에 가까웠다. 호메로스는 그중에서도 가장 유명한 음유 시인이다. 맹인으로도 잘 알려진 그는 무엇보다도 그리스 역사의 가장 위대한 두 서사, 트로이 전쟁을 이야기하는 『일리아드』와 트로이 전쟁 후 영웅 오디세우스(라틴어로 율리시스)의 모험을 담은 『오디세이아』를 만든 장본인이다. 당대의 또 다른 음유 시인 헤시오도스는 신들의 기원을 추적하는 『신들의 계보』와 인간의 기원에 대한 『노동과 나날』을 노래했다. 따라서 그리스 신화의 대부분은 기원전 800년에 집중되어 있다. 이들 서사시는 또 다른 음유 시인들에게로 이어졌다. (상상해 보라, 순전히 입으로만 전해져 내려왔으니 그 모든 구절을 암기하려면 기억력이 얼마나 좋아야 했겠는가!) 그러다 보니 도자기공, 조각가, 화가, 건축가 등 모든 직업이 신화 속에 녹아들게 되었다.

신화적 글쓰기와 논쟁

기원전 500~400년, 세 명의 위대한 비극의 창시자(아이스킬로스, 에우리피데스, 소포클레스)들은 그들의 작품에서 신화를 이야기했다. 당시는 플라톤과 소크라테스 같은 철학자들이 진리를 탐구하고 그것을 공동의 도덕성 및 역사의 단순 매개체로 삼기 시작하던 시기였다. 심지어 플라톤은 자신만의 신화(동굴 이야기, 아틀란티스)를 창조했다. 동시에, '역사의 아버지' 헤로도토스와 그를 계승한 투키디데스는 역사에 정의를 부여함으로써 역사를 '발명'했다. 정확성과 진실을 지향하고, 유언비어나 직접적인 증언의 대상이 아닌 것은 피하고, 객관성을 추구하는 것. 역사에 대한 이러한 정의는 신화가 곧 믿기 어려운 이야기라는 것을 의미하고 있었다. 하지만 그리스인들 사이에는 미신이 남아 있었고, 여전히 신과 영웅들, 도시 국가에서 탄생한 신화적 기원을 믿고 있었다. 그래서 조상신의 존재를 부정했다는 이유로 비난받은 소크라테스는, 펠로폰네소스 전쟁에서 아테네 군이 정신적으로나 군사적으로도 패한 것에 간접적이지만 책임이 있었다는 이유로 사형 판결을 받았다.

그리스인에서 로마인으로

지중해에서 로마의 새롭고 거대한 힘에 맞선 위대한 고대 그리스 종교는 로마인들에게 전파되었다. 로마인들은 그들이 믿는 신과 그리스 신들을 융합하고 신들의 이름을 로마식으로 번역했다. 예를 들면, 제우스는 주피터, 아프로디테는 비너스로 말이다. 로마인에게 전달된 그리스 신화는 로마 황제 아우구스투스의 친구이자 로마 최고의 시인 베르길리우스가 로마 제국을 위해 쓴, 호메로스에 견줄 만한 트로이 영웅의 탄생 신화 『아이네이스』로 절정에 이른다. 동시에 로마의 시인 오비디우스는 그의 작품 『변신 이야기』를 통해 그리스 역사를 담고 그것을 뛰어넘는 헬레니즘 전통을 더 숭고하게 승화시켰다. 그리고 예수 그리스도가 태어난 원년에 그리스 로마 신화는 극에 다다른다.

신들의 계보

#콩가루집안

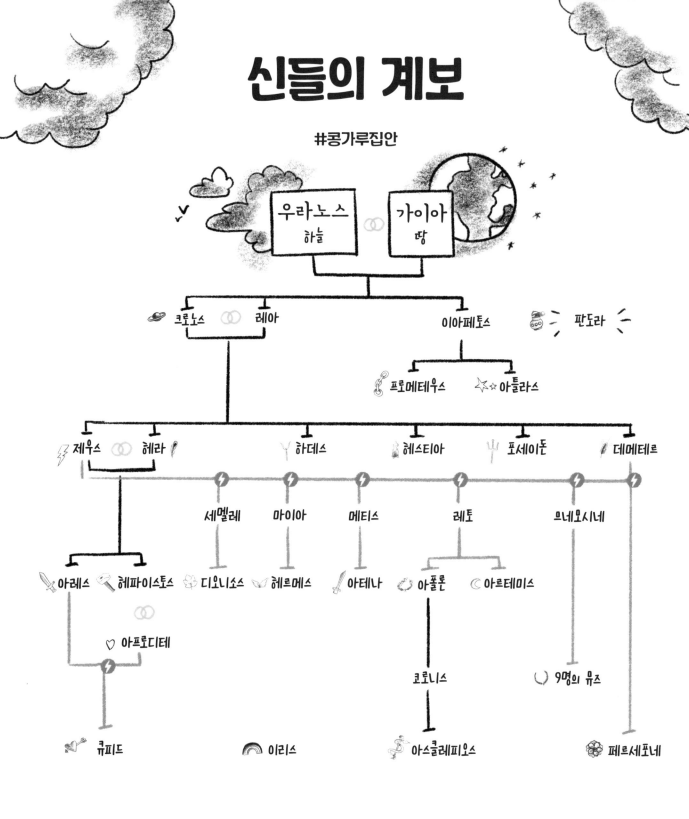

영웅들과 신화

#서사시

『일리아드』와 『오디세이아』

아르고 원정대
"황금 양피 탐험"

- 이아손 ⬭ 메데이아
- 오르페우스
- 카스토르와 폴룩스
- 헤라클레스

트로이 전쟁
"일리아드"

- 아이아스
- 아킬레우스   안드로마케 💔   헥토르 👍
- 메넬라오스 ⬭ 헬레네 👑   파리스
- 아가멤논   ⬭   카산드라 💡

오디세이아

- 율리시스 ⬭ 페넬로페

아이네이스

- 아이네이아스 ⬭ 디도

영웅들

벨레로폰	페르세우스 ⬭ 안드로메다	로뮬루스와 레무스	테세우스 ⬭ { 파이드라 / 아리아드네 }

사랑의 주인공들

레다 ⚡   이오 ⚡   다나에 ⚡   에우로페 ⚡   오리온   다프네

괴물들

미노타우로스   세이렌 👄🎵   메두사   페가수스   에리니에스   케이론   키마이라   아마조네스   스핑크스 ❓

비운의 인물들

시시포스   탄탈로스   다나이데스   나르키소스   이카로스와 다이달로스

파에톤   미다스   오이디푸스   오레스테스

헤르메스

헤파이스토스

디오니소스

아폴

신들의 회의, 1518, 라파엘로, 빌라 파르네시나, 로마.
위 그림에서 에로스는 미간을 잔뜩 찌푸린 제우스와 엄숙한 분위기로 모여 앉은 올림포스산의 신들 앞에서 한창 무언가 변호하고 있다. 인간인 프시케와 뜨거운 사랑에 빠진 에로스가 그녀를 신의 반열에 올려 불멸의 존재로 만들어 달라고 요청했는데, 이는 열두 명의 올림포스산 신들의 투표에 의해서만 결정이 이루어질 수 있기 때문이다. 프시케는 그림의 왼쪽에 서 있다. 헤르메스가 불멸의 존재로 만들어 줄 수 있는 넥타르 한 잔을 그녀에게 건네니, 에로스가 신들의 승낙을 얻는 순간 프시케는 넥타르를 마시게 될 것이다. 자신의 아들을 손가락으로 가리키고 있는 아프로디테는 프시케가 일련의 시련을 극복하여 에로스의 사랑을 얻을 합당한 여인이라는 점을 증명했다고 설명하고 있다.
올림포스산의 열두 신들은 그들을 나타내는 상징과 함께 등장한다. (예를 들어, 지옥의 문을 지키는 머리가 세 개 달린 케르베로스는 하데스의 발밑에 있다.) 또한, 반신반인 헤라클레스, 두 개의 강(나일강과 테베레강) 위로 엎드려 있는 스핑크스, 두 얼굴을 가진 야누스도 그림에서 찾을 수 있다.
왼쪽부터 프시케, 사랑의 요정, 헤르메스, 스핑크스, 야누스, 테베레강, 헤파이스토스, 헤라클레스, 나일강, 디오니소스, 아폴론, 아레스, 아프로디테, 하데스, 에로스, 포세이돈, 제우스, 아르테미스, 헤라, 아테나.

올림포스산의 열두 신

아레스 · 아프로디테 · 하데스 · 포세이돈 · 제우스 · 아르테미스 · 헤라 · 아테나

열두 명의 올림포스산 신들은 신화 속 " VIP " 신들이다. 모든 것이 그들의 신성함을 위주로 형성되었다. 시계 속 열두 개 숫자와 달력 속 열두 개의 달까지 전부!

올림포스산의 입주민들만이 모일 수 있는 매우 사적인 이 모임의 장, 제우스는 그의 형제와 누이, 그의 자식들로 대표되는 다섯 명의 신과 여섯 명의 여신(#성평등)을 통치하는 우두머리다. 하지만 아주 다행스럽게도 예외는 있다! 바로 사랑의 여신 아프로디테다.

불멸의 존재인 열두 신은 넥타르와 성스러운 양식을 먹으며 영원한 젊음을 유지한다. 인간들은 이들에게 끊임없이 재물을 갖다 바치는데, 그렇지 않으면 엄청난 형벌을 받기 때문이다.

논리적으로, 지하 세계의 신 하데스는 그의 지하 신전을 절대 떠나는 일이 없기 때문에 이 모임에 참석할 수 없다. 와인의 신 디오니소스도 지상의 인간들과 매번 술에 취해 있는 탓에 참석이 어렵다. 하지만 두 신이 올림포스산 신들의 명단에 속하는 경우가 종종 있으니, 이번에도 어디 한번 명단에 넣어줘 볼까나? 이번에만!

제우스
신들의 왕, 날씨의 신

신들의 왕 제우스. 신들 가운데서도 가장 숭배받는 신이다. 하늘과 땅을 다스리며 신과 인간을 모두 다스리는 신들의
모범이다. 여자를 밝히는 바람둥이 이미지만 빼면!

제우스와 테티스, 1811, 앵그르, 그라네 미술관, 엑상 프로방스.
이 그림을 보고 떠오르는 것이 있는가? 앵그르는 이 그림에서 1806년 나폴레옹 1세의 초상화에 담긴 동일한 배경과 시선을 직
접 암시한다. 나폴레옹과 제우스는 모두 독수리를 상징으로 삼았다!

아빠는 식인종, 엄마는 염소

제우스는 태어날 때부터 그의 눈부신 업적이 예견된 것은 아니었다. 그의 아버지 티탄족의 크로노스는 자신의 자리를 넘볼까 두려워서 갓 태어난 다섯 명의 자식들을 집어삼켰다. 엄청난 방법 아닌가? 하지만 아기 제우스는 운이 좋았다. 그의 어머니 레아가 이번만큼은 아기를 빼앗기지 않기 위해 제우스 대신 포대기에 싸인 돌덩이를 건넸다. 눈치채지 못한 크로노스는 새로 태어난 아기인 줄 알고 이를 삼켰다! 아기 제우스는 크레타섬의 이타산에 숨어 지내며, 염소였던 아말테이아 손에서 자랐다.

제우스! 방 청소 해야지!

#집이_최고야

제우스의 동굴, 이타산 또는 프실로리티스라 한다. 크레타섬 게라카리 지역으로, 제우스가 어린 시절을 보냈다고 추측된다.

(한가운데 있는) 이타산

크레타섬

무시무시한 신

청년으로 성장하자마자 제우스는 아버지에게 복수하기 위해 돌아온다. 크로노스에게 마법의 약을 마시게 만들어 그가 삼켜 버린 형과 누나들을 토해 내도록 한 다음, 제우스는 형제들과 함께 크로노스를 향한 전쟁을 일으킨다. 크로노스도 티탄 형제들과 동맹을 맺고 맞선다. 하지만 제우스는 키클로페스 삼 형제를 자유롭게 풀어 주고, 대장장이 삼 형제는 답례로 번개, 천둥, 벼락을 강력한 무기로 만들어 선물한다. 그중에서도 벼락은 세 단계로 활용할 수 있어서(1단계: 경고, 2단계: 처벌, 3단계: 죽음) 제우스에게 승리를 안겨 주었던 강력한 위력을 가진 무기다.

땅과 하늘의 주인

제우스는 티탄족과의 전투에서 승리를 거두고, 세계를 삼등분해 형제들과 지배했다. 포세이돈은 바다, 하데스는 지하 세계, 제우스는 땅을 담당했다. 제우스는 천둥 번개가 치는 구름 위, 깨끗한 공기와 빛이 끊임없는 천공에 그의 거처를 만들었다. 지상에서는 몇 개의 산봉우리만 제우스의 신전에 닿는다. 제우스가 가장 좋아하는 곳은 올림포스산으로, 그 위에는 기술의 신 대장장이 헤파이스토스가 지은 웅장하고 아름다운 궁전이 있다.

바로 여기 이렇게!

가엾은 인간들

로마명: 유피테르
어원: 빛나는
별명: 하늘의 신
아버지: 티탄족 크로노스
어머니: 티탄족 레아

제우스를 찾아라

예르미타시 미술관의 제우스

가장 유명한 제우스 상은 러시아 상트페테르부르크의 예르미타시 미술관에 있다. 세계 3대 불가사의인 고대 작품의 모작으로 제우스의 모습을 금과 상아로 만든 조각상이다. 눈이 부실 정도로 아름다워서 조각가 페이디아스가 올림포스산에 올라가 실제 모습을 본 딴 것은 아닐까 의심스러울 정도! 무려 800년 동안 사람들의 호평을 받은 작품이지만 안타깝게도 5세기쯤 화재로 사라졌다.

다양한 이름 속 "제우스"

제우스의 치명적인 무기가 바로 벼락 아닌가! 수 세기 동안 호통 소리로만 여겨졌던 그 무기가 파리의 놀이공원 '아스테릭스 파크'의 놀이 기구 '제우스의 천둥'으로 재탄생했다. 또, 고대 로마의 시인 유베날리스는 맹세할 때마다 "제우스의 수염을 걸고!"라며 외쳤다고 한다. 그 표현은 여전히 남아 있어서

믿어 주십시오, 여러분!

학자들은 제우스의 수염과 닮은 다육 식물에 '조비바르바'라는 이름을 붙였다고 한다.

마크롱, 제우스를 닮은 대통령

에마뉘엘 마크롱 프랑스 대통령의 취임식 이후, 언론에서는 마크롱 대통령을 이렇게 설명했다. 프랑수아 올랑드 전 대통령을 '평범한' 대통령이라 표현했다면, 마크롱은 '제우스를 닮은' 대통령이라는 것이다. 제우스의 모습과 제우스에 빗댄 문장들이 여러 신문 1면에 끊임없이 넘쳐 났다. 제우스는 고대 왕들에게 영감을 주는 존재였다는데, 오늘날에도 그렇지 않은가?

포세이돈
바다의 신

제우스의 형제이자 물과 바다의 신 포세이돈은 돌고래와 말이 끄는 마차를 타고 손에는 삼지창을 든 모습으로 알려진 친숙한 인물이다. 심술 난 얼굴과 어두운 표정의 포세이돈은 성미가 급하기로 유명하다.

포세이돈과 암피트리테, 17세기, 루카 지오르다노, 팔라초 메디치 리카르디, 피렌체.

강력한 무기

포세이돈을 상징하는 치명적인 무기 삼지창! 키클로페스가 준 선물로, 추악한 그의 아버지 크로노스와 티탄족과의 전쟁에서 그 진가를 발휘한 최고의 무기다. 삼지창은 높은 파도를 일으켜 산을 둘로 쩍 가르고 하늘까지 치솟는 물기둥을 만든다. 포세이돈은 삼지창이 마치 포크인 양 티탄들을 타르타르의 저 깊은 지하로 푹 꽂아버린다. 왠지 스테이크 타르타르가 떠오르지 않는가!

포세이돈! 어서 전차를 멈춰!

디즈니 애니메이션 '인어공주'의 왕 트리톤처럼 포세이돈은 그가 가장 좋아하는 동물인 돌고래가 끄는 전차를 타고 달리는 것을 좋아한다. 심지어는 가끔 돌고래로 변신하여 여인들을 유혹하는데, 하루는 멜란토를 유혹해 고대 도시 델포이의 창시자가 될 아들 델포스를 낳는다. 한편, 포세이돈은 정식 아내 암피트리테를 유혹할 때 옆에서 그를 도와준 돌고래 델피노스에게 고마움을 표하기 위해서 하늘에 델피노스의 별자리를 만들어 주기도 했다. 멋진 의리 아닌가!

칼리프가 되고 싶었던 포세이돈

포세이돈은 바다의 신이 되어 해저의 거대한 왕국을 다스렸지만 종종 심통이 나곤 했다. 천지 모든 신들 중 최고의 자리에 앉은 그의 동생 제우스가 못마땅했다. 하지만 아버지의 뱃속에 갇혀 있던 그를 구해 준 장본인이 제우스였기에 어쩔 수 없었다.
어느 날, 포세이돈은 헤라, 아테나와 음모를 꾸미며 제우스를 왕좌에서 끌어내리려 계획을 세웠지만 결국 실패로 끝이 났다. 그 벌로 일 년간 노역을 치르기도 했다.

안녕? 귀염둥이! 와서 내 마차 구경할래?

14

'말'이면 될 줄 알았지

포세이돈이 사랑하는 또 다른 동물은 바로 말이었다. 그리스의 한 도시에서(현 아테네) 해당 도시의 수호신을 뽑는 자리, 포세이돈은 시민들의 마음을 얻기 위해 말을 선물로 준다. 그가 아크로폴리스 바닥에 삼지창을 쿵 하고 내리찍으니 기품이 넘치는 종마 한 마리가 나타났다. 그 위엄에 끌린 도시의 남자들이 만장일치를 외치며 포세이돈을 수호신으로 삼으려 했다. 그러나 포세이돈의 경쟁자인 영리한 아테나가 전쟁과 슬픔을 상징하는 말에 견주어 평화와 풍요를 상징하는 올리브 나무를 선물로 선보이자 여인들의 표를 모두 가져왔다. 포세이돈의 참패!

우리가 이겼어!
우리가 이겼다고!

로마명: 넵투누스
어원: 지배의
별명: 땅을 뒤흔드는 자
아버지: 티탄족 크로노스
어머니: 티탄족 레아

포세이돈을 찾아라

광고 속 포세이돈

포세이돈의 무기 삼지창은 전 세계 해양 산업의 트레이드 마크다. 프랑스의 대형 리조트 브랜드 클럽메드도 삼지창을 회사 로고로 삼았다. 이뿐만이 아니다! 카리브해의 작은 섬나라 바베이도스는 해양 국가의 정체성을 나타내기 위해 국기에 삼지창을 그려 넣었다. 요즘에도 삼지창은 해저 사냥에 종종 쓰인다.

과학 속, 고대 속 포세이돈

바다처럼 푸르게 빛나는 해왕성의 이름도 포세이돈의 로마명에서 따왔다. 두 이름이 같아진 건 우연이었다. 해왕성은 정밀한 과학적 계산을 바탕으로 발견되었는데, 호메로스의 이야기가 등장하고 한참 후인 1843년에 아직 행성의 색깔이 제대로 관측되지도 않았을 때 붙여졌기 때문이다. 그런데 딱 맞아떨어졌다! 재미있게도, 해왕성의 천문 기호 역시 포세이돈의 삼지창을 형상화 한 ♆ 이다.

디즈니 속 포세이돈

'인어공주'에 등장하는 바닷속 왕 트리톤을 기억하는가? 인어인 그의 꼬리만 빼고 본다면 포세이돈의 (거의 완벽한) 모습을 발견할 수 있을 것이다. 애니메이션의 초반 장면에 나오는 황금으로 된 트리톤의 거대한 왕궁과 그 설정은 호메로스의 이야기에서처럼 "녹슬지 않는 휘황찬란한 금"으로 만든 바닷속 왕궁의 주인 포세이돈의 이야기에서 직접적인 영감을 받았다.

왠지 익숙하군.

Club Med

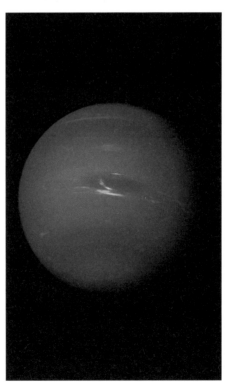

해왕성, 태양계의 여덟째이자 마지막 행성.

그 입 다물라.

언더 더 씨~

언더 더 씨~

촉촉한 바다

이토록 언제나 즐겁지~

헤라
결혼과 가정의 여신

헤라는 자신도 모르는 사이 올림포스산의 신들 중 가장 냉정한 여신이 되었다. 영원한 바람둥이 제우스의 누이이자 아내인 헤라는 언제나 질투심에 사로잡혀서 잔소리가 많고 복수심이 넘칠 수밖에 없었다. 안타까운 일이다. 하지만 헤라는 제우스에 대한 정조를 끝까지 지키려 했기 때문에 결혼과 가정의 수호신으로 그 지위를 인정받았다. 특히 배우자와 자녀를 원하는 여인들에게 숭배받는 여신이다.

이타산의 헤라와 제우스, 1799, 제임스 베리, 셰필드 미술관. 제우스와 헤라의 은밀한 순간 (트로이 전쟁에서 제우스가 트로이 군을 돕지 못하도록 남편의 시선을 돌리려는 헤라).

못된 뻐꾸기

헤라도 우주 제일 바람둥이의 아내가 되고 싶었던 건 아니다. 더구나 여러 차례 남동생을 밀어내기도 했었다. 그러던 어느 날, 헤라가 산책하며 숲을 거닐고 있었는데 물에 푹 젖어 덜덜 떨고 있는 뻐꾸기 한 마리가 나타났다. 가엾은 뻐꾸기를 불쌍히 여긴 헤라가 자신의 품에 안은 그 순간, 짠! 제우스가 나타났다! 헤라를 유혹하려 뻐꾸기로 변신했던 것이다. 제우스는 헤라의 품에 안긴 그 순간을 결코 놓치지 않았다. #음흉한_녀석. 그래서 헤라를 상징하는 동물은 뻐꾸기가 되었다고 한다. 그것도 아주 못된 뻐꾸기.

#치명적인_뻐꾸기

바람은 용서 못 해!

두 사람의 시작은 낭만적이었지만 결혼 생활이 300년 동안이나 이어진 탓에 제우스와 헤라의 관계는 갈수록 나빠졌다. 뼛속까지 바람둥이인 제우스 때문에 헤라는 그를 쉴 틈도 없이 감시했다. 아, 부부의 세계란! 어느 날 헤라는 100개의 눈을 가진 거인 아르고스 파놉테스('빛나는 모든 눈'이라는 뜻)에게 이오를 찾아오라고 시켰다. 이오는 제우스와 바람을 피운 여인으로 헤라에게 들키지 않기 위해 제우스가 암소로 변신시켰다.

그러나 아르고스 파놉테스는 제우스의 명령을 받은 헤르메스의 손에 죽고 만다. 슬픔에

헤라, 카피톨리니 미술관, 로마.

보인다! 보여!
보인다! 보여!
보인다! 보여!
보인다! 보여!

파리스의 심판, 20세기, 조지 테커.
황금 사과를 갖지 못하게 될 헤라의 조금 경직된 모습.

목성 밀착 탐사선

목성을 촬영하는 최고의 무인 탐사선인 주노가 헤라의 라틴어 이름에서 따왔다는 것을 아는가? 남편에게 다가가는 아내로 묘사되는 주노는 목성 촬영에 완벽하게 성공했다. 제우스의 이름을 딴 기체 행성인 목성의 내부 탐사 정보를 수집하고 모든 각도에서 관찰한 데이터를 지구로 전송할 예정이다. 질투의 여신 헤라가 그토록 바라왔던 기가 막힌 복수의 순간이다!

헤라의 달, 6월

로마인들 사이에서 주노라고 불리는 헤라는 달력에서도 찾을 수 있다. 바로 결혼하기 좋은 달이라는 6월이다. 헤라와 딱 어울리지 않는가? 로마에서 여신 주노에게 재물을 바치는 카피톨리노 언덕 위 신전의 이름은 '주노 모네타'였다. '경고의 신전'이라는 뜻으로 신전 주변에 성스러운 기러기 떼가 늘 둘러싸고 있어, 적들의 기습 공격이 있을 때면 울음소리를 내며 경고했다고 한다. 한편 그 옆에는 은화 주조 공장이 하나 있었는데 흔히 그곳을 '모네타'라고 불렀다고 한다. 오늘날

돈을 뜻하는 영어 '머니'의 어원도 바로 여기서 온 것이다.

산속 메아리

제우스가 바람피우는 현장을 잡으려는 헤라에게 자꾸 말을 걸어 놓치게 만든 수다쟁이 님프가 있었다. 이 가엾은 님프는 자기가 무슨 짓을 저질렀는지 전혀 알지 못했다! 분노에 찬 헤라는 평생 남이 한 말의 마지막 말만 따라 해야 하는 벌을 내려 그 화를 식혔다. 이렇게 목소리만 남아 우리 귀에 산속 메아리로 들려오는 님프가 바로 에코다.

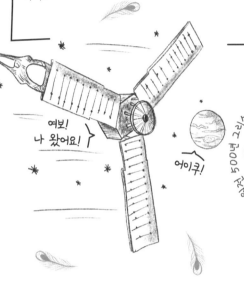

여보!
나 왔어요!

어이쿠!

그리스 5005년경 화폐

빠진 헤라는 아르고스를 기리기 위해 그녀가 아끼는 동물인 공작의 꼬리에 그의 눈을 붙였다고 한다.

면사포를 쓴 아름다운 여인의 가출

아름다운 여신 헤라는 주위 남성들에게 종종 구애를 받았지만, 가정에 충실했다. 그래서 그리스에서 결혼을 상징하는 긴 면사포를 쓴 모습으로 주로 표현된다. 하루는 헤라가 제우스의 외도에 분노를 참지 못하고 마침내 가출을 결심한다. 제우스는 아무리 용서를 구해도 소용이 없자 나무로 여인의 조각상을 만들어 면사포로 감싸 마차 옆에 태워 자신의 약혼녀라며 동네방네 소문을 낸다. 제우스의 재혼 소식에 화가 난 헤라가 마차를 덮쳐 복수하

려 했지만, 면사포를 벗겨 보니 그 안에 자신과 똑 닮은 조각상이 있었다. 마침내 제우스의 마음을 알아차린 헤라는 웃으며 다시 집으로 돌아갔다고 한다.

로마명: 주노
별명: 우유처럼 흰 팔에 황소 같은
　　　눈의 여인
아버지: 티탄족 크로노스
어머니: 티탄족 레아

은하수

헤라의 복수심은 제우스의 여인들뿐만 아니라 그 사이의 사생아들에게도 향했다. 대표적인 사건으로는 헤라클레스의 이야기가 있다. 헤라는 갓 태어난 아기 헤라클레스의 요람에 뱀 두 마리를 넣기도 했다(물론 갓난아기 헤라클레스의 맨손에 목을 졸려 죽었지만). 헤르메스는 제우스의 사생아들이 헤라의 모유를 먹지 못하면 결코 불멸의 존재가 될 수 없다는 것을 깨닫고 헤라가 잠든 틈을 타 헤라클레스에게 헤라의 젖을 물린다. 헤라클레스가 젖을 무는 힘이 너무 강했던 탓일까! 깜짝 놀라 잠에서 깬 헤라가 헤라클레스를 힘껏 뿌리치면서 뿌려진 젖이 하늘로 솟았다. 그게 바로 은하수다!

은하수의 기원, 1575년, 야코포 틴토레토, 런던 국립 미술관.

무한한 공간,
저 너머로!

아테나
전쟁의 여신

아테나는 아테네인들이 사랑하는 여신이다. 그럴 수밖에 없다. 현명하고 지혜로우며 전략, 전쟁, 예술, 문학, 철학에 능하여 신들 중 가장 완벽에 가까운 여신이다. 다시 말해, 그냥 최고다!

미네르바(팔라스 아테나), 1898, 구스타브 클림트, 빈, 오스트리아.
"푸른 눈의 여신"으로도 불리는 아테나가, 페르세우스가 승리에 도움을 주어 감사의 뜻으로 바친 메두사의 머리가 새겨진 갑옷을 입고 있다. 쉿! 아테나의 팔 뒤를 자세히 보라. 그녀의 상징 동물인 부엉이가 숨어서 당신을 지켜보고 있다.

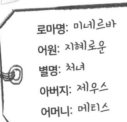

로마명: 미네르바
어원: 지혜로운
별명: 처녀
아버지: 제우스
어머니: 메티스

그리스

아테네

최고의 브레인, 아테나

제우스의 첫째 부인이라고도 전해지는 지혜의 여신 메티스가 임신하자 제우스의 뇌리에 예언이 하나 스친다. 메티스가 낳은 아들에게 제 왕좌를 빼앗기리라는 것이었다. 고민하던 제우스는 위험의 싹을 제거하기 위해 파리로 변신한 메티스를 얼른 삼켰다. 하지만 몇 달 후 끔찍한 두통이 제우스를 괴롭혔고 더 이상 참을 수 없어, 헤파이스토스를 불러 도끼로 자신의 머리를 가르라고 했다. 그 순간! 창을 들고 황금 투구를 쓴 완전 무장한 아테나가 튀어나왔다.

'엑스트라 버진'

아테네인은 자신들에게 가장 필요한 선물을 내리는 신을 최고의 수호신으로 삼기로 했다. 선거일, 포세이돈이 말을 선물로 내렸고 남자들은 열광했다. 마침내 아테나의 차례! 여신이 땅을 툭툭 치니 올리브 나무 한 그루가 자랐다. 실망한 남자들과 달리 현명한 여인들은 올리브유의 유용함을 얼른 알아차렸고, 아테나에게 모든 표를 보냈다. (후에 아테나는 남자들이 말을 다스릴 수 있게 말고삐를 선사한다! #화해의_신)

아테네산 올리브
엑스트라 버진

여신의 부엉이

아테나는 신수로 부엉이를 택했다. 집요하게 먹이를 쫓는 부엉이는 어둠 속에서도 잘 보는, 지혜와 '앎'의 상징으로 매우 적합한 동물이다. 부엉이는 메신저 역할도 톡톡히 해(맞아, 해리포터도 여기서 영감을 받았지!) 그가 전한 여신의 조언으로 영웅들이 위기를 극복하기도 했다. 고대 아테네인의 동전에서도 부엉이를 찾을 수 있다. 아테네의 화폐 드라크마를 다른 말로 "지혜로운 늙은 부엉이"라고 불렀다고 한다. 오늘날 그리스에서 만든 1유로짜리 동전에도 부엉이가 새겨져 있다.

부엉이가 그려진 아테네의 동전, 기원전 500년경

부엉이가 새겨진 1유로 동전

아테나를 찾아라

친절한 올빼미(부엉이)

유럽에서는 부엉이와 아테나를 때려야 뗄 수 없기 때문에 새끼 부엉이들은 흔히 '아테나의 올빼미'라고 불렸다. 해리 포터에 영감을 주기 훨씬 이전부터 부엉이는 지식의 상징이었다. 프랑스의 권위 있는 출판사 '레벨 레트르'의 로고로 쓰인 부엉이는 사색과 지혜의 눈을 한 아테나의 올빼미를 닮았다.

내가 원조다!

페이디아스의 조각상

페이디아스가 파르테논 신전이 건립될 당시 만든 아테나의 숭고한 조각상은 신전의 신성한 상징물이다. 이 조각상은 감히 그 가치를 논할 수 없을 만큼 아름답다. 온통 금과 상아로 만들었는데, 금을 구하기 위해서 아테네 병사들의 1년 치 임금을 쏟아부었다고 한다!

방패 뒤로 숨지 않아!

페이디아스가 만든 조각상의 방패에는 메두사의 얼굴과 뱀으로 된 머리카락이 새겨져 있다. 메두사는 고르고네스의 세 자매 중 한 명으로 아테나의 도움을 받은 페르세우스에게 죽임을 당하는 괴물이다. 페르세우스는 메두사의 머리를 바치는 것으로 아테나에게 감사를 표했고, 아테나는 목까지 착용한 갑옷과 방패를 메두사의 머리로 장식했다.

(헬멧을 쓰고 조각가와 이야기를 나누고 있는 페리클레스) 아테나의 조각상은 아테네가 다른 그리스 도시에서 돈을 마구 끌어와야 만들 수 있을 정도로 그 값어치가 매우 비쌌다. 이는 훗날 펠로폰네소스 전쟁의 원인이 된다!

자식이 있는 처녀, 아테나!

응애!

파르테논 신전의 이름이 '순결'을 뜻해 처녀의 신 아테나에게 헌정되었다는 것을 아는가? 어느 날, 헤파이스토스는 끈질긴 구애 끝에 아테나를 덮치려 했다. 아테나는 가까스로 자신을 지켜내는 데 성공했지만, 서로 티격태격하는 사이 헤파이스토스의 정액이 아테나의 허벅지에 묻고 만다. 화가 난 아테나가 양털로 정액을 닦아 땅에 던졌고, 거기서 괴물 인간이 태어났다. 이 아이를 아테네에서 거두어 비밀리에 키웠고 그는 훗날 아테네의 왕이 된다. 바로 에리크토니오스(양털과 땅을 의미함)다!

#여기가_바로_아테네

아프로디테
미와 사랑의 여신

바다의 거품에서 태어난 '매혹적인' 여신 아프로디테는 올림포스산 신들의 눈을 사로잡는 유혹적인 나체로 나타났다. 그녀의 아름다움은 '최고의 미'를 지닌 여신에게 바치는 사과를 그녀의 품에 안겨 주어 전쟁의 원인이 되기도 하고, 전쟁의 신을 무장 해제시키기도 한다.

보티첼리의 비너스는 피렌체에 있어요!

벌거벗은 구릿빛 피부의 아프로디테

비너스의 탄생, 1484, 보티첼리, 우피치 미술관, 피렌체.

하얀 바다 거품

아프로디테의 탄생에는 아주 재미있는 비화가 있다. 천공의 신 우라노스는 끔찍한 자신의 자식들을 그들의 어머니인 대지의 여신 가이아의 배 속인 지하 깊은 곳에 가두었다. 우라노스의 처사에 화가 난 가이아는 수모를 되갚기 위해 자식들 중 한 명인 크로노스에게 낫을 건넸고, 혼란한 틈을 타 크로노스는 아버지의 성기를 낫으로 베어 잘라 버린다. 잘려 나간 우라노스의 성기가 바다에 빠졌고, 정액이 바다에 닿는 그 순간! 푸른빛의 바다에 하얀 거품이 올라오기 시작했다. 부글거리는 하얀 거품에서 성스러운 잉태가

이루어지고 그 속에서 '거품'을 어원으로 하는 아프로디테가 태어났다.

유혹하는 마법의 허리띠

아프로디테는 진주알처럼 조개껍데기를 타고 키테라섬으로 이동한 뒤 올림포스산에 올라 위엄 있는 신들 앞에 벌거벗은 모습으로 등장한다. 모든 남신이 아름다운 아프로디테를 가지고 싶어 안달했지만, 천하의 추남 헤파이스토스가 그 자리를 차지한다! 대장장이 기술을 발휘해 유혹의 마법 허리띠를 만들어 아프로디테에게 선물했고, 이것을 손에 넣고 싶었던 아프로디테가 헤파이스토스와 결혼하기로 한 것이다. 헤파이스토스는 그렇게 자신도 모르는 사이 고대 그리스 신들 중 아내에게 유혹의 허리띠를 선물한 가장 멍청한 남편으로 꼽히게 된다.

불륜의 현장을 낚아챈 투명 그물

아프로디테는 비록 헤파이스토스와 결혼하긴 했지만 남편의 형제이자 잘생긴 전쟁의 신 아레스와 바람을 피우느라 정신이 없었다. 그러던 어느 날 아침, 두 사람의 불륜 현

#지루해

여보~!

야호!

최음제, 아프로디지아크

과연 아프로디지아크를 연상하지 않고 사랑의 여신 아프로디테를 떠올릴 수 있을까? 육체적 쾌락을 위해 쓰이는 이 물질은 그리스 여신의 이름을 따 만들어졌다. 아시아인들 사이에서 남근의 모양을 한 코뿔소의 뿔이 정력에 좋다는 유언비어가 돌아, 뿔을 가루로 빻아 섭취하기 위해 코뿔소들을 약탈하리라는 것을 아프로디테가 알았다면 결코 용납하지 않았을 것이다.

물에서 태어난 비너스들

보티첼리의 그림에서처럼, 아프로디테가 조개껍데기를 타고 키테라섬에 도착하는 장면은 '물에서 태어난 비너스'라는 이름을 붙여 미술계에서 반복되어 다루어지는 주제다. 키테라섬은 사랑하는 연인들의 쾌락을 위한 곳으로 시 작품이나 '사랑의 축제'를 그린 와토의 작품들에서 신화적 공간으로 그려진다. 시인 폴 베를렌도 '사랑의 축제'라는 이름의 시선집을 출판한 바 있다.

나는 당신의 '비너스'

아프로디테의 라틴어 이름인 비너스는 '아름다움'과 '미용'의 동의어처럼 쓰인다. 오드리 토투의 데뷔작인 영화 '비너스 보떼'만 봐도 미용 관리사들이 모여 미의 여신 아프로디테의 이름을 가게 이름으로 붙이는 데는 다 그럴만한 이유가 있다! 같은 맥락에서, 여성용 면도기 '비너스'의 광고를 봐도 여성 소비자들이 스스로를 마치 '여신'이 된 것처럼 느끼게 만든다.

황금처럼 빛나는
"찰랑이는 머릿결"

하지만 너무
추워 보이는 걸!

비너스의 탄생, 1862, 아모리 뒤발, 팔레 데 보자르, 프랑스 릴. 프랑스 시인 알프레드 뮈세의 시구에 영감을 받아 탄생한 작품이다. "쓰라린 파도의 딸 비너스 아스타르테 여신이 있는 곳, 어미의 눈물을 닦으며 순결한 처녀의 모습으로, 그녀의 머리칼을 땋으며 세상을 풍요롭게 하는구나."

장을 더 이상 바라볼 수 없던 태양의 신 아폴론이 헤파이스토스에게 사실을 알린다. 복수를 결심한 헤파이스토스는 대장간으로 가 누구의 눈에도 보이지 않는 투명한 그물을 만들어 아프로디테의 침대 위에 설치한 다음 아레스와의 밀회 현장을 잡았다. 벌거벗은 채 그물에 꽁꽁 싸여 올림포스산의 신들 앞에 놓인 둘을 보고 신들의 비웃음이 끊이지 않았다. 모욕감을 견디지 못한 아프로디테와 아레스는 헤어지게 되고 올림포스산을 떠난다.

황금 사과

올림포스산에서 열린 결혼식을 축하하던 어느 날, 초대받지 못한 불화의 여신 에리스가 나타나 '가장 아름다운 여신'에게 드린다며 황금 사과를 탁자 위에 던졌다. 이에 모든 여신이 황금 사과를 가지려고 달려들자, 제우스는 파리스라는 목동에게 판결을 맡기기로 한다. 아프로디테는 파리스에게 세상에서 가장 아름다운 여인의 사랑을 선물로 주겠다고 약속하고, 파리스는 황금 사과를 아프로디테에게 바친다. 이런! 하필 파리스가

선택한 여인은 이미 남편이 있는 헬레네였다. 파리스는 결국 헬레네를 납치하게 되고 그렇게 트로이 전쟁이 시작된다.

로마명: 베누스
어원: 거품
아버지: 우라노스, 천공의 신
어머니: 바다(우와!)

아폴론
태양, 음악, 예언, 시, 궁술의 신

그리스 문화가 정교해질수록 아폴론은 남자들이 선호하는 신으로 자리매김했다. 아폴론은 모든 능력을 갖추고 있었다. 악기 연주, 노래, 시에 능할 뿐만 아니라 잘생긴 데다 태양을 다스리기까지 했다. 진정 다재다능한 신이다!

반짝반짝 빛나는 미남의 탄생

아폴론은 어머니 레토가 헤라의 질투와 저주를 피해 달아나다 오르티지아섬에서 낳은 제우스의 혼외 자식이다. 레토는 자신의 아들이 이곳에 신전을 세우고 '빛나는 곳'이라는 이름을 갖게 되리라 믿었다. 그 신전이 바로 '델로스'다. 아폴론 탄생 며칠 뒤 백조들이 섬 주위를 일곱 번 돌며 레토의 무사 출산을 축하하며 노래 불렀다. 이를 기억하며 아폴론은 그의 리라에 일곱 현을 만들고 백조를 자신의 상징 동물로 삼았다. 훗날 제우스가 아폴론에게 선물로 준 마차도 심지어 백조가 끈다!

(냄새나는) 예언의 신

예언가의 재능을 가진 아폴론은 신탁을 내릴 신전을 세울 장소를 찾다가 델포이에서 무시무시한 뱀 피톤을 만나게 된다. 아폴론은 피톤을 죽이고 그 가죽을 그대로 썩게 내버려 두었다고 한다. 피톤이 지키던 델포이 신전은 아폴론이 차지하고, 여사제 피티아를 통해 인간에게 신탁을 전달했다. 피티아라는 이름은 피톤의 가죽이 썩어 버린 것처럼 "썩다"라는 뜻의 그리스어 '푸테인'에서 유래되었다. 더구나, 피티아는 썩은 냄새가 가스처럼 올라오는 피톤의 가죽 위에서 신탁을 전했다고 하니. 그 이름값을 제대로 하는군!

빛의 신 아폴론과 천문의 여신 우라니아, 1800, 샤를 메이니에, 클리블랜드 미술관.
아폴론과 우라니아가 이야기를 나누고 있다. 두 사람 사이에는 음악가인 아들 리노스가 태어났다. 리노스는 복잡한 악기 리라를 간소화하고 소리와 음은 더 다채롭게 만들었다!

"나한테 나는 냄새야? 아님 여기서 나는 거야?"

로마명: 아폴로
어원: 태양의
별명: 오블리크
아버지: 제우스
어머니: 티탄족 레토

월계관을 쓴 태양

아폴론은 그리스인들 사이에서 점차 태양신으로 거듭났다. 그의 멋진 외모만큼 눈부신 개성을 갖춘 아폴론은 남성들에게도 인정받는 신이었다. 음악과 문예 실력도 출중하여 노래, 리라, 시 낭송 대회에서는 모든 참가자를 앞질러 1등을 차지했다. 아폴론을 상징하는 나무가 월계수인 만큼(여사제 피티아가 종종 월계수 잎을 잘근잘근 씹었다고 한다) 월계관은 대회의 승자에게 주어지는 상징이 되었다.

누구도 내게 거짓말을 해선 안 돼!

아폴론은 순백의 깃을 가진 하얀 까마귀를 무척 좋아했다. 어느 날, 흰 까마귀가 아내 코로니스가 바람을 피웠다며 아폴론에게 거짓말을 한다. 분노한 아폴론은 그 길로 부인을 활로 쏘고, 가슴을 관통한 화살에 죽어 가던 그녀는 임신 사실을 알린다. 코로니스의 주검에서 태어난 아이는 훗날 의술의 신이 된다. 한편, 코로니스를 죽인 것을 깊이 후회하던 아폴론은 거짓말을 한 흰 까마귀에게 저주를 내려 새 까맣게 만들었다. 그때부터 까마귀는 고자질의 상징이 되었다!

the Voice
APOLLON

아폴론을 찾아라

바티칸의 아폴론

벨베데레의 아폴론은 비스듬히 짝다리를 짚은 자세의 조각상으로 잘 알려져 있다. 우아하게 디딘 오른발, 어깨에 살포시 걸쳐진 부드러운 망토, 그의 오른손에는 (지금은 깨져 없어졌지만) 아마도 활이 쥐어져 있었을 것이다. 그의 어머니 레토를 업신여기며 자식 자랑에 끝이 없던 니오베의 자식들을 화살로 쏘아 모두 죽이려는 그 순간을 조각한 것이기 때문이다.

지덕체를 갖춘 사람, "칼로스 카가토스"

그리스인들과 로마인들은 미의 남신에게 동일한 이름을 붙였다. 그러니 당연하게도 아폴론은 오늘날에도 조각상처럼 완벽한 미를 갖춘 남성에게 별명처럼 부르는 이름이 될 수밖에 없다! 더구나 아폴론은 시와 노래의 신이었던 만큼 외모의 아름다움이 내적 아름다움과 함께 더욱 부각되었다. 아폴론의 이름하에 열린 피티아 신전의 경기는 오늘날 올림픽의 기원이기도 하다.

달 탐사의 시작을 알린 아폴로 호

1961년 미국 케네디 대통령이 추진했던 '아폴로 계획'은 태양이 아닌 달 탐사를 목적으로 했기 때문에 '아르테미스 계획'으로 이름을 붙이는 것이 어울렸을지도 모르겠다. 어쨌든 수차례 계획을 시도하는 과정에서 총 열두 명의 인간이 달에 착륙했으므로, 달 탐사는 성공적이었다. 그중에서도 유독 눈에 띄는 탐사선이 있는데, 바로 태양신의 빛나는 황금 마차를 탐사선의 로고로 삼은 아폴로 13호다. 산소 탱크가 폭발하면서 달 착륙에 실패했지만 대원들이 기적적으로 지구로 귀환한 탐사선이다!

여기서 잠깐, 퀴즈!
아폴론이 손에 들고 있던 것은 무엇일까?

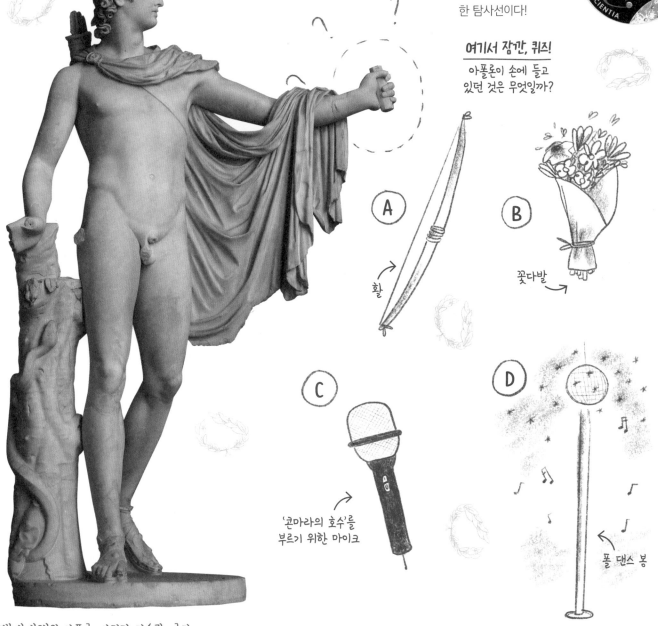

A — 활

B — 꽃다발

C — '콘마라의 호수'를 부르기 위한 마이크

D — 폴 댄스 봉

벨베데레의 아폴론, 바티칸 미술관, 로마.
기원전 4세기에 제작된 그리스 조각상을 기원후 2세기경 로마에서 모작.

정답: 아폴론은 활을 들고 있었답니다. 그렇다면 정답은… A 활! 그런데 나머지도 정답…일까요?

헤르메스
도둑과 여행자와 상인의 수호신

헤르메스는 평범한 것 같지만 재치가 넘치고 영리하며 가끔 교활하기까지 한 신이다. 주로 올림포스산 신들의 메신저로 알려져 있지만 여행자와 상인, 심지어는 (자신의 이미지를 꼭 닮은) 도둑들의 수호신이기도 하다. 헤르메스는 온갖 종류의 도구들을 만들어 내며 신화 속에서는 주로 영웅들을 돕는 영특한 신으로 등장한다.

"아주 자유로운 영혼이구나. 그 녀석이 도둑질하는 걸 본 사람도 있다지?"

아폴론의 소를 훔치는 헤르메스, 클로드 로랭, 도리아 팜필리 미술관, 로마.
그림 앞쪽에 앉아 있는 아폴론은 악동 헤르메스가 뒤에서 몰래 그의 신성한 소 떼를 훔치고 있는 것은 꿈에도 모른 채 악기를 연주하고 있다.
헤르메스는 음악의 신 아폴론에게 거북이 등껍질로 만든 리라를 선물하는 재치를 발휘해 도둑질을 용서받는다.

로마명: 메르쿠리우스
어원: 건너서 넘어감
아버지: 제우스
어머니: 마이아

도둑의 신

태어난 바로 그날 밤, 아기 헤르메스는 요람에서 폴짝 뛰어내려 아폴론의 성스러운 소 떼를 훔치러 간다(이미 헤르메스는 흔적을 남기지 않고 소를 모는 법을 알고 있었던 것이다)! #조기교육. 지나가던 목동이 보고 놀라자 헤르메스는 잘생긴 소 한 마리를 주며 아무에게도 말하지 말라 당부한다. 위풍당당하게 집으로 돌아온 그는 어머니에게 도둑이야말로 최고의 직업이며 그들의 신이 될 것이라 말한다. #전문_도둑. 그리고는 아무렇지 않게 요람에 누워 다시 잠들었다. #편안함.

거북이 등껍질로 만든 리라

아폴론은 금방 꼬마 도둑이 소를 훔쳤다는 사실을 알아차렸고 분노했지만, 아기 헤르메스는 천연덕스럽게 절대로 자신이 아니라며 부인했다. 도둑질에 거짓말까지, 아주 타고 났다! 알고 보니, 아무에게도 말하지 않겠다며 소 한 마리를 받아 간 그 목동이 헤르메스의 도둑질을 떠벌린 것이었다. 그렇다고 무너질 헤르메스가 아

이봐?!

나 주워!

단어 여기저기 숨어 있는 헤르메스

로마 신화에서는 헤르메스를 메르쿠리우스라고 부른다. 라틴어로 상품 또는 장사꾼을 뜻하는 메르크스와 메르카토르에서 유래했다. 헤르메스는 빠르고 부지런한 성격으로 메시지뿐만 아니라 재화를 옮기는 데에 능숙능란한 장사의 신이기도 했다. 그의 활동적인 면모가 메르쿠리우스라는 이름을 안겨 주었고, 실온에서 유일하게 액체 상태인 금속 '수은(퀵실버)'의 이름도 여기에서 유래되었다. 태양계의 행성과 더불어 '수요일'에서도 그 이름의 흔적을 찾을

수 있다. 운이 아주 좋은 신이다!

다른 신화 속에 숨어 있는 헤르메스

헤르메스는 고대 이집트 신화에 등장하는 신 토트(이시스가 오시리스의 시신을 찾아내 부활시키도록 도와준다)와 동일시되어 이집트의 마지막 왕조에서는 '헤르메스 트리스메기스투스'로 불리게 된다. 헤르메스 트리스메기스투스는 고대 이집트의 지혜와 철학적 뿌리를 담은 『헤르메티카』를 쓴 것으로 추정된다. 여기에서 '밀교'가 유래하게 되는데, 해석하거나 설명할 수 없는 신비한 경전과 주문이나 숨겨진 믿음 또는 은밀한 가르침을 의미한다.

광고 여기저기 숨어 있는 헤르메스

태어나자마자 아폴론의 소 떼를 훔쳤기 때문에 소가죽으로 제품을 만드는 유명 브랜드의 이름도 그렇게 탄생하게 된 걸까? 헤르메스 혹은 머큐리(메르쿠리우스의 영어명)는 마케팅 곳곳에서 찾아볼 수 있다. 꽃 배달 네트워크 회사 인터플로라의 로고에도 빛의 속도로 소식을 전달하는 헤르메스의 모습이 그려져 있다. 여행자들의 신이기도 하므로 호텔 로고에서도 쉽게 발견할 수 있다!

Interflora®

니었다! 음악의 신 아폴론에게 태어난 날 아침에 거북이 등껍질로 만든 리라를 선물해서 상황을 모면하기로 한 것이다. 기가 막힌 작전이었다. 아폴론은 이를 마음에 들어 했고, 금세 평온을 찾았다. 도둑질만큼이나 거래에 능한 헤르메스는 그렇게 상인들의 신으로도 자리매김한다!

세 쌍의 날개를 활짝 펴고!

아량이 넓은 아폴론은 꼬마 도둑에게 기꺼이 귀중하고 신성한 황금 지팡이 카두케우스를 선물한다. 헤르메스는 여기에 지팡이를 감싸고 위로 기어 오르며 토론하는 뱀 두 마리를 달았다. 이 때부터 카두케우스는 장사와 달변의 상징이 되었다. 이 지팡이는 프랑스 의회 연단에서도 찾아볼 수 있다. (아스클레피오스의 지팡이와 헷갈리지 않길 바란다! 아스클레피오스의 지팡이에는 뱀이 한 마리며 의술을 상징한다.) 또한 헤르메스는 날개 달린 샌들과 날개 달린 둥근 챙 모자 페타소스를 착용하고 이곳저곳을 날아다닌다.

네 탓이야!

아냐, 네 탓이야!

메시지가 도착했습니다

재치 넘치고 빠릿빠릿한 성격 덕에 헤르메스는 전령의 신으로 불린다. 날개 달린 샌들 때문에 머릿속에서 생각하는 순간 다리가 움직여 빠르게 이동하기 때문이다. 아프로디테와 아레스의 뜨거운 불륜 현장이 그물에 딱 걸렸을 때, 헤르메스는 자신도 아름다운 아프로디테와 딱 한 번만 그물에 걸려보았으면 좋겠다고 생각했다. 틈틈이 기회를 엿보던 헤르메스는 마음의 위로가 필요했던 아프로디테에게 접근했고 계획은 성공했다. 마침내 두 사람 사이에 아이가 탄생하게 되는데, 바로 남녀 양성을 모두 지닌 자웅동체 헤르마프로디토스다!

망자들을 인도하는 신

헤르메스는 온갖 잡일은 다 하는 만능 신이었다. 의사, 도둑, 심지어는 중개인까지 전부 다 그의 일이었다. 그중에서도 사랑하는 사람을 잃은 유가족들의 눈에 가장 위대해 보이는 일이 하나 있었다. 바로 '프시코폼프(라틴어로 프시케는 영혼, 폼포스는 안내자를 뜻한다)', 즉 망자의 영혼을 저승으로 인도하는 사자의 일이었다. 심지어는 제우스의 명령으로 이미 죽은 자를 저승의 왕국에서 빼내 오는 일도 해낸다. (페르세포네가 헤르메스의 도움으로 지하에서 빠져나오는 이야기는 뒤에서 찾아보라!)

#고대의_가이드

"자, 왼쪽에 저승으로 가는 문이 있습니다."

헤르메스, 16세기, 잠볼로냐, 바르젤로 국립 미술관, 피렌체. 무한한 아름다움을 지닌 이 조각상은 헤르메스가 거의 날아가는 모습으로 마치 공중에 떠 있는 듯하다! 발끝이 땅이 아닌 바람의 신 아이올로스의 입에서 나오는 바람을 딛고 있다. 애초에 이 조각상은 분수였다고 한다. 아이올로스의 입에서 나오는 바람의 모습은 분수에서 뿜어지는 물을 형상화한 것이다!

아르테미스
사냥과 야생 동물의 신

사냥의 신 아르테미스는 아름다운 미모와 불굴의 의지만큼이나 씩씩하고 냉혈한 여신이다. 남성들의 시선을 경계하며 그녀를 따르는 야생 동물들과 함께 주로 숲에서 지냈다.

아르테미스와 암사슴, 기원전 4세기 그리스 작품의 2세기 로마 모작, 루브르 박물관, 파리. 무릎 위까지 오는 짧은 치마를 입고 허리를 조인 모습이 그리스 여인에게서 보기 어려운 정숙하지 못한 모습이지만, 순결한 아르테미스가 이런 옷차림을 해도 되는 충분한 이유가 있다. 달리기가 무척 빠르니까!

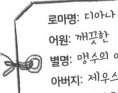
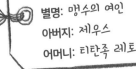

로마명: 디아나
어원: 깨끗한
별명: 명수의 여인
아버지: 제우스
어머니: 티탄족 레토

산파의 여신

아르테미스의 엄마인 티탄족의 레토는 제우스의 아이를 가지고 헤라의 분노와 질투를 피해 도망쳤다. 마침내 아무도 없는 델로스섬(오르티지아섬)에 도착한 뒤 9일 밤낮으로 진통한 끝에 아이를 낳았다. #엄마의_고통. 먼저 태어난 어린 아르테미스는 진통하는 엄마의 산파가 되어 자신과 결코 뗄 수 없는 쌍둥이 남매 아폴론의 출산을 돕는다. 하지만 너무 어려서부터 출산의 고통을

지켜본 탓이었을까? 아르테미스는 아버지 제우스를 찾아가 평생 결혼하지 않도록 해 달라 청한다. 그때부터였다. 사냥에 푹 빠져 숲을 휘젓고 다닌 것이! "출산? 난 절대 안 해!"

엄마! 좀 더 힘줘요!

산 제물, 이피게네이아

콧대 높은 아르테미스에게 자비가 없던 것은 아니다. 미케네의 왕 아가멤논은 신들린 활 솜씨로 사슴 한 마리를 멋지게 사냥하자 "아르테미스도 감히 나처럼 하지는 못할 것이다!"라며 거들먹대는 불경을 저지른다. 분노한 아르테미스는 모든 바람을 가두어 트로이 원정을 떠나는 군사들이 꼼짝 못 하게 벌을 내렸다. 아가멤논은 어서 여신의 마음을 풀어야 한다는 생각에 큰딸 이피게네이아를 산 제물로 바치기로 한다. 비탄함을 뒤로한 채 딸을 묶은 제단에 불을 붙인 순간, 아르테미스는 이피게네이아 대신 암사슴으로 제물을 바꾸어 그녀를 구했다. 휴!

큰곰자리, 작은곰자리

어느 날, 제우스는 아르테미스가 가장 아끼던 님프 칼리스토를 발견하고 한눈에 사랑에 빠지게 되었다. 어떻게 그녀를 가질까 고민하던 제우스는 칼리스토가 열렬히 따르던 아르테미스의 모습으로 변신했고 결국 그녀를 겁탈하기에 이른다. 아르테미스는 처녀의 여신인 자신을 신봉하는 칼리스토가 임신한 사실에 분노하여 잔인하게도 그녀를 곰으로 바꿔 버린다. #말도_안_돼! 훗날, 칼리스토가 낳은 아들 아르카스 앞에 곰 한 마리가 나타난다. 그것이 제 어미인 줄 몰랐던 아르카스는 곰을 죽이게 되고 이 모습을 지켜본 제우스는 칼

내가 네 어미다!

사냥의 여신 디안, 16세기 중반, 루브르 박물관, 파리. 16세기 프랑스 왕 앙리 2세의 애인 디안 드 푸아티에의 얼굴을 그려 넣은 아르테미스의 모습이다. 스물은 훌쩍 넘긴 것 같은 성숙한 여인의 유혹적인 눈빛이 특징이다.

달의 신, 아르테미스

로마인들에게 아르테미스는 디아나라 불렸고, 이마에는 초승달 모양의 장식을 달고 있었다. 사실 이러한 이미지의 아르테미스는 그리스인들에게서도 종종 찾아볼 수 있다. 바티칸 미술관이 소장한 기원전 4세기 작품 '아르테미스와 사냥개'만 봐도 그렇다. 디안 드 푸아티에의 아넷성에 있는 아르테미스의 조각상에서도 초승달 표식을 찾아볼 수 있다.

사냥의 여신 디안

"사냥의 여신 디안"으로 변신한 여인들의 초상화는 미술사에서 자주 찾아볼 수 있는 유형의 작품들로, 16세기에 앙리 2세가 사랑한 여인 디안 드 푸아티에의 초상화를 시작으로 유행했다. 실제로 출중한 사냥 실력의 소유자였던 푸아티에는 사냥의 여신의 모습을 따라 했다고 한다. 몇 개의 나체 상태의 초상화를 제외하고는 아르테미스처럼 정숙한 모습의 작품들이 남아 있다!

권위 있는 경마 대회, 프리 드 디안

무려 170년 동안 이어져 온 프랑스 샹티이에서 열리는 '프리 드 디안'은 프랑스의 권위 있고 가장 유명한 경마 대회 중 하나이며, 행사에 참석한 여인들이 우아함을 잔뜩 뽐내는 장이다. 대회의 이름이 프리 드 디안인 것도 다 그럴 만한 이유가 있다. 아르테미스, 즉 여신 디아나가 여성 승마 기수들의 수호신인 데다 이 대회는 가장 빠른 암컷(수컷은 빼고!) 망아지를 뽑는 대회이기 때문이다. 가장 빠른 여신의 이름에 어울리는 대회다!

리스토와 아들을 모두 하늘의 별자리로 만든다. 이것이 바로 우리가 하늘에서 보는 큰곰자리와 작은곰자리에 얽힌 전설이다.

냉정한 여인, 아르테미스

아르테미스의 순결에 대한 집착은 그녀를 비정한 여인으로 만들고 만다. 가엾은 운명을 지닌 악타이온의 이야기가 바로 그렇다. 숲에서 사냥하던 악타이온은 주변을 둘러보다 동굴 안에서 아르테미스와 요정들이 목욕하는 장면을 보게 된다. 전혀 고의가 아니었다! 하지만 처녀를 상징하는 신 아르테미스는 자신의 알몸을 본 악타이온에게 화가 나 물을 뿌렸고, 악타이온은 그 자리에서 한 마리의 사슴으로 변하게 된다. 당황한 악타이온이 숲을 마구 뛰어다니자 주인을 알아보지 못한 그의 사냥개들이 그를 잡아먹고 말았다!

악타이온의 죽음, 1559~1575, 티치아노, 런던 국립 미술관.
작가 티치아노는 이 그림에서 인간의 얼굴을 한 신의 잔인함을 표현하고자 했을 뿐만 아니라 그 너머로 남성을 유혹하는 여성의 절대적인 힘을 표현하려 했다.

맛있게 먹었으면 됐지 뭐!

헤파이스토스
불과 산업, 기술, 공예, 대장장이와 장인들의 신

헤파이스토스는 세상에서 제일 못생겼지만 누구보다 따뜻한 심성을 지닌 신이다. 기형적이고 비호감인 외모를 지녔지만, 다행히 자신의 콤플렉스를 상쇄할 만큼 똑똑하고 기발하다. 비록 남다른 외모가 그에게 골칫거리이기는 해도 올림포스산의 신들 중에서는 가장 손재주가 뛰어난 신으로 손꼽힌다.

고대의 파지모도

헤파이스토스를 낳은 장본인은 바로 성질이 고약한 헤라였다. 남편 제우스의 끊임없는 불륜에 화가 나 그가 없이도 홀로 아이를 낳을 수 있다는 것을 보여 주어 기필코 복수하리라 결심한다. #내_아내가_결혼했다. 그런데 끔찍하고 불행한 일이 터졌다. 헤라가 낳은 아이의 모습이 흉측함 그 자체였기 때문이다. 너무 못생겨서 차마 제우스에게 자랑하며 그를 비웃을 수도 없을 지경이었다. 차라리 버리는 것이 낫겠다 싶은 헤라는 헤파이스토스를 올림포스산 아래로 던져 버린다. 모성애는 눈곱만큼도 없었다. 이미 기형으로 태어났던 헤파이스토스는 산 아래로 하루 종일 추락하여 떨어진 탓에 절름발이가 되고 만다! 기구한 운명이다.

왕좌의 게임

올림포스산에서 추락한 아기 헤파이스토스는 님프들 사이에 떨어지고 상냥한 님프들은 비밀리에 헤파이스토스를 보살핀다. 이때 대장간 기술과 보석 세공술을 배워 아름다운 장신구들을 만들기도 했으며, 자신을 버린 헤라에게 복수하기 위해 화려하고 아름다운 황금 옥좌를 만들어 그녀에게 선물한다. 헤라는 설레는 마음으로 황금 의자에 얼른 앉았고, 그 순간! 의자에 꽁꽁 묶여 옴짝달싹 못 하는 신세가 되고 만다. 헤파이스토스는 헤라를 포박한 사슬을 풀어 줄 생각이 없었다. 결국 술의 신 디오니소스가 헤파이스토스를 취하게 만들고 나서야 헤라를 풀어 주었다고 한다. 크게 데인 헤라는 그제야 자신이 버린 자식을 감싸 주었다고 한다.

했다. 그렇게 헤파이스토스의 로마명 불카누스는 화산을 의미하는 단어 볼케이노의 어원이 된다.

불을 다스리는 자, 여인의 마음은 어려워

지칠 줄 모르는 근면함의 소유자 헤파이스토스는 올림포스산의 모든 것을 직접 다 만들어 낼 만큼 손재주가 좋았다. 에로스(큐피드)의 화살도 그의 명작 중 하나인데, 대체 왜! 헤파이스토스는 사랑을 얻을 수 없었을까! 헤파이스토스는 제우스가 최초의 인간 여성 판도라를 만들라는 임무를 내렸을 때 모든 여자들이(어머니도, 아내도) 자신을 혐오한다는 것을 깨닫고 그것에서 영감을 얻었다고 한다. 판도라는 인류에게 모든

불타는 열정의 소유자, 불의 신

"사랑은 맹목적이다." 하지만 사랑에도 예외는 있다. 아무리 헤파이스토스가 개그 센스가 넘치고, 친절하고, 근면 성실하고, 타고난 재주도 남달랐다고 하지만 여자를 보는 눈은 높아도 너무 높았다. 신계에서 가장 아름다운 여신이 다리도 절고 가장 못생긴 자신과 사랑에 빠질 것이라 믿었다. 유혹의 마법 허리띠로 도도한 아프로디테의 환심을 얻은 헤파이스토스는 최고의 미녀 신과 결혼한다. 그 허리띠로 끊임없이 남자들을 유혹하게 될 줄도 모르고. 이런 젠장! 상처받은 마음을 달래던 헤파이스토스는 에트나산 깊은 곳에 작업장을 만들고 두문불출

#겨울이-온다

미국 앨라배마주의 도시 버밍엄에는 1904년 만들어진 17m 높이의 헤파이스토스 동상이 있다. 철강업의 중심지로 발돋움한 도시의 활기를 표현하기 위해 헤파이스토스를 그 상징으로 삼았다. 이후, 동상 주변에 공원과 박물관도 설립되었다.

불행과 악습을 가져다줄 존재로, 그야말로 여성에 대한 헤파이스토스의 분노를 담은 역작이었다.

로마명: 불카누스
어원: 불
별명: 절름발이
어머니: 헤라 (홀로 낳음)
배우자: 아프로디테

시칠리아

에트나산

헤파이스토스를 찾아라

제우스의 번개를 만든 헤파이스토스

감히 누가 헤파이스토스처럼 제우스의 번개를 뚝딱 만들 수 있었을까? 스페인 마드리드의 프라도 미술관에 전시된 화가 루벤스의 작품에는 붉은색의 작업 모자를 쓰고 열정적으로 온 힘을 다해 신성하고 기품 있으며 성능 좋은 번개를 만드는 불의 신의 모습을 볼 수 있다. 헤파이스토스의 모습은 겉으로만 보면 못생기고 멍청해 보이지만 자세히 들여다보면 진중하게 일에 임하는 모습이 꽤 멋있어 보이기도 한다.

헤파이스토스의 도끼

헤파이스토스는 아테네의 아름다운 신전의 주인이 될 자격이 있었다. 아테나와 함께 나눠 쓴 신전인 '헤파이스테이온'의 이름만 봐도 그 증거를 찾을 수 있다. 사실 헤파이스토스는 제우스가 끔찍한 두통으로 괴로워할 때 그가 만든 청동 도끼로 제우스의 두개골을 쪼갠 장본인이다. 갈라진 제우스의 머리에서 갑옷을 입은 완전 무장한 아테나가 태어났고, 그 덕에 제우스는 고통에서 해방될 수 있었다. 그래서 도상학에서 아테나의 탄생을 표현한 작품을 보면 헤파이스토스가 종종 함께 나타난다.

스타트렉 속 헤파이스토스

스타트렉 시리즈의 주인공 중 하나인 스팍(사진 왼쪽)은 '불칸'족 출신으로, 뜨거운 모래바람과 내리쬐는 햇빛에 이글이글 타오르는, 대기가 희박하고 토양이 척박한 땅 불칸 행성에서 왔다. 이제 알겠는가? 바로 '불카누스'에서 따온 이름인 것이다!

(왼쪽) 스타트렉 주인공 불칸족의 스팍.

제우스의 번개를 만드는 헤파이스토스, 1636~1637, 루벤스, 프라도 미술관, 마드리드.

아킬레우스의 무기

헤파이스토스는 올림포스산에서 바다로 떨어졌을 때 그를 길러 주고 대장장이 기술도 가르쳐 준 바다의 님프 테티스의 부탁을 거절할 수 없었다. 영웅 아킬레우스를 낳은 테티스는 트로이 전쟁에서 아들을 보호해 줄 갑옷과 무기를 만들어 달라며 헤파이스토스를 찾았다. 헤파이스토스는 은혜를 갚기 위해 평소보다 실력을 더 발휘한다. 지금까지 인간들은 접해 본 적 없는, 세상에서 가장 빛나는 갑옷과 모든 공격을 다 막아 낼 수 있는 튼튼한 방패를 만들어 선물한다. #아티스트_헤파이스토스.

아킬레우스의 방패, 1821, 플랙스먼. 아킬레우스의 친구 파트로클로스는 아킬레우스의 갑옷을 입고 무기를 가진 채 출전하고, 그곳에서 전사한다. 헤파이스토스는 파트로클로스가 전장에서 잃어버린 무기 대신 이 방패를 만들어 아킬레우스에게 준다.

어허야 어허야 일하러 가자!

아레스
전쟁과 폭력, 파괴의 신

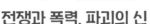

주위의 미움을 사는 전쟁의 신 아레스는 심보가 아주 고약하다. 아레스의 최대 관심사는 전쟁, 파괴, 피와 같은 것들이라 그의 이름이 '비명횡사' 또는 '페스트'와 동의어로 쓰이기도 했다.

모두가 나를 싫어하지!

아레스는 모든 신들에게 비호감인 존재다. 심지어 부모인 제우스와 헤라마저도 아들 아레스를 끔찍하다 여긴다. 운도 없다! 만일 아레스가 비겁하고 졸렬하지만 않았더라면 애처로운 운명의 소유자라 여겼을지도 모른다. 그를 좋아하는 유일한 사람은 아레스의 외모와 근육질 몸매, 번쩍이는 갑옷에만 관심이 있는 아프로디테뿐이다. 둘은 아빠만큼이나 고약한 성질의 두 아들을 낳았고, 그들은 훗날 아레스와 함께 전쟁에 참여한다. 바로 데이모스(어원: 경악)와 포보스(어원: 공포)다!

폭력의 신, 정의로 구원받다!

놀랍게도 고대 아테네의 법정인 아레오파고스의 명칭에서 아레스의 이름을 찾아볼 수 있다. 아레스는 자신의 딸을 겁탈하려 했던 자를 살해한다. 사건 이후 신들은 아크로폴리스산 중턱의 작은 언덕에 모여 역사상 첫 번째 재판을 열고, 아레스는 (거의 한목소리로) 정당방위로 무죄라는 판결을 내린다. 그 후 아테네인들은 이 언덕에서 모든 살인죄에 대한 재판을 열었다고 한다. (아레오파고스는 '아레스의 언덕'을 의미한다.) 오늘날에도 아레오파고스는 그리스 사법 권위의 최고 기관 모임을 의미하는 말로 쓰인다.

아프로디테와 미의 세 여신에 의해 무장이 해제되는 아레스, 1824, 다비드, 벨기에 왕립 미술관, 브뤼셀. 자신을 둘러싼 경멸의 눈빛에 짜증이 난 아레스에게 아프로디테와 미의 세 여신이 다가와 사랑을 표하니 아레스는 금세 무장 해제된다. 개구쟁이 아기 큐피드가 그의 샌들을 풀어주고 있다. #전쟁말고_사랑하자. (다비드는 무려 3년에 걸쳐 이 그림을 완성했으며 그의 마지막 작품으로 남았다.)

다음 사건!

복수의 신

아레스는 정의나 법을 제대로 알지 못하고 오직 전쟁만 아는 신이었다. 하지만 그렇기 때문에 그가 맹세의 신이 될 수 있었을지도 모른다! 배신자에게 가장 무서운 신이 폭력과 파괴, 복수의 신 말고 또 누가 있을까? 아레스에 대한 이러한 평가는 아테네에서 성년을 코앞에 둔 청년들이 그의 이름을 걸고 조국을 사랑하고 수호하겠다고 맹세했던 것에서 시작된 것으로 보인다.

아프로디테의 그물

아레스를 사랑한 유일한 이는 사랑의 여신이었다. 못생긴 헤파이스토스와 결혼한 뒤 얼마 후, 아프로디테는 미남 아레스와 외도한다. 둘의 불륜을 목격한 태양의 신은 이를 헤파이스토스에게 알리고, 대장간의 신은 복수를 결심한다. 투명 그물로 바람피우는 현장을 낚은 그는 벌거벗은 둘을 신들 앞으로 끌고 간다. 신들의 비웃음에 수치를 느낀 아레스는 아프로디테와 헤어지고, 둘은 추방된다.

로마명: 마르스
어원: 싸움
별명: 인간의 재앙
아버지: 제우스
어머니: 헤라

#덥수룩한_콧수염

아레스, 1638년경, 벨라스케스, 프라도 미술관, 마드리드. 벨라스케스는 의도적으로 사려 깊은 모습의 아레스를 그렸다. 진지한 모습이 아레스를 더욱 우스꽝스럽게 보이게 만든다. #넌_내게_모욕감을_줬어. 헤파이스토스가 그에게 가한 수치심을 떠올리게 한다.

아레스의 머리, 기원전 420년.
아레스는 주로 수염 한 올 없는 젊은 청년의 모습으로 표현된다. 전쟁이라는 것이 젊은이들만 활동할 수 있는 영역이었기 때문이다. '봄의 제전'이 열리는 동안 사비니에서 이주해 온 청년들을 다른 마을에 정착할 수 있도록 인도한 사람이 바로 아레스다.

아레스를 찾아라

샹 드 막스, 파리

샹 드 막스 광장

파리의 샹 드 막스에 가면, 루이 15세가 군사 학교 에꼴 밀리테르를 세웠을 당시 군인들이 훈련하던 장소였던 공원을 볼 수 있다. 로마인들이 그들의 군사 훈련장에 전쟁의 신의 이름을 붙였듯이, 프랑스에서도 그 이름을 본 따 '마르스(아레스)의 들판'이라는 이름을 붙였다.

아레스보다 마르스!

그리스인들은 전쟁의 신 아레스를 싫어한 반면 로마인들은 마르스를 매우 좋아한다. 왜냐하면 마르스는 위대한 로마 국가를 세운 로물루스와 레무스의 아버지였기 때문이다. 그래서 마르스의 이름은 화요일을 의미하는 라틴어 '마르티스 디에스', 전쟁이 새로 시작되는 계절로 한 해의 시작으로 여겨지는 3월에서도 찾아볼 수 있다. #시작의_달_3월. 그렇다면 9월이 어원학적으로 아홉 번째 달이 아닌 일곱 번째 달이라는 뜻이 무슨 말인지 이제 이해될 것이다!

화성 침공!

과연 어떤 신이 피처럼 붉게 빛나는 행성과 어울릴까? 아니, 어떤 신이 피를 좋아할까? 천문학자들이 화성의 위성을 '포보스'와 '데이모스'로 부르기로 한 것도 신화적 사고 때문이다. 아버지와 전투에 참가한 혈기 왕성한 두 아들의 이름을 따 아버지의 주위를 돌며 '경호'하는 위성에 붙였으니. 완벽하다!

'레드 플래닛, 두려움의 색', 감독 밥 킬머, 2000년 개봉. 태양계에서 피처럼 붉은색을 가진 행성인 화성!

이놈들아! 얼른 전쟁 나갈 준비해!

아, 우리 맘대로 할 건데요?

#포보스　　#데이모스

31

하데스

저승과 죽음, 풍요의 신

제우스의 형이자 저승의 신인 하데스. 머리가 세 개 달린 지하 세계의 문지기 개 케르베로스의 도움을 받아 스틱스강을 건너는 망자의 영혼을 감시하는 신이다.

보이지 않는 힘

태어나자마자 크로노스가 삼켜 버린 하데스는 동생 제우스의 반짝이는 아이디어로 아버지의 뱃속에서 탈출할 수 있었다. 화가 난 크로노스는 토해 낸 자식들과 맞서 싸우기 위해 티탄족 형제들을 하나로 모았다. 한편, 제우스와 그의 형제들은 키클로페스들을 자유의 몸으로 해방시켜 주었고, 키클로페스들은 그 보답으로 하데스에게 최고의 선물을 준다. 바로 머리에 쓰는 순간 다른 사람들의 눈에는 보이지 않는, 개의 가죽으로 만든 투구였다. 하데스가 '보이지 않는 자'라는

크기는 괜찮은데 스타일이 좀 별로인가?

별명을 갖게 된 것도 이 투구 때문이다. 해리포터의 투명 망토보다 더 멋지지 않은가!

페르세포네 납치범

티탄족과의 전쟁에서 승리를 거둔 후, 하데스는 지하 세계의 왕궁을 차지했다. 한 번도 왕궁 밖으로 나오는 적이 없었기 때문에 결혼을 꿈꾸기 어려웠다. 지하 세계를 떠난 유일한 순간은 시칠리아에서 아무것도 모른 채 순진하게 수선화를 따고 있던 그의 귀엽고 아름다운 조카 페르세포네를 납치할 때뿐이었다. 한편, 페르세포네의 엄마인 곡물과 풍요의 여신 데메테르는 제우스를 찾아가 딸을 돌려주지 않으면 땅에 씨앗이 자라지 않게 하겠다고 하는데….

하데스에게 납치당하는 페르세포네, 19세기, 파리 국립 장식 미술 학교 도서관. "밤의 악마가 나를 어둠 속으로 끌고 갔어요."

여섯 알의 석류

상황은 최악으로 치닫고 있었다. 끝나지 않는 추운 겨울에 인간은 굶주릴 수밖에 없었다(#본격_겨울준비). 결국 백기를 든 제우스는 페르세포네를 데메테르의 품으로 돌려줄 것을 명령했다. 하지만 교활한 하데스는 재치를 발휘해 페르세포네에게 작은 석류 여섯 알을 주었다. 지하 세계의 음식을 맛본 자는 그 누구든 지하 세계를 영원히 떠날 수 없다는 규칙을 이용한 셈이었다. 제우스는 마침내 결단을 내렸다. 페르세포네가 여섯 달은 지상에서, 나머지 여섯 달은 지하에서 하

데스와 함께 보내도록 했다. 그 후, 반년마다 지하 세계로 딸을 보낸 탓에 슬픔에 빠진 데메테르가 땅을 돌보지 않는 동안은 겨울이 찾아왔다.

너는 누구냐?

무자비하기로 유명한 하데스에게 겁을 먹은 그리스인들은 그를 하데스 대신 '플루톤'으로 불렀다. 지하 세계를 지배하기 때문에 땅속의 모든 부를 차지하고 있다는 이유에서 그리스어로 부자를 뜻하는 플루톤이라고 한 것이다. 좋은 의미의 별명으로라도 부르며

그를 좋아하고 싶었던 걸까? 아니면 겨울이 지나야만 봄이 온다는 것을 알고 있었기 때문일까? 아무튼, 하데스는 (동생 포세이돈의 삼지창과 비슷한) 포크 모양의 '이지창'을 들고 다니는데, 이는 사탄이 가진 무기의 기원이기도 하다.

먹지 마시오. 추한 인간들

지옥, 1622년, 프랑수아 드 노메, 브장송 고고학 예술 박물관. 왼쪽에는 지하 왕궁을 바라보는 페르세포네와 하데스가 있다. 그림 한가운데 흐르는 스틱스강은 지상과 지하를 나눈다. 스틱스강의 뱃사공 카론도 보인다.

하데스를 찾아라

가장 불운한 행성

1930년, 태양계에서 가장 차가운 행성이 발견되었다. 다른 행성들의 이름처럼 이 행성도 자연스럽게 하데스의 로마식 이름을 따 플루토(명왕성)라고 명명되었다. 죽은 자들의 세계에서 느껴지는 싸늘한 추위와 딱 어울리는 행성이었다. 플루토의 두 위성에도 마찬가지로 각각 하데스의 경비견인 '케르베로스'와 망자들을 안내하는 뱃사공 '카론'의 이름이 붙여졌다.

야호!
거기 누구 없어요?

플루토, 태양계에서 퇴출된 불운의 행성.

신의 나무, 사이프러스

그리스에서 무덤가에 심을 수 있는 유일한 나무가 바로 사이프러스인 것을 아는가? 그렇다. 사이프러스는 뿌리가 수직으로 올곧게 뻗어 자라는 나무로, 땅속 시신을 해치지 않는다. 그리스인들은 이 사실을 매우 잘 알고 있었다. 사이프러스는 특히 신의 나무로 여겨지기도 해서, 신에게 제물을 바칠 때 (한밤중에 검은 동물들만을 제물로 삼았다) 사제는 머리에 사이프러스 나무로 만든 관을 썼다고 한다. #당연하지.

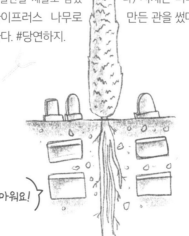

고마워요!

하데스에 대해 더 알고 싶다면 47쪽에 있는 지옥 지도를 찾아보라!

로마명: 플루톤
어원: 부유한 자
별명: 보이지 않는 자
아버지: 티탄족 크로노스
어머니: 티탄족 레아

(하데스처럼) 보이지 않는 신전

디즈니 애니메이션 '헤라클레스'를 보면, 하데스의 모습은 무시무시하다. 뾰족한 이빨, 파란 불꽃으로 타오르는 머리카락. 그리고 끊임없이 제우스의 자리를 빼앗을 계획을 세운다! 한마디로, 하데스는 악의 신이자 사탄에 버금가는 신이다. 애니메이션 속 하데스의 이미지는 그리스 신화 속 하데스의 모습과는 전혀 다르다. 물론 그리스인들이 하데스를 그리 좋아했던 것은 아니다. 하데스를 위해서는 신전도, 찬송도 없다.

디오니소스
포도, 술, 다산과 풍요의 신

술과 기쁨, 광란의 신 디오니소스는 공연과 비극의 신이기도 하다. 그리스인들은 그에게 수많은 시와 공연을 바쳤을 뿐만 아니라 비밀스럽고 원초적인 숭배 의식은 너무 방탕하여 결국 아테네 원로원이 금지하기도 했다.

(가볍게 놀아 보자고)

두 님프와 아모르와 함께 있는 디오니소스, 1660년경, 시저 반 에베르딩겐, 드레스덴 고전 거장 미술관.

빛에 불타 죽은 어머니

인간이었던 세멜레는 제우스의 뜨거운 사랑을 얻어 아이를 갖게 되었고, 당연히 헤라의 어마어마한 질투심을 자극했다. 가만히 보고만 있을 수 없었던 헤라는 아리따운 세멜레를 부추겨 제우스에게 스틱스강에 대고 맹세를 하게 만든다. 그리고 나서 세멜레는 제우스에게 신의 본모습을 보여 달라고 졸랐다. 이럴 수가! 이미 스틱스강에 그녀가 원하는 모든 것을 들어주겠다고 맹세했으니 제우스는 세멜레의 요구를 받아들일 수밖에 없었고, 섬광과 번개에 둘러싸인 본모습을 드러낸 순간 세멜레는 그 자리에서 빛에 불타 죽고 말았다. 제우스는 다행히 배 속의 아이를 구해 냈고, 자신의 허벅지에 숨겼다.

로마명: 바쿠스
어원: 니사의 제우스
아버지: 제우스
어머니: 세멜레
배우자: 아리아드네

비만 허벅지 맞춤 청바지 팔아요!

제우스의 허벅지에서 태어난 아이

세멜레가 죽고 몇 개월 후, 디오니소스는 제우스의 허벅지에서 산달을 채우고 태어났다. 제우스의 품에서 태어났기 때문에 반신반인의 몸이었어도 완전한 신의 자격을 갖게 되었다. 그래서 '잘난 체하다' 혹은 '대단한 줄 안다'는 의미의 "자기가 제우스의 허벅지에서 태어난 줄 알아!"라는 프랑스어 표현이 유래되기도 했다. 하지만 디오니소스는 다른 신들과는 달리 올림포스산에 머물러 있지 않는다. 포도로 만든 화관을 쓰고 지팡이에 기대어 그를 뒤따르는 시끄러운 무리를 이끌고 산과 들판을 이곳저곳 누비며 돌아다니기 바쁘기 때문이다.

디오니소스의 붉은 와인과 피

디오니소스를 숭배하는 제사는 극도의 광란 상태에서 이루어지는 것으로 유명하다. 디오니소스를 모시는 여신도들은 실존했으며 마이나데스, 라틴어로는 바칸테스라 불렸다. 이 이름은 '악마가 들린 미치광이'라는 의미인데, 이들이 늘 이성을 잃은 만취 상태였기 때문이다. 신화에서 이들은 반인반수 사티로스와 함께 다니며 숲속에서 떠들썩한 디오니소스의 축제를 벌이며 맨손으로 야생 동물들을 죽였다. 뿐만 아니라, 자신들의 얼굴에 피와 붉은 포도주를 덕지덕지 바르고 날고기를 게걸스럽게 뜯어 먹었다. 마지막에는 죽은 동물의 가죽을 벗겨 뒤집어쓰기까지 했다. 웩!

덤벼라!

가엾은 펜테우스

디오니소스의 제사는 너무 끔찍해 주위에서 반발했다. 테베의 왕 펜테우스는 자신이 신을 잡은 줄도 모르고 디오니소스와 그의 신도들을 가두려 했다. 분노한 신은 복수를 위해 왕의 어미와 누이들을 마이나데스로 변신시킨다. 이성을 잃고 미치광이가 된 펜테우스의 가족은, 그를 맹수로 착각해 맨손으로 찢어 죽이고 먹어 치웠다. 여기서 우리는 술과 신앙의 두 얼굴을 본다. 적당한 건 좋지만 과하면 다친다!

엄마, 내 인생이 꼬이는 건 다 디오니소스 때문이에요!

BAC 0/20

#자연스러운_포즈

바쿠스, 1598년경, 르 카라바조, 우피치 미술관, 피렌체. 르 카라바조는 그의 연인이기도 한 그림 속 모델에게 관능적인 포즈를 끌어내기 위해 와인을 구실로 삼았다고 한다.

디오니소스가 그려진 와인 상표, 19세기, 개인 소장품.

디오니소스를 찾아라

프랑스의 바칼로레아

바칼로레아의 기원은 뚜렷하게 알려지지는 않았으나, 디오니소스의 로마식 이름인 바쿠스에서 유래한 것으로 추정된다. 아직 기사가 되지 못한 젊은 귀족들은 대부분 '바칼라리아'라 불리는 포도밭과 같은 작은 토지들을 소유해 '바칼라'라 불렸다. 이후 바칼러는 혼인을 하지 않은 젊은 귀족 청년들을 가리키는 말로 굳어졌고, 프랑스에서는 주로 학생들을 지칭하게 되었다. (학사 학위를 의미하는 영어 단어인 배첼러도 여기서 유래했다.) 그 후, 프랑수아 1세는 인문학과 과학에 재능을 가진 사람들에게 기사 자격을 부여하는 척도로 바칼로레아를 탄생시켰고, 1808년에 이르러 나폴레옹이 정식으로 바칼로레아를 제정했다. (다프네와 관련된 바칼로레아의 또 다른 이야기가 궁금하다면 69쪽을 참고하라!)

별빛 왕관을 씌워 줄게

이곳저곳을 방황하던 디오니소스는 어느 날 낙소스섬에서 아름다운 아리아드네를 만나게 된다. 악랄한 테세우스가 자신의 목숨을 구해 준 은인을 섬에 버린 것이었다. 그녀의 아름다움에 금세 빠진 디오니소스는 아리아드네를 위로했고, 크레타섬에서 결혼식을 치렀다. 이때 디오니소스가 사랑의 증표이자 결혼 선물로 주었던 왕관을 하늘로 던져, 북쪽 하늘의 별이 되어 영원히 반짝이도록 했다는 이야기는 미술사에 자주 등장하는 주제이다. 로맨틱하지 않은가!

오 트라고스, 오 비극이여!

위대한 디오니소스를 위해, 아테네에서는 와인의 신을 기리는 비극(트라제디)이 탄생한다. 그 기원 역시 단어의 어원에서 찾아볼 수 있다. '트라고스'는 그리스어로 염소를 뜻하고, 비극을 의미하는 '트라제디'는 '염소의 장송곡'이라는 의미를 담고 있다. 마이나데스들이 염소를 제물로 바칠 때 그 가죽을 (또는 다른 야생 동물의 가죽을) 뒤집어쓰고 있었던 것에서 유래했다.

패닉에 빠진 나의 오랜 친구들

디오니소스가 좋아하는 두 친구는 실레노스와 판이었다. 실레노스는 디오니소스를 거두어 키워 준 술에 취한 배 나온 늙은 반인반수 (사람의 귀를 가지고 말의 다리와 염소의 꼬리를 한) 종족이다. 판은 흥분한 군중들과 목동의 신으로 사람들에게 인기가 많은 우스꽝스러운 신이다. 바삐 돌아다니는 님프들을 쫓아다니는 데 시간을 보냈다고 한다. 님프들이 판을 너무 무서워한 나머지 그의 이름을 따 '패닉'이라는 말이 탄생했다.

데메테르
곡물, 대지, 풍요, 가난과 노동의 신

로마 신화에서 '케레스'라고 불리는 데메테르는 '밀밭'의 금색 머리를 한 아름다운 여신이다. 곡물의 여신 케레스의 이름에서 영어의 곡식을 이르는 말인 '시리얼'이 파생된 것도 우연이 아니다! 대지의 풍요를 가져다주는 데메테르에게 인간들은 늘 감사했지만 하나뿐인 딸 페르세포네가 그녀의 유일한 고민거리였다.

케레스, 16세기, 바티스타 도씨, 바르베리니 국립 고전 미술관, 로마.

#귀여운-꿀꿀이

케르키라의 미친 사랑

페르세포네의 엄마가 되기 전, 그러니까 황소로 변신한 제우스가 데메테르를 겁탈하여 억지로 아이를 갖게 되기 전이었다. 데메테르는 무척 우아한 여인으로 소문이 자자했다. 당시 데메테르는 케르키라의 마크리스라는 님프와 사랑에 빠져 있었다. 마크리스를 위해서 케르키라에 살고 있던 티탄족에게 곡물을 심고 수확하는 기술을 가르쳤고, 그 후로 인간들이 농

#사랑은_방울방울

사를 지을 수 있었다고 한다. 그러니 우리는 누구에게 고마워해야 할까? 그것은 바로 마크리스! 고마워!

페르세포네 납치 사건

시칠리아의 비옥한 땅 근처 숲에서 데메테르의 어리고 예쁜 외동딸 페르세포네는 꽃을 꺾으며 평온한 하루를 보내고 있었다. 그런데 갑자기 땅에 깊은 구렁이 파이고 그곳에서 지하 세계의 왕 하데스가 칠흑처럼 검은 말이 끄는 마차를 타고 나타났다. 휙! 찰나의 순간 하데스는 페르세포네와 결혼하기 위해서 그녀를 납치해 어둠의 세계로 끌고 갔다. 식음을 전폐하고 절망에 빠진 데메테르는 아흐레 밤낮을 땅을 헤집고 다니며 페르세포네를 찾았다. 미친 사람처럼 양손에는 횃불을 들고 마주치는 모든 이에게 딸을 보았냐며 물었다.

엘레우시스의 비밀 의식

지친 기색도 없이 끈질기게 딸을 찾던 데메테르도 시간이 지나니 거지꼴을 면할 수는 없었다. 어느 날, 도시 엘레우시스에 들어간 데메테르는 자신을 보살펴 줄 것을 요청했다. 왕이 마중 나와 그녀를 크게 환영하니, 데메테르는 왕에게 감사의 표시로 밀 이삭을 선물하고 그의 아들들에게 농업의 기술과 비밀을 가르쳐 주었다. 엘레우시스에서는 매년 9일간(데메테르가 페르세포네를 찾아다닌 기간) 데메테르를 기리는 비밀 의식이 열렸고, 이때 데메테르의 신성한 동물로 알려진 돼지를 제물로 바쳤다.

사계절 아니, 두 계절의 여신

하데스가 자신의 딸을 데려갔다는 사실을 알아채고, 데메테르는 땅 위의 모든 식물들이 말라 비틀어져도 돌보지 않았다. 추운 겨울과 굶주림의 시간이 길어지자 인간들은 불평했고 제우스는 결국 하데스에게 페르세포네를 돌려주라 명령한다. 하데스는 재빨리 머리를 굴려 페르세포네를 지상으로 보내기 전 작은 석류 여섯 알을 건네 맛보게 했다. 지하 세계의 음식을 맛본 자는 절대 그곳을 벗어날 수 없다는 점을 이용한 것이다. 마침내 제우스는 페르세포네가 6개월은 지상에서 데메테르와, 6개월은 지하에서 하데스와 함께 보내도록 결단을 내린다. 그리하여 계절이 탄생하게 되었다. 데메테르가 일 년 중 딸을 볼 수 없는 6개월 동안은 겨울이 찾아오는 것이다.

케레스 파스타 광고.

데메테르를 찾아라

아리스토파네스의 테스모포리아 축제의 여인들

데메테르는 인간이 먹는 모든 먹거리의 여신이었다. 특히 빵은 그리스인들이 주식으로 삼았기 때문에 부엌을 책임졌던 (옛날이나 지금이나 발전이 없군!) 아테네의 여인들은 모두 데메테르를 숭배했다. 데메테르를 기리는 축제 테스모포리아에는 남자들이 참여할 수 없었고, 만일 남편에게 비밀을 알렸을 경우에는 사형에 처하기도 했다! 비밀을 알고 싶었던 나머지 아리스토파네스는 여인들의 비밀 축제를 비꼬기 위해 연극을 만들었다. #질투

생물 역학 농법 데메테르 인증 마크

데메테르는 약 50개 이상의 국가에서 적용하고 있는 생물 역학 농법의 국제 인증 마크. 엄격하고 까다로운 기준의 유기농 농법 인증 라벨로, 제품 생산 과정뿐만 아니라 원료의 생산 과정까지 고려하는 자연주의 및 친환경 인증 마크다. 자연과의 신비로운 관계를 중시하는 드루이드교의 정신이 남아 있다. 데메테르를 향한 숭배가 계속 이어지는 것이다!

에이!
환불해 줘!

'시리얼'의 여신

그리스 경제는 올리브, 포도, 곡물(보리와 밀) 생산에 기반을 두고 있었기 때문에 이를 관장하는 데메테르는 매우 중요한 여신이었다. 도시의 번영을 보장해 주기 때문에 유독 숭배받았고, 오늘날에도 그 흔적을 쉽게 찾아볼 수 있다. 바로 우리가 먹는 '시리얼'의 이름이 데메테르의 로마식 이름 케레스에서 유래했기 때문이다! 이제 아침 식사 때마다 데메테르가 떠오를 것이다.

안녕!
좋은
아침이야!

CORTÈGES. — Fête en l'honneur de Cérès dans l'antiquité.

고대 로마 시대 케레스를 기리는 축제를 활용한 리비그 통조림 광고.

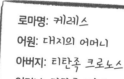

로마명: 케레스
어원: 대지의 어머니
아버지: 티탄족 크로노스
어머니: 티탄족 레아
딸: 페르세포네

헤스티아

불과 화로의 여신

올림포스산의 여신들 중에서는 가장 덜 알려진 여신 헤스티아. 그녀는 신성한 불과 화로를 다스리는 여신이다. 상냥하고 고결한 이 여신은 집을 짓는 기술을 만들기도 했다.

헤스티아, 히멘, 에로스, 아프로디테의 결혼 생활, 1630, 바로타리, 빈 미술사 박물관.

가장 나이가 많고 현명한 여신

신들 중 가장 나이가 많은 헤스티아는 어렸을 때 다른 형제자매들처럼 아버지 크로노스가 삼켜 버렸다. 제우스의 계략으로 크로노스가 삼킨 자식들을 토할 때 맨 첫 번째로 뱉어 낸 것도 헤스티아였다. 그러니, 헤스티아는 태어날 때도 뱉어질 때도 늘 첫 번째였다! 그래서인지 헤스티아는 지혜가 넘쳤다. 항상 올림포스산에 머물면서 신이든 인간이든 어떤 전투에도 참여하지 않았다. 제우스는 헤스티아가 올림포스산의 평화를 지키는 방법을 알고 있었기 때문에 인간이 신에게 바치는 제물을 가장 먼저 받을 수 있는 권한을 주었다.

눈치 빠른 당나귀의 여신

늘 그렇듯, 여신의 순결은 남신들의 욕망을 자극한다. 헤스티아 여신의 상징 동물이 당나귀가 된 이유도 그녀에게 어느 날 벌어진 사고 때문이다. 자손 번식의 신인 프리아푸스는 (언제나 흥분한 상태였다!) 헤스티아가 잠든 사이 그녀를 겁탈하려 했다. 만일 프리아

푸스의 당나귀가 그녀를 잠에서 깨우기 위해 울지 않았더라면 여지없이 당했을지도 모른다! 아무리 짐승이라도 바보는 아니다.

헤스티아의 신전, 로마.

헤스티아를 찾아라

처녀의 순결을 얕보면 안 돼!

헤스티아가 그리스인들 사이에서는 크게 언급되지 않는 여신이라고 하더라도 로마인들 사이에서는 '베스타'라 불리며 훨씬 더 잘 알려져 있다. 베스타와 베스타의 여사제들은 로마에서 가장 중요한 역할을 하는 여인들이었다. 여사제로 선발되면 30년 동안 베스타 여신을 섬기며 순결을 유지해야 했는데, 이를 어길 시에는 산 채로 매장되기도 했다. 반대로 순결을 유지했을 때에는 모든 로마인들의 찬사와 존경의 대상이 될 수 있었다.

집에서 만나는 헤스티아

과거 로마식 집에는 화로가 현관에 놓여 있었는데, 현관을 의미하는 로마식 명칭인 베스티뷸 역시 베스타 여신의 이름에서 따온 것이다. 현관 화로의 불은 언제나 타오르고 또 제물을 바칠 수 있는 공간이기 때문이다.

헤스티아의 여사제들, 개인 소장품.

올림픽 성화

고대 그리스 도시 국가에서 시청 건물 역할을 하던 프리타네이온에는 신성한 불이 타오르고 있었다. 헤스티아의 제단에서 타오르기 시작한 이 불꽃은 도시의 영혼을 담고 있다고 여겨졌기에 모든 사람에게 귀중했다. 이 불꽃은 결코 꺼지지 않고 주변 도시로 전달되었다. 당시 델포이는  세계의 중심 도시였는데, 그곳에서 헤스티아는 특별한 숭배의 대상이었고 헤스티아의 화로는 곧 그리스의 공동 화로였다. 올림픽 성화의 불꽃을 준 것도 바로 헤스티아 여신이다!

베일을 쓴 불꽃의 여신

헤스티아는 올림포스산에서 베일에 은밀하게 가려진 여신이었기에 조각상이나 인간들의 도자기 속 무늬로도 거의 표현된 적이 없었다. 남겨진 것이 있다면 주로 베일을 쓰고 있는 모습으로 나타나는데, 집에 항상 '있다'는 의미였다고 한다. #부엌의여신! 작가 오비드는 신화 속에 자주 등장하지 않는 여신의 모습에 놀랐지만 훗날 모든 도시 국가의 불을 밝히는 곳에는 헤스티아가 항상 존재한다는 것을 깨닫게 되었다. 나쁘지 않은 결말이군!

로마명: 베스타
어원: 불타오르는
별명: 화로의 여신
아버지: 티탄족 크로노스
어머니: 티탄족 레아

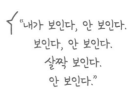

"내가 보인다, 안 보인다.
보인다, 안 보인다.
살짝 보인다.
안 보인다."

태양

태양계 행성들

0.4 AU*
수성 : 헤르메스

태양계에서 가장 빠르게 움직이는
행성이라는 점에서 이름이 붙여졌다.
전령의 신 헤르메스가 천상계에서
가장 빠른 것처럼!

0.7 AU
금성 : 아프로디테

태양계에서 가장 뜨거운 행성
(표면 온도가 무려 465℃에 달한다!)이다.
#화끈한 #뜨거운_것이_좋아?
태양과 달 다음으로 하늘에서 가장
밝게 빛나는 천체다. #사랑은_하늘에

지구 : 가이아

모두의 어머니♥

1.5 AU
화성 : 아레스

파괴를 좋아하는 전쟁의 신의 이름을 딴
피처럼 붉게 빛나는 행성이다. 아레스의
쌍둥이 두 아들 포보스(공포), 데이모스(두려움)와
같은 이름의 행성 두 개가 주위를 공전하고 있다.

5.2 AU
목성 : 제우스

신들의 세계에서 존재감이 어마어마한
제우스처럼 태양계에서 가장 거대한 행성이다!
제우스가 (일방적으로) 사랑한 수많은
이들의 이름을 딴 위성들이 공존하고 있다.
필멸의 존재였던 이오와 유로파, 트로이의
청년 가이메데, 겁탈당한 님프 칼리스토는
목성의 4대 위성으로 꼽힌다!

9.5 AU
토성 : 크로노스

자식들을 삼켜 버린 냉혈한
크로노스처럼 소름이 돋을 만큼
차가운 얼음으로 된 고리가 있다.

19 AU
천왕성 : 우라노스

하늘처럼 푸른 빛깔의 행성이다.
제우스의 할아버지인 우라노스는
천상의 신이었다!

30 AU
해왕성 : 포세이돈

바다처럼 파랗게 반짝이는 행성이다. 해왕성 주위
를 도는 세 개의 위성으로는 트리톤(포세이돈과 암피
트리테의 아들로 반인반어의 해신), 네레이드(바다의 님프
들), 라리사(포세이돈의 세 아들을 낳은 님프)가 있다.

39 AU
명왕성 : 하데스

명왕성은 2006년부터 태양계에서 퇴출되어
왜소행성으로 격하된, 태양과 가장 멀리
떨어져 있고 가장 추운 행성이다.
어둡고 추운 지하의 주인 하데스처럼!

*AU(Astronomical Unit)는 지구에서 태양까지의 거리인 약
1억 5000만km를 나타내는 천문단위이다. 이를 기준으로 각
천체까지의 거리를 잴 수 있다.

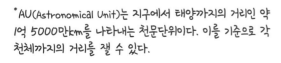
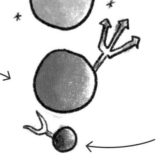

일주일

#신성한 달력

'일주일'의 개념은 태양과 여섯 개의 행성만이 존재했던 3세기에 탄생했다.

월요일

달의 날: 아르테미스

종종 땋아 올린 머리를 하고 있다.

아르테미스는 달의 여신이다.

그녀가 사냥하는 짐승들처럼 야성미가 넘치고 거칠며, 주로 밤에 활동한다.

화요일

화성의 날: 아레스

아레스(로마의 마르스)는 달력에 '화요일'과 '3월'로 두 번 등장한다.

마르스는 로마인들이 사랑하는 신이지만 아레스는 폭력적인 전쟁을 대표하기 때문에 그리스인이 싫어하는 신이다.

수요일

수성의 날: 헤르메스

헤르메스는 수상한 자들을 대표하는 신이다.

목요일

목성의 날: 제우스

라틴어 '요비스 디에스'는 '주피터의 날'이라는 뜻이다.

황제 제우스의 모습

신 중의 신으로 일순위에 꼽히지만 일주일에서는 핵심 요일이 아니다. (#분노)

금요일

금성의 날: 아프로디테

아프로디테야말로 진정한 '비너스'다.

벗은 모습의 사랑의 여신.

에로스(큐피드)의 에로틱한 엄마 #바람둥이

토요일

토성의 날: 크로노스

토요일의 다른 어원으로는 '안식일', '일곱 번째 날'이 있다.

로마 신화에서 크로노스를 의미하는 사투르누스의 축제일에는 남녀노소 할 것 없이 떠들썩한 축제를 벌였다. #토요일_밤이_좋아

일요일

태양의 날: 헬리오스(포이보스)

일요일을 영어로 '선데이'라 부르는 것도 태양의 날이기 때문이다.

프랑스인에게 일요일은 기독교적 의미가 담긴 날로, '주일'을 뜻하는 라틴어 '디에스 도미니쿠스'에서 비롯되었다.

기타

1년 열두 달의 기원

★ 3월: 따뜻한 날씨가 시작되고 전쟁하기 딱 좋은 달. 한 해의 시작의 달.

★ 4월: '열리다'라는 뜻의 라틴어 아프릴리스에서 유래.

★ 5월: 아틀라스의 딸이자 헤르메스의 어머니인 풍요의 여신 마이아에서 유래.

★ 6월: 여신 중의 여신 헤라의 로마명 유노에서 유래.

★ 7월: 로마의 지도자 율리우스 카이사르의 이름에서 유래.

★ 8월: 카이사르의 뒤를 이은 황제 아우구스투스의 이름에서 유래.

★ 9월~12월: 각각 숫자 7, 8, 9, 10을 나타내는 라틴어에서 유래.

★ 1월: 기원전 46년 율리우스 카이사르의 탄생 이후 한 해의 첫 번째 달이 됨. 과거와 미래의 두 얼굴을 가진 신 야누스의 이름에서 유래.

★ 2월: 죽은 자를 기리는 축제의 '정화'와 '깨끗함'을 상징하는 '페브루아'에서 유래.

#그리스비극

호호호,
내 목소리가 들리나요, 헤이 호.
나를 느끼나요, 헤이 호.
나를 만져 줘요, 여기 있어요, 헤이 호.

파르나소스산, 1510, 라파엘로, 바티칸 미술관.
왼쪽부터 에라토, 우라니아, 탈리아, 에우테르페, 아폴론, 클리오, 칼리오페, 테르프시코레,
폴림니아, 메르포메네.

티탄과 신의 아이들

열두 명의 올림포스산 신들이 땅과 바다와 지하 세계를 다스리는 VIP 신들이라면, 티탄
족은 차세대 신에게 권력을 빼앗겨 후순위로 밀린 신들이다.
그러나 처음에는 하늘과 땅의 주인인 그들에게 모든 것이 좋았다. 티탄족의 크로노스는 신
들의 주인 자리에 앉아 자식에게 왕좌를 빼앗길 위험을 애초에 방지하기 위해 갓 태어난 아
이들을 삼켜 버리기까지 했다. 하지만 제우스를 놓치는 아주 큰 실수를 저지르고 말았다.
이 장에서는 열두 명의 올림포스산 신들을 중심으로 올림포스산 신전에 발을 들일 수 있었
던 신들을 만나 보자. 요컨대, 그들도 올림포스산의 VIP이긴 하지만 VVIP까지는 아니다!

에로스
사랑과 창의력의 신

에로스(큐피드)는 신들과 인간들의 마음에 욕망의 불을 지피는 황금 화살을 쏜다.

에로스와 아프로디테, 1872, 투두즈, 렌느 미술관. 사랑은 눈을 멀게 한다: 두 눈을 가린 에로스가 아프로디테 여신을 안내하고 있다. 둘 모두 푸른 나비의 등에 탄 채 하늘을 부유한다.

에로스의 화살통

에로스는 미의 여신 아프로디테와 전쟁의 신 아레스의 아들이다. 제우스는 에로스의 출생 직후 조심스레 그가 초래할 혼란을 감지하고 아프로디테에게 아들을 버릴 것을 강요했다. 물론 여신은 제우스가 마음을 바꿀 때까지 에로스를 숲에 숨겨 두었다. 꼬마 에로스는 화살을 만들어 쏘며 지루한 유년기를 극복했고, 아프로디테가 훗날 그를 올림포스산으로 불렀을 때는 출중한 사수가 되어 있었다. 장난기 많은 에로스는 신들의 무기를 즐겨 훔쳤는데, 아버지 아레스도 예외는 아니었다. 사랑 앞에서는 모두 무방비해지는 법! #전쟁_말고_사랑을

어린아이일까, 젊은 청년일까?

아프로디테는 어린 에로스가 무척 걱정되

었다. 공부를 못할까 봐 그런 것이 아니라, 장난꾸러기인 에로스가 때로는 심심풀이로 눈을 가린 채 사랑에 빠지게 되는 화살을 쏘아 댔기 때문이었고(사랑에 눈이 멀었다!), 여기저기 사람들의 마음에 불을 지폈기 때문이었다. #방화범. 아니, 에로스는 그저 어린아이였다. 아프로디테는 정의의 여신을 찾아가 조언을 구했고, 오직 그의 형제만이 에로스를 성장시킬 것이라 말했다. 그 결과, 아프로디테는 사랑과 성의 신 안테로스를 낳았고 마침내 에로스는 성인이 되었다. 굉장한 일이다!

사랑에 빠진 에로스

어린아이였던 에로스는 마침내 젊은 청년으로 성장한

그 순간, 사랑에 빠지게 되었다. 아무나 하고 사랑에 빠진 것은 아니었다! 에로스는 어머니인 아프로디테가 내린 수많은 임무를 완수했지만, 그중 한 가지가 예상치 못한 결과를 낳은 것이다. 왕의 딸이었던 프시케는 그 미모가 출중하여 사람들은 여신의 미모와 견줄 만하다며 칭찬했다. 아름다움의 상징이자 주인과도 다를 바 없던 아프로디테는 질투심에 사로잡혔고, 에로스를 시켜 프시케가 가장 못생긴 남자와 사랑에 빠지도록 화살을 쏘라는 명령을 내렸다. 그러나 화살 시위를 당긴 순간 에로스는 자신의 화살촉에 긁혀 상처를 입게 된다. 그 후 처음 본 프시케를 향해 타오르는 사랑의 열정을 주체하지 못하고 깊은 사랑에 빠지고 만다!

위험한 장난 (※따라하지 마세요!)

나랑 놀 사람?

사랑과 영혼의 결혼식

사랑에 미친 에로스는 프시케를 납치하여 거대한 궁전에 아무도 모르게 숨기고, 매일 밤 칠흑 같은 어둠 속에서 프시케와 뜨거운 사랑을 나누었다. 동시에 그녀에게 철저히 신분을 숨기고 더는 자신에 대해 알려 하지 말라 말했다. 에로스를 사랑하게 된 호기심 많은 프시케는 어느 날 밤, 잠든 에로스의 얼굴을 보기 위해 불을 켰고 마침내 그의 모습을 보고 만다. 불빛에 잠에서 깬 에로스는 분노했고 프시케의 곁을 떠나 버렸다. 절망에 빠진 프시케는 필사적으로 에로스를 되찾기 위해 이리저리 그를 찾아다녔다. 프시케에게 거부할 수 없는 사랑을 느낀 에로스는 결국 그녀를 용서했고 마침내 둘은 결혼했다. 제우스는 결혼 선물로 프시케에게 불멸의 존재가 될 수 있는 신들의 음식인 암브로시아와 나비의 날개를 주었다. 에로스와 프시케(영혼을 의미한다)의 사이에서 딸 헤도네(쾌락의 여신)가 태어나게 된다!

로마명: 큐피드
어원: 욕망
아버지: 아레스 (또는 헤르메스)
어머니: 아프로디테
배우자: 프시케

프시케를 깨우는 에로스의 키스, 1787~1793, 카노바, 루브르 박물관, 파리.
카노바는 수많은 시험과 시련에 맞서던 프시케가 에로스의 얼굴을 훔쳐본 것을 벌하는 아프로디테의 복수를 이 작품을 통해 표현했다. 마지막 시험에서 프시케는 호기심 때문에 결국 죽음과 같은 잠에 빠졌다. 이를 가엾게 여긴 에로스는 입맞춤으로 그녀를 잠에서 깨워 되살린다.
#잠자는_숲속의_공주

에로스를 찾아라

모든 것을 이기는 사랑, 1602, 카라바조, 베를린 국립 미술관. 그림 속 에로스의 등에 달린 검은 날개는 사랑의 탐욕과 가혹함을 상징하는 것은 아닐까?

에로티시즘

사랑의 신 에로스는 욕망의 신으로도 불리는데, 에로스의 화살은 인간이 내재한 소유욕을 자극하기 때문이다. 그래서 '에로티시즘'이란 단어가 플라토닉한 사랑보다는 성적 욕망에 치우친 사랑으로 해석되는 것이다. 한편, 에로스의 로마식 이름인 큐피드에는 '연인들의 사랑을 맺어 주는 자'라는 의미가 담겨 있다.

카라바조의 작품 속 에로스

로마인들은 응답하는 사랑의 신 안테로스의 탄생으로 남자가 된 에로스의 모습을 표현하는 데 있어서 그리스인들보다 다소 섬세하지 못한 탓에, 에로스의 모습을 언제나 장난꾸러기의 어린 소년으로 표현했다. 반면 그리스인들은 에로스의 남동생 안테로스의 신화를 반영하여 잘생긴 청년의 모습으로 에로스를 표현했다.

밸런타인데이 엽서.

밸런타인데이

밸런타인데이는 두말할 것 없이 에로스(큐피드)를 기리는 축제의 날이다. 밸런타인데이는 그리스의 테스피스에서 에로스를 기리며 5년 단위로 "연인의 날"을 의미하는 에로티디아가 열렸던 것에서 비롯되었는데, 이는 오늘날 밸런타인데이의 의미와는 거리가 멀다. 초기에 에로스가 동성애의 신을 상징했기 때문에 사랑하는 남성을 연인으로 만들기 전에 증인들 앞에서 (부케 대신!) 수탉을 선물했다고 한다!

성공적인 밸런타인데이를 위한 필수품!

빨간 장미

리큐어 초콜릿

수탉

앙증맞은 에펠탑 열쇠고리

페르세포네
봄을 부르는 지하 세계의 여신

여신 데메테르의 고귀하고 성스러운 딸 페르세포네는 삼촌 하데스에게 납치되어 결혼하게 된다. 지하 세계를 다스리는 여신이 되어 바쁜 나날을 보내지만, 일 년의 절반은 지상과 지하를 넘나들며 지상에 봄을 부른다. 초과 근무의 상징!

악의 꽃, 수선화

제우스와 데메테르 사이에서 태어난 아름다운 딸 페르세포네는 (비밀리에 성장기를 보낸) 시칠리아의 숲에서 친구들과 꽃잎을 꺾으며 즐겁게 보내고 있

었다. 그러다 꽃밭에서 수선화 한 송이를 발견하고는 조심스레 다가갔다. 페르세포네가 수선화를 만지는 그 순간, 땅이 거세게 흔들리며 두 쪽으로 갈라졌다. 지하 세계의 신이자 그녀의 삼촌인 하데스는 칠흑같이 검은 말들이 이끄는 황금

마차를 타고 땅속 깊은 구렁 안에서 나타나, 울며 소리치는 페르세포네를 납치했다. 하데스는 페르세포네를 품에 넣고 갈라졌던 땅의 문을 닫아 그녀와 결혼하기 위해 지하 세계로 돌아갔다.

내 남편은 내 부모님의 형제이자 납치범

가엾은 페르세포네는 초상집 분위기의 죽은 자들의 세계에서 살고 싶지도 않았을뿐더러 사악한 삼촌과 결혼할 생각은 더욱이 없었다. 딸을 잃고 식음을 전폐한 농업과 대지의 여신 데메테르만큼이나 깊은 슬픔에 빠진 페르세포네는 하루하루를 울며 보냈다. 데메테르는 비통함을 이기지 못해 땅 위의 모든 농작물에 관심을 끊고 전부 시들게 했다. 자신의 형제인 하데스가 딸을 납치했다는 사실을 알아차리고는 곧장 제우스에게로 달려가 페르세포네를 돌려보내 달라고 부탁했다. 문제는, 자신의 형을 화나게 하고 싶지 않은 제우스의 입장이 아주 난처했다는 것이다!

솔로몬? 제우스의 판결

데메테르의 방치로 (#파업) 대지가 척박해지자 인간들은 배고픔과 추위로 죽어 갔고, 이를 본 제우스는 하데스에게 페르세포네를 올림포스산으로 올려 보낼 것을 명령했다. 하데스는 제우스의 명을 듣기 전, 꾀를 발휘하여 그의 조카이자 아내인 페르세포네에게 석류 여섯 알을 먹게 했다. 누구든 지하 세계의 음식을 먹으면 지상으로 돌아갈 수 없다는 규칙을 이용한 것이었다. 이렇게 제우스는 페

돌아온 페르세포네, 1891, 레이튼, 리즈 아트 갤러리, 영국. 카두케우스를 손에 든 헤르메스가 죽은 자들의 세계에서 페르세포네를 데리고 나와 데메테르에게 인도하고 있다. 제우스의 중재로 페르세포네는 일 년 중 6개월은 엄마와 함께 지상에서 보낼 수 있게 되었고, 대지에 봄을 다시 불러 왔다.

르세포네를 엄마의 품으로 영원히 돌려보낼 수 없게 되었지만, 신들의 왕이라는 자리에 앉은 만큼 최선의 해결책을 제시했다. 페르세포네가 일 년 중 6개월은 지하에서, 남은 6개월은 엄마와 함께 지상에서 보내도록 판결을 내린 것

로마명: 프로세르피나
별명: 코레 (소녀라는 뜻)
아버지: 제우스
어머니: 데메테르
배우자: 하데스

이다. 그 후, 페르세포네가 지상으로 돌아온 6개월 동안은 데메테르도 활기를 찾고 대지에도 다시 봄이 왔다.

저승 같지 않은 저승의 여왕

과정이야 어떠했든 페르세포네는 저승의 (정확히는 지상과 지하의 중간 세계에서) 여왕 자리에서 그 역할을 꽤 잘 수행했다. 왕인 남편의 옆자리에 앉아 횃불 또는 영원한 잠을 상징하는 양귀비를 들고 있는 모습으로 표현되었다. 나중에는 남편만큼이나 엄하고 유하지 않은 모습으로 그려졌다.

지하 세계의 모습, 하데스와 페르세포네, 1622, 프랑수아 드 노메, 브장송 고고학 예술 박물관.

로마 보르게세 미술관의 페르세포네

조각상 '프로세르피나(페르세포네의 로마식 이름)의 납치'는 이탈리아의 천재 조각가 베르니니가 1622년 그의 나이 23세에 완성한 작품이다. 지하의 신 하데스의 손가락이 페르세포네의 부드러운 살결을 움켜쥔 모습을 현실적으로 생생하게 표현했다. 하데스의 꼬불꼬불한 수염이 페르세포네의 손바닥에 밀쳐지는 모습은 수염이 마치 뜯겨 나갈 것만 같은 인상을 준다. 움직임을 있는 그대로 표현한 천재적인 작품이다.

프로세르피나의 납치, 1622, 베르니니, 보르게세 미술관, 로마.

릴리, 라나 워쇼스키 감독의 영화 '매트릭스 2: 리로디드(2003)'에서 페르세포네를 연기한 배우 모니카 벨루치.

영화 매트릭스 속 페르세포네

영화에서 페르세포네는 잃어버린 영혼들의 수호자 메로빙지언의 아내로 등장한다. 메로빙지언은 매트릭스 세계의 하데스를 표현한 것으로, 클럽 '헬'의 주인이다. 불행한 결혼 생활을 하던 모니카 벨루치는 지하 세계의 여왕 역할에 싫증을 느낀 나머지 주인공 네오에게 입맞춤의 대가로 그가 탈출할 수 있도록 돕는다!

지하 세계의 지도

그 이름에서 잘 드러나지는 않지만, 고대의 지하 세계는 오늘날 우리가 상상하듯 지옥(지도에서 타르타르의 불타오르는 벽으로 둘러싸인 부분)을 의미하기도, 키클롭스의 벽 뒤는 당대의 샹젤리제(엘리시온의 들판) 같은 천국을 의미하기도 했다. 천국의 영역은 영웅이나 생전에 덕을 많이 쌓았던 사람들만이 죽은 후에 영원한 안식을 즐길 수 있던 장소였다.

페르세포네와 하데스의 왕국에 들어가기 위해서는 아케론강(저승을 감싸고 흐르는 스틱스강의 지류)의 뱃사공 카론에게 뱃삯을 지불해야 한다. 값을 제대로 치르지 않으면 100년은 기다려야 건널 수 있었다. (영생을 사는 자들에게는 #급할수록_천천히)

지하 세계 입구
환영합니다

잠의 문
꿈들의 출구
환생한 영혼들의 출구

타르타르
청의 탑

상아 문 뿔의 문

엘리시온의 들판

거대한 강철 기둥

하데스와 페르세포네의 궁전

카론

케르베로스

전장에서 죽은 병사들

요람에서 죽은 아이들
억울하게 죽은 자들
자살한 사람들
롱곡의 땅

스틱스강

아스클레피오스
의술의 신

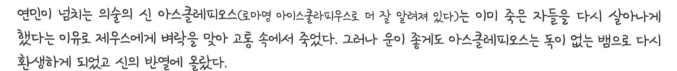

연민이 넘치는 의술의 신 아스클레피오스(로마명 아이스쿨라피우스로 더 잘 알려져 있다)는 이미 죽은 자들을 다시 살아나게 했다는 이유로 제우스에게 벼락을 맞아 고통 속에서 죽었다. 그러나 운이 좋게도 아스클레피오스는 독이 없는 뱀으로 다시 환생하게 되었고 신의 반열에 올랐다.

아스클레피오스, 의술의 신, 2세기경, 예르미타시 미술관, 상트페테르부르크.
아스클레피오스가 제우스의 벼락에 맞아 죽은 후 다시 환생하게 될 그의 상징 동물인 독이 없는 뱀과 함께 서 있다.

자, 골라 보시오.
아스클레피오스.

장작더미에서 태어나다

아스클레피오스의 어머니는 테살리아의 왕 플레기아스의 딸 아겔라로, 미모가 뛰어나 코로니스(아름다운 흰 새라는 뜻)라는 애칭으로 불렸다. 코로니스는 아폴론의 마음을 사로잡은 여인이었는데, 아폴론의 아이를 가진 채 인간과 바람을 피우고 만다. 아폴론이 아끼던 작은 흰 까마귀가 그녀의 외도를 알아채고는 아폴론에게 이를 고했다. 소식을 전해 듣자마자 아폴론은 자신을 배신한 코로니스에게 화살을 쏘아 그녀를 죽인다. 배안에 자신의 아이가 있다는 사실을 알아차렸을 때는 이미 코로니스의 시신이 장작더미에 놓인 상태였지만, 아폴론은 불 속에서 그녀의 배를 갈라 아이를 꺼냈다.

켄타우로스 케이론의 보살핌

의사 자격증
발급자:

자신의 분노를 참지 못하고 아이에게서 어머니를 빼앗았다는 죄책감에 시달리던 아폴론은 아스클레피오스가 출산의 순간에 산모를 구해 내고 더 나아가서는 의술의 신의 반열에 오를 수 있도록 만들기로 한다. 그래서 아스클레피오스의 교육을 켄타우로스족 중에서 가장 현명하고 지혜롭기로 손에 꼽히는 케이론에게 맡긴다.

제우스에게 벼락 맞다

어느 날, 여신 아테나는 아스클레피오스에게 메두사의 피가 담긴 두 개의 약병을 건넨다. 하나는 죽음을 위한 것이고, 하나는 죽은 자들을 다시 살리기 위한 것이었다. 아스클레피오스는 메두사의 피를 이용하여 수차례 인간들뿐만 아니라 테세우스의 아들 히폴리토스처럼 기구하게 목숨을 잃은 전쟁 영웅들을 구해 냈다. 심지어는 제우스가 쓰러뜨린 전쟁의 영웅들도 다시 생명을 불어넣어 살려내자, 세상의 질서를 어지럽히는 아스클레피오스에게 제우스는 벼락을 내리고 아스클레피오스는 죽음을 맞이한다. 하지만 결말은 나쁘지 않았다. 아스클레피오스는 의사로서 그의 업적을 신들에게 인정받고 후에 신의 반열에 오르며 그의 상징인 뱀과 함께 하늘의 별자리가 되었다.

신성한 뱀과 로마의 전염병

환자들이 그들의 치료제를 얻기 위해 찾아오는 아스클레피오스의 신전에는 자유로이 돌아다니는 독이 없는 뱀들을 볼 수 있다. 기원전 291년, 로마에 전염병이 창궐하자 아스클레피오스의 출생지이자 그의 신전이 있어 신역으로 불리는 항구 도시 에피다우로스에 와 의술의 신을 찾는 사람들이 많았다. 전설에 따르면, 아스클레피오스의 신전에 환자들이 들어오자 아스클레피오스의 신성한 뱀이 몸을 곧게 세우고 다가와 그들을 선박에 데려다주고 다시 로마까지 안내했다고 한다. 그 후 전염병은 순식간에 사라졌다고 한다.

자, 로마까지 걸어서 1킬로미터 남았습니다. 앞으로, 앞으로!

로마명: 아이스쿨라피우스
아버지: 아폴론
어머니: 테살리아 라피타이 부족의 왕인 플레기아스의 딸 코로니스

아스클레피오스를 찾아라

에피다우로스 극장

환자들이 치료를 목적으로 찾기로 가장 유명한 아스클레피오스의 신전은 에피다우로스에 있다. 의술의 신이 가진 눈부신 의술로 병을 치료받기 위해 그리스 전역에서 순례자들이 몰려들었다. 오늘날 에피다우로스는 다른 곳의 모델이 되는 웅장한 원형 극장으로 훨씬 더 잘 알려져 있다. 이곳에서는 의술의 신을 기리는 연극 축제 '아스클레피에이아'가 열린다. 꼭 여행해 보라!

아레네

에피다우로스 극장

그리스의 에피다우로스 극장.

로고 속 아스클레피오스

아스클레피오스의 지팡이(뱀이 감싸고 있는 모양의 지팡이)는 수많은 의료 전문가들의 상징으로 사용되고 있으며, 특히 세계 보건 기구의 로고에서도 찾아볼 수 있다.
헤르메스의 지팡이 카두케우스(두 마리의 뱀이 감싸고 있는 모양의 지팡이)나 아스클레피오스의 딸이자 건강과 위생의 여신 히기에이아의 상징인 잔을 감싸는 뱀과 혼동하지 말라!

세계 보건 기구
World Health Organisation

의학 용어 속 아스클레피오스

아스클레피오스는 인공 부화 또는 잠복기를 뜻하는 단어 '인큐베이션'의 기원에서도 발견할 수 있다. 그리스 시대에 인큐베이션은 '꿈을 통한 치료법'을 의미했다. 환자들은 의술의 신의 신전에 들어오면 우선 동물의 가죽 위에 누워 잠을 잔다. 아스클레피오스가 꿈에 나타나 환자의 아픈 부위를 만지면 고통이 말끔하게 사라져 치료됐다고 한다. 꿈이라니!

신이시여! 삭신이 쑤십니다.

#이리오세요
#샴페인
#베리화이트

49

이리스
올림포스산 신들의 메시지를 전하는 무지개의 여신

무지개만큼이나 아름답고 반짝이는 아름다운 소녀 이리스는 전령의 신 헤르메스처럼 올림포스산 신들의 메시지를 전달하는 (주로 헤라의 곁에서 일하는) 전령의 여신이다. 이리스의 손길이 살짝 스치기만 해도 무지개가 남아 사람들은 그녀가 다녀갔다는 것을 금방 알 수 있다.

이리스, 1889, 반 고흐, 폴 게티 미술관, 로스엔젤레스.

전형적인 인재상

유달리 사랑스러운 성격의 이리스는 까탈스러운 여신 헤라의 마음에 들 정도로 사교적이다. 엄청난 능력 아닌가! 이리스는 신들의 여왕 헤라의 곁에서 전용 심부름꾼으로 일하며 신뢰를 쌓았다. 목욕물 받아 놓기부터 화장과 옷 치장까지! 어찌나 정성으로 일하는지, 이리스는 밤낮 구별 없이 헤라의 곁에 앉아 잠깐 졸기는커녕 신발과 허리띠도 풀지 않고 언제든 헤라의 메시지를 전하러 갈 채비를 전부 갖추고 있었다. 전형적인 인재상이지 않은가!

이달의 사원

이리스

이리스

이리스

꽃 같은 소녀의 그늘

이리스가 헤라에게 사랑받는 능력만(헤르메스는 단 한 번도 헤라의 사랑을 얻지 못했으니!) 갖추고 있던 것은 아니다. 어려운 순간에 나타나 언제나 힘을 보태고 가볍게 토닥여 주었기 때문에 모든 사람에게 사랑을 받았다. 하루는 아킬레우스가 파트로클로스의 장례를 위한 장작에 불이 붙지 않아 속상해하자, 이리스는 서풍의 신 제피로스에게 가벼운 산들바람을 불어 달라고 부탁한 적도 있었다. 그리고 나서 이리스가 떠난 자리에는 아름다운 색깔의 무지개가 남아 하늘과 땅을 잇는 다리가 되었다!

신들의 향수

이리스를 위한 꽃병

여신 이리스는 종종 꽃병의 모습으로 표현되곤 한다. 헤라가 남편 제우스와 다툰 후 잘잘못을 가릴 때 이리스는 신성한 약속의 상징인 지하 세계의 스틱스 강물을 황금 컵에 담아 와 지친 헤라의 마음을 정화시켜 주었기 때문이다. 이리스는 언제나 그렇듯 헤라의 임무를 충실히 수행했다. 헤라의 질투심에 눈먼 복수를 위해서도 말이다. 심지어는 시칠리아에서 아이네이아스의 선박을 불태워 버리기도 했다. 하지만 아주 간혹 헤라의 악덕한 명령에는 불복하기도 했다. 예를 들어, 레토가 아폴론과 아르테미스를 낳지 못하도록 괴롭히라는 헤라의 말에는 이리스도 차마 동의할 수 없었다.

닮은꼴의 여신

헤르메스처럼 이리스도 신들의 전령 역할을 하다 보니, 헤르메스와 닮은꼴처럼 보이지만 각자 나름의 특징이 있다. 헤르메스에게 카두케우스 지팡이가 있었다면, 이리스에게는 날개가 있었다. 헤르메스가 가지고 다니는 똬리를 튼 두 마리의 뱀이 기어오르는 모양의 지팡이는 의술의 신의 지팡이처럼 뱀이 물면 상처가 낫는 능력이 담겨 있는데, 이러한 혼동은 건강의 신 헤르메스에게는 해당하는 이야기이지만 이리스에게는 그렇지 않다!

닮았다! >
< 닮았지!
닮았다! >
< 닮았어!

로마명: 이리스
어원: 무지개
별명: 영원한 신들의 전령
아버지: 바다의 신 폰토스와 대지의 신 가이아의 아들인 타우마스
어머니: 바다의 신 오케아노스와 테티스 사이의 딸인 엘렉트라

이리스를 찾아라

홍채 인식 '아이리스 키'

홍채의 모양이나 색깔은 개인마다 또 눈마다 고유하다! 사실, 홍채의 형태는 유전에 의해서만 결정되는 것은 아니며 살아가면서 변하기도 한다. 일란성 쌍둥이가 서로 다른 눈동자를 가지는 것도 그 이유다. 생체 기반 인증 프로그램에서 '홍채'를 활용하는 까닭도 마찬가지다! 어쩌면 무지개 여신 이리스의 이름을 딴 이유도 홍채의 무궁무진한 색깔 때문인 것은 아닐까?

꽃밭의 이리스

아름다운 이리스의 이름을 딴 꽃은 바로 보랏빛의 붓꽃이다. 그렇다면 보라색과 무지개 사이에는 어떤 연관성이 있을까? 우선, 모든 붓꽃이 보라색인 것은 아니다. 붓꽃은 사실 모든 색을 다 가질 수 있다. 일반적으로 사람들이 잘 모르는 사실이 있다면, 붓꽃이 백합과의 식물이라는 것이다. 그렇다, 흰 백합에서 보라색의 붓꽃이 모두 이어지는 셈이다.

SOS, 이리스!

이리스는 모든 신을 위해 움직였다. 신들이 전차를 타고 올림포스산으로 돌아왔을 때, 신들의 말을 마구간으로 옮기고 음식을 차린 것도 바로 이리스였다. 아프로디테가 디오메데스에게 상처를 입었을 때도, 혼란스러운 상황에서 그녀를 빼내어 아레스의 전차에 태우고 마차를 직접 끈 것도 이리스였다. #구원자

모르페우스와 이리스, 1811, 게랭, 예르미타시 미술관, 상트페테르부르크, 러시아.
잠들어 있는 꿈의 신 모르페우스에게 전령의 여신 이리스가 찾아왔다. 에로스와 함께 나타난 이리스의 모습은 마치 신들이 무언가 은밀한 메시지를 전달하라 지시한 것처럼 보인다.

51

프로메테우스
불을 훔친 도둑

프로메테우스는 티탄 중에서도 가장 존경받는 인물로, 그의 이름에는 '예언자'라는 뜻이 담겨 있다. 인간과 신의 사이에서 언제나 인간의 편을 들며 인간에게는 문명의 시작이라 할 수 있는 불을 훔쳐다 준 은인이다. 그래서 프로메테우스는 지식을 추구하는 반역자로 표현된다.

프로메테우스, 1934, 록펠러 센터, 뉴욕.
조각상 뒤에 세워진 높은 벽에는 아이스킬로스의 다음 문구가 새겨져 있다. "프로메테우스, 모든 기술의 주인, 인간에게 가장 위대한 도구인 불을 가져다주다." 틀린 말은 아니다!

같은 부모, 다른 두뇌

흙과 불로 필멸의 존재를 만들던 제우스는 티탄족의 에피메테우스를 불러 각각의 존재에 알맞은 능력을 불어넣으라 명했다. 제우스의 이러한 선택은 사실 전략적 실수였다. 형 프로메테우스와는 달리 에피메테우스는 영리함과는 영 거리가 멀었기 때문이다. 이름에서부터 둘의 IQ를 짐작할 수 있다. 에피메테우스는 '나중에 생각하는 자'라는 뜻이지만, 프로메테우스는 '미리 아는 자'라는 뜻이기 때문이다.

올림픽 성화

제우스가 맡긴 일에 신이 난 에피메테우스는 앞일은 생각하지 않고 갖가지 존재들에게 날아다니는 능력, 물속에서 숨 쉬는 능력, 힘, 속도, 발톱 같은 것들을 부여하기 시작했다. 마침내 인간의 차례가 되었을 때 에피메테우스의 손에는 선물할 수 있는 것이 아무것도 남아 있지 않았다. 동생의 실수를 처리하기 위해 프로메테우스는 신들에게서 올림포스산의 불과 그것의 사용법을 훔치기로 하고, 인간이 기술을 통해 물리적 한계를 극복할 수 있도록 했다. 하지만 신을 모독했으니 제우스가 분노할 수밖에!

전략적인 제물 바치기

프로메테우스는 인간들이 신들에게 제물을 바칠 수 있으니 인간이 불을 가지게 된 것은 신들에게도 유익한 일이라는 것을 보여 주어 제우스의 마음을 가라앉히려 했다. 그렇다면 인간과 신은 각각 어떤 부분을 얻는 것일까? 영리하고 인간을 너무도 사랑했던 프로메테우스는 제우스에게 황소 한 마리를 제물로 바치기로 했다. 하지만 그 방법은 공평하지 않았다. 발라낸 뼈와 기름에는 맛있는 냄새의 향신료를 발라 신들에게 바치고, 두툼한 살코기는 썩은 가죽으로 가려 인간에게 전했다. 프로메테우스의 계략에 깜빡 속아 넘어간 제우스는 결국 냄새에 속아 먹을 것 하나 없는 뼈를 선택했다. 그날 이후, 인간들은 언제나 동물의 맛있는 살코기를 먹을 수 있게 되었고, 신에게는 향만 바치게 되었다고 한다!

로마명: 프로메테우스
어원: 미리 아는 자
아버지: 우라노스와 가이아 사이에서 태어난 열두 티탄족 중 하나인 이아페토스
어머니: 큰바다의 신 오케아노스와 테티스의 딸인 오케아니데스 중 한 명인 클리메네

"우리 신들에게 이렇게 불결한 제물을 바친 이가 누구냐!"

프로메테우스의 형벌

프로메테우스의 계속되는 계략에 속아 넘어간 제우스는 마침내 분노하여 그에게 엄청난 형벌을 내린다. 앞으로 평생을 코카서스산의 바위에 쇠사슬로 꽁꽁 묶여 낮에는 독수리에게 간을 쪼여 먹히고, 밤에는 간을 회복시켜 영원한 고통을 겪도록 했다. 그러던 어느 날, 열두 개의 과업을 수행 중이던 헤라클레스가 프로메테우스를 가엾이 여겨 그를 묶고 있던 쇠사슬을 끊어 준다. 고통에서 해방되었지만 이를 잊지 않고 기억하기 위해서 끊어진 쇠사슬 고리 하나에 코카서스 바위 조각을 끼워 손가락에 꼈는데, 마치 반지 같았다. 그렇게 쇠사슬 고리를 늘 끼고 있었으니, 제우스는 차마 프로메테우스가 죄를 인정하지 않는다고도 할 수 없었다. 위대한 프로메테우스!

프로메테우스가 만든 최초의 핑거 너클

코카서스 산맥

프로메테우스가 쇠사슬에 묶여 있던 산의 중턱이 바로 여기다!

쇠사슬에 묶인 프로메테우스, 1762, 아담, 루브르 박물관, 파리. 생동감이 느껴지는 조각상!

프로메테우스를 찾아라

조각상의 울음

프로메테우스의 끝나지 않는 고통과 괴로움은 수많은 예술 작품의 모티브가 되었다. 몸서리치는 고통에 시달리는 모습을 그리기도(루벤스), 의연하고 용감한 모습을 그리기도 했다(귀스타브 모로). 그중에서도 파리 루브르 박물관에 전시된 니콜라스 세바스티앙 아담의 조각상 '쇠사슬에 묶인 프로메테우스'는 가장 유명한 작품이다. 대리석에 생명을 불어넣기라도 한 듯, 독수리가 날개를 퍼덕이며 쪼아대자 프로메테우스의 끔찍한 비명 소리가 들리는 것 같다. (30년 후에 헤라클레스가 나타났으니 그나마 다행이다!)

플라톤에서 프랑켄슈타인까지

프로메테우스 신화는 많은 은유를 통해 지식을 추구한 반역자, 모든 인간이 눈을 뜨도록 극도의 희생을 감내한 헌신을 표현한다. 플라톤의 『프로타고라스』에서 중심인물인 프로메테우스는 인간이 신에게 다가갈 수 있도록 돕는 자로 언급된다. 한편, 메리 셸리의 소설 『프랑켄슈타인』의 부제는 '현대의 프로메테우스'이다.

희생의 결말

인간을 신과 동등한 존재로 만들고자 했던 프로메테우스의 시도는 전지전능한 힘에 맞서고 열등한 조건에서도 인류를 유지하고자 하는 의지가 담긴 도전으로, 긍정적으로 해석(자기 극복, 발전)되는 만큼이나 부정적으로도 해석(아담과 이브)된다. '프로메테우스적'이라는 표현은 상당한 노력과 자유로움을 의미해 비교적 긍정적인 측면을 담고 있다.

프로메테우스의 고통, 17세기, 아세레토, 샤르트뢰즈 미술관, 두에, 프랑스.

크로노스
최초의 세계 통치자

로마인들에게는 사투르누스라 불리는 크로노스는 끔찍하기로는 세계 제일이다. 제우스를 비롯한 올림포스산 첫 줄에 앉은 신이자 자녀인 신들에게 자신의 왕좌를 빼앗길까 두려워 갓 태어난 아기들을 집어삼켜 버렸으니 말이다.

자식을 삼키는 사투르누스, 1636~1638, 루벤스, 프라도 미술관, 마드리드. 이 그림은 너무도 끔찍해서 신화 속 이야기가 거짓인 것처럼 느껴진다. 크로노스는 한입에 자식들을 삼킨 탓에 훗날 그대로 토해 낸다!

망치보다 낫

크로노스의 어머니인 대지의 여신 가이아는 남편인 하늘의 신 우라노스를 더 이상 견딜 수 없었다. 그럴 만도 한 것이, 밤마다 강제로 잠자리를 요구하면서 자식들은 암흑의 지하에 가두어 버렸기 때문이다. #아동학대. 그래서 가이아는 자식들 중에서 가장 어린 크로노스에게 낫을 쥐어 주고는 형제들과 협동하여 아버지의 성기를 베고 쫓아내라 시켰다. 마침내 크로노스는 아버지를 거세하고, 우라노스가 고통에 울부짖자 하늘과 땅 사이가 멀어지고 대지도 갈라져 갇혀 있던 가이아의 자식들도 지상으로 탈출할 수 있었다.

고대의 식인귀

출중한 거세 솜씨 덕분에 크로노스는 아버지 우라노스가 떠난 왕좌에 오르고 형제들과 세계를 통치하기 시작했다. 우라노스는 치욕스러운 상처와 패배에 그의 자식들을 '(성기를) 빼앗은 자'라는 뜻을 가진 '티탄'이라 부르며 크로노스에게는 저주를 내렸다. 미래에 태어날 크로노스의 자식 중 한 명에게 자신처럼 왕좌를 빼앗겨 죗값을 치를 것이라며 말이다. 아버지의 저주를 무시하려 했지만. 결국 크로노스는 자식들을 통째로 삼켜 해치워 버렸다! 누나이자 그의 아내인 레아는 먼저 태어난 다섯 명의 자식들을 모두 빼앗기고 만다.

세상의 중심

제우스가 태어났을 때, 레아는 이번만큼은 크로노스에게서 아이를 지켜 내리라 결심한다. 아기 대신 돌덩이를 포대기로 감싸 크로노스에게 건넸고, 그는 속임수를 상상도 못한 채 꿀꺽 삼켰다. 제우스는 존재를 감추고 성장하여 성인이 되었고, 신중함의 여신 메티스와 결혼하여 크로노스 앞에 나타나 먹은 것을 전부 토해 내는 약을 먹인다. 크로노스는 그동안 삼킨 다섯 명의 자식들과 제우스 대신 삼킨 돌덩이까지 모두 뱉어 냈다. (그 후 이 돌덩이는 그리스인들 사이에서 '세상의 중심'이라 불렸다!) 제우스는 곧바로 크로노스의 왕좌를 차지했고, 자신의 두 형제와 통치권을 나누었다.

프라도 미술관

크로노스를 그린 가장 유명한 (동시에 가장 끔찍한) 그림은 고야의 작품으로 스페인 마드리드의 프라도 미술관에 소장되어 있다. 거대하고 징그러운 사투르누스(크로노스의 로마명)가 머리가 없는 인간의 몸을 붙들고 팔을 씹어 먹고 있다. 냠냠! 프라도 미술관에는 비교적 덜 알려져 있지만 루벤스의 작품도 소장되어 있는데, 그것 또한 끔찍하다. 노인의 모습을 한 사투르누스가 아이의 살갗을 갈기갈기 찢는 장면이다!

자식을 잡아먹는 사투르누스, 1820~1823, 고야, 프라도 미술관, 마드리드. 공포의 순간에 초대합니다!

사투르누스 칵테일

얼음 속 크로노스

소름 돋지 않는가. 사투르누스의 이름이 지독한 식인귀로 알려진 이유다.

우주와 점성학 속 사투르누스

고야와 루벤스의 그림 때문에 사투르누스라는 이름만 봐도 등골이 오싹하다. 그런데 태양계에서 가장 황폐하고 행성을 둘러싼 고리는 전부 차가운 얼음 조각으로 이루어진 행성인 토성의 이름도 사투르누스에서 비롯되었다는 것을 아는가! 한편, 점성학에서도 토성의 기운이 강한 날은 피하는 편이 좋다고 한다. 프랑스 시인 베를렌도 점성학의 이러한 해석을 믿으며 고독과 우울을 이야기하는 『사투르누스의 시: 토성 시집』을 썼다.

서양의 동짓날, 사투르누스의 축제

일 년 중 밤이 가장 길고 어둠과 우울의 힘이 가장 센 (심신을 무기력하게 만드는 납 중독을 새터니즘이라고 한다!) 사투르누스의 날은 신화 속의 신에서 떠오르는 이미지와 조금 다르다. 겨울에 찾아오는 동짓날을 서양에서는 사투르누스의 날로 여기고 로마에서 가장 성대한 축제를 열었다. (악랄한 사투르누스가 해방을 맞이하는 날인 셈이다.) 훗날 크리스마스가 된 날이 바로 사투르누스 축제일이다!

폴 베를렌의 초상화, 1868, 바지유, 댈러스 미술관. 베를렌은 이 초상화가 탄생하기 2년 전 우울함을 담은 그의 첫 번째 시집 『사투르누스의 시: 토성 시집』을 출간했다. 여기서 사투르누스는 '신경 쇠약'을 의미한다.

황금기의 주인

왕좌를 빼앗긴 크로노스는 두 얼굴의 신 야누스의 집에 몸을 숨겼다. 야누스는 (비록 그가 자식들을 집어삼킨 괴물이라고 하더라도) 크로노스를 아주 좋아했다. 그의 생각으로는 크로노스가 세상을 통치하던 때가 진정한 황금기였다. 모두가 조화를 이루고 완벽한 평등 속에서 살았기 때문이다. 행복했던 당시를 추억하기 위해 야누스는 사투르누스의 축제를 계획하여 모든 일정을 취소하고, 매년 12월 16일에 로마에서 노예와 귀족 등 신분과 관계없이 모두 같이 둘러앉아 먹고 즐겼다!

#오늘은_모두가_친구

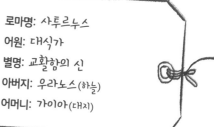

로마명: 사투르누스
어원: 대식가
별명: 교활함의 신
아버지: 우라노스 (하늘)
어머니: 가이아 (대지)

아틀라스
하늘을 받치고 서 있는 티탄

아틀라스는 티탄족 중에서 가장 잘 알려진 인물이다. 지브롤터 해협의 어딘가에서 어깨 위로 무거운 짐(하늘)을 짊어지고 있다. 헤라클레스보다 조금 덜 똑똑하다는 것은 모두가 다 아는 비밀이다!

아틀라스, 1936, 로리, 록펠러 센터, 뉴욕.
14m 높이의 이 조각상에서 아틀라스가 받치고 있는 천체의 북쪽 축은 뉴욕을 기준으로 했을 때 북극성의 위치를 가리키고 있다. 이기주의를 소재로 삼고 20세기 미국 문학 중 손에 꼽히는 에인 랜드의 소설 『아틀라스』에서 영감을 받아 세워진 조각상이다. (우연이겠지만, 트럼프 전 대통령의 머리맡에 있던 책이다!)

로마명: 아틀라스
어원: 짊어진 자
별명: 집안의 가장
아버지: 티탄족 이아페토스
어머니: 티탄족 테미스

티타노마키아의 티탄

아틀라스는 열두 명의 티탄(여섯 명의 아들과 여섯 명의 딸) 중 한 명으로 대지의 여신 가이아와 하늘의 신 우라노스의 자손이다. 그러니까 제우스의 아버지 크로노스의 조카인 셈이며, 그의 사촌들(제우스와 형제들)이 그들의 아버지를 쓰러뜨릴 때 삼촌의 편에 서는 것이 당연했다. 티탄과 신들의 전쟁을 '티타노마키아'라고 한다. 불행히도 아틀라스가 편을 들었던 티탄족은 패하고 말았고, 제우스는 적이었던 아틀라스에게 영원히 어깨에 하늘을 짊어지는 벌을 내린다. 이럴 줄 알았더라면 오지 않았을 텐데.

아니, 평생 이렇게 있으라고?

하늘을 짊어진 거짓말쟁이

열두 개의 과업을 수행하던 헤라클레스는 아틀라스의 딸들인 헤스페리데스의 정원에서 황금 사과를 구해야 했다. 아틀라스는 헤라클레스에게 잠시 하늘을 받치고 있으면 사과를 구해 오겠다고 했다. 꽤 순진했던 헤라클레스는 아틀라스 대신 하늘을 짊어졌다. 그 순간, 거짓말이라며 태도를 바꾼 아틀라스는 애초의 약속을 지킬 생각은 추호도 하지 않았다. 황금 사과까지 따 와서는 반신반인인 헤라클레스 앞에서 그를 조롱하기도 했다. 치사하네!

거짓말에는 거짓말로 받아치기

헤라클레스는 자신의 처지를 받아들인 척하며 하늘이 어깨에 잘못 놓였다면서 잘 받쳐 들 수 있도록 목쪽으로 옮겨 달라며 도움을 청했다. 방금 전의 헤라클레스보다 더 순진한 아틀라스가 흔쾌히 요청에 응하며 두 손으로 하늘을 받친 그 순간, 앗! 헤라클레스는 하늘 아래서 얼른 몸을 빼내어 아틀라스가 도와준다며 땅에 잠시 내려놓은 황금 사과를 들고 유유히 자리를 떠났다. 최후에 웃는 자가 승자다!

아틀라스, 거대한 산이 되다

메두사와의 전투를 마치고 돌아가던 페르세우스는 아틀라스의 왕국을 지나게 된다. 또다시 딸들의 정원에 있는 황금 사과를 제우스가 낳은 전쟁 영웅에게 빼앗길까 두려웠던 아틀라스는 잠시 쉬어가겠다는 페르세우스를 격렬하게 쫓아내려 했다. 도둑이야! 아틀라스의 고함에 놀란 페르세우스는 잘라 온 메두사의 머리를 집어 들고 만다. 그리고 아틀라스는 그 자리에서 거대한 바위처럼 굳어 버렸다. 오늘날 아틀라스 바위는 능선이 생기고 나무가 자라 산이 되어 지브롤터해협 옆에 자리를 지키고 서서 주위를 살피고 있다!

#훔쳐보기

누군가 나를 보고 있는 것 같은데.

아틀라스를 찾아라

지리학 속 아틀라스

아틀라스는 16세기 네덜란드의 지리학자이자, 근대 지도학의 창시자인 게라르두스 메르카토르의 유명한 지도책 이름으로 쓰였다. 둥근 지구와 당시 신대륙이라 불리던 아메리카 대륙을 그려 넣은 최초의 지도이다. 어째서 책 이름을 『아틀라스』라고 지은 것일까? 그 이유는 바로 아틀라스가 둥근 지구를 떠받치고 선 그림이 실렸기 때문이다! 이후 아틀라스는 지도의 묶음을 의미하는 말이 되었다.

건축학 속 아틀라스

건축물의 수평부를 받치고 서 있는 기둥 같은 여성 조각상을 본 적 있는가? 건축학에서는 이러한 여성상 기둥을 '카리아티데스'라 부른다. 여기서 잊지 말아야 할 것은 바로 '아틀란테스'라는 남성상 기둥도 존재한다는 것이다. 왜냐고? 당연히 아틀란테스도 아틀라스처럼 무거운 건축물을 받치고 서 있으니 말이다!

인체 속 아틀라스 (몸을 지탱하는 척추)

어깨 위로 무거운 머리를 받치고 있는 목의 움직임을 자세히 살펴본 적 있는가? 머리와 목을 이어 주는 첫 번째 목뼈인 경추 1번은 가장 많은 무게를 견딘다. 그렇다. 우리는 이 뼈를 '아틀라스'라고도 부른다.

괜찮아, 아틀라스가 아파서 그래!

우와!

똑똑하네!

#이_시대의_지식인

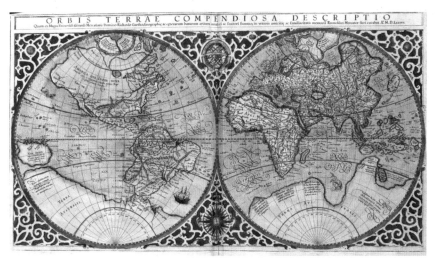

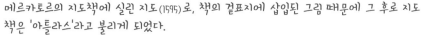

메르카토르의 지도책에 실린 지도(1595)로, 책의 겉표지에 삽입된 그림 때문에 그 후로 지도책은 '아틀라스'라고 불리게 되었다.

헤스페리데스

아틀라스 왕국

황금 사과

'황금 사과'를 보고 진정으로 금으로 된 사과를 떠올리지 않기를 바란다! 당시 황금 사과라는 것은 아마도 지중해 서쪽 연안에서 자라며 그리스인들의 마음을 사로잡은 금빛의 오렌지를 의미했을 것이다. 감귤류의 일종으로 '헤스페리데스'라고 불렸다! 전문가들은 '황금 사과'라고 불리는 다양한 빛깔의 과일일 수도 있다는 것을 확인했다. #경쟁이야!

<헤스페리데스의 정원>, 1891~1892, 레이턴, 레이디 레버 아트 갤러리

뮤즈
아홉 명의 예술의 여신들

우리가 흔히 말하는 '뮤즈'는 예술가들에게 영감을 주는 존재를 의미한다. 사실, 그리스 신화에 등장하는 아홉 명의 아름답고도 순결한 불멸의 여인들은 주로 둥글게 원을 그리며 춤을 추는 모습으로 표현되며 인간에게 재능과 가장 권위 있는 지적 활동을 전하는 여신들로 그려진다.

아폴론과 뮤즈들, 16세기, 드 보, 벨기에 왕립 미술관, 브뤼셀. 그런데 이 화가는 고대 여인들이 입던 옷도, 뮤즈가 각자 맡았던 역할에 대해서도 잘 알지 못한 것이 분명하다. (그래도 아폴론에 대해서는 제대로 이해했군.) 누가 다시 설명 좀 해 줘!

```
로마명: 뮤즈
어원: 생각에 잠기다, 명상하다
아버지: 제우스
어머니: 므네모시네
```

탄생

뮤즈는 신들의 왕 제우스와 기억을 의미하는 단어 메모리의 기원이자 기억의 여신인 므네모시네 사이에서 태어난 아홉 명의 자매들이다. 제우스와 므네모시네의 딸들이지만 뮤즈는 언제나 완벽한 예술의 신 아폴론과 함께한다. 뮤즈는 헬리콘산과 파르나소스산에 살며 인간을 마주치면 그에게 축복을 담아 재능을 선물하고 탁월한 재능을 가지게 된 인간은 위대한 예술가가 될 수 있다! 운이 좋군!

기억의 딸들을 기억하는 법

모든 뮤즈의 이름을 외우는 것은 매우 어렵다! 뮤즈의 어머니는 기억의 여신인데 참 아이러니한 일이다. 그래도 그중 몇 명은 비교적 외우기 쉽다.

A) **우라니아**: '천공'을 의미하며 하늘의 신 우라노스를 떠올리게 하는 이름이다. **천문**의 여신이다.

B) **클리오**: '명성'을 의미하며 (클리오라는 자동차도 있다!) 기억할 만한 사건이나 이야기를 뜻하는 **역사**의 여신이다.

C) **테르프시코레**: '춤의 기쁨'을 의미하며 서정시와 **춤**의 여신이다.

D) **칼리오페**: '아름다운 목소리'를 의미하며 **서사시**의 여신이다. 호메로스에게 영감을 준 여신이자 오르페우스(아름다운 목소리를 가진 음유 시인)의 어머니다.

E) **폴림니아**: '많은 노래'를 의미하며 **수사학**의 여신이다. 일반적으로 수사학은 문장을 다양하게 장식하는 방법을 의미한다.

F) **탈리아**: '풍요로운 환호'를 의미하며 **희극**의 여신이다. 파리와 브뤼셀을 달리는 고속 열차 탈리스가 떠오르지 않는가? 탈리아 여신의 이름을 외우는 방법이다!

만일 아래의 남은 세 여신의 이름까지 모두 기억하고 있다면 기억의 여신 므네모시네가 매우 뿌듯해 할 것이다.

G) **에라토**: **애정과 연애 시**의 여신이다. '에로틱'하다는 말도 이 여신의 이름에서 비롯되었다.

H) **에우테르페**: '기쁨'을 의미하는 **음악**의 여신이다 (자매인 테르프시코레와 닮았다). 이름 속의 '테르페'는 기쁨을, '에우'는 그리스어로 '특별함'을 의미한다. 그녀의 이름처럼 음악은 모두를 기쁘게 한다!

I) **메르포메네**: 마지막으로 메르포메네는 **비극의 노래**의 여신이다. 왜 노래인가? 이름 속의 '메르포'는 그리스어로 '노래 부르다'라는 의미를 지닌다. 고대의 첫 번째 비극도 (디오니소스를 기리는) 서정시였다. 주로 '디오니소스 찬가'로 불렸는데, 누군가를 칭찬하는 노래를 의미한다.

돌발 퀴즈!

아래 뮤즈의 얼굴을 보고 알맞은 이름을 적으시오!

뮤즈를 찾아라

그림 속 뮤즈

아홉 명의 뮤즈를 그린 그림도 아주 많지만, 그녀들의 인상착의 덕에 그림 속에서 뮤즈를 찾아내기란 아주 쉬운 듯 보인다. (예를 들어, 탈리아는 희극 가면을, 메르포메네는 비극 가면을 쓰고 있으니 말이다.) 하지만 파리 오르세 미술관에 소장되어 있는 화가 모리스 드니의 유명한 이 작품을 보라. 생각보다 겉모습이 비슷하여 뮤즈를 구별하는 일은 꽤나 까다롭다!

뮤즈, 1893, 드니, 오르세 미술관, 파리.

단어 속 뮤즈-박물관

박물관을 의미하는 단어인 뮤지엄의 어원은 무엇인지 생각해 본 적이 있는가? 짐작했겠지만, 예술의 여신 뮤즈들을 기리는 장소나 신전인 '뮤즈관'이 바로 그 기원이다. 최초의 뮤즈관은 알렉산드리아에 지어졌다. 모든 시인과 지식인이 모여 각자의 방에서 작업한 최초의

몽파르나스 타워에서 내려다본 몽파르나스 대로, 파리.

박물관인 고대의 알렉산드리아 도서관이다!

지도 속 뮤즈-몽파르나스

"뮤즈는 파르나소스산에서 살았다." 보라, 왠지 익숙한 이름이 보이지 않는가? 1700년대에 파리 남부 지역에서는 돌무더기를 잔뜩 쌓아 올린 인조 언덕이 있었는데, 사람들은 이를 보고 해학적으로 '파르나소스산'이라 불렀다고 한다. 이후, 19세기에 들어 파리의 이 지역은 "예술을 위한 예술"을 외치는 예술 지상주의의 문학파 '파르나시앵'의 활동지가 되면서 그 이름을 계속 유지했다.

정답: A-9, B-4, C-6, D-5, E-3, F-7, G-8, H-2, I-1

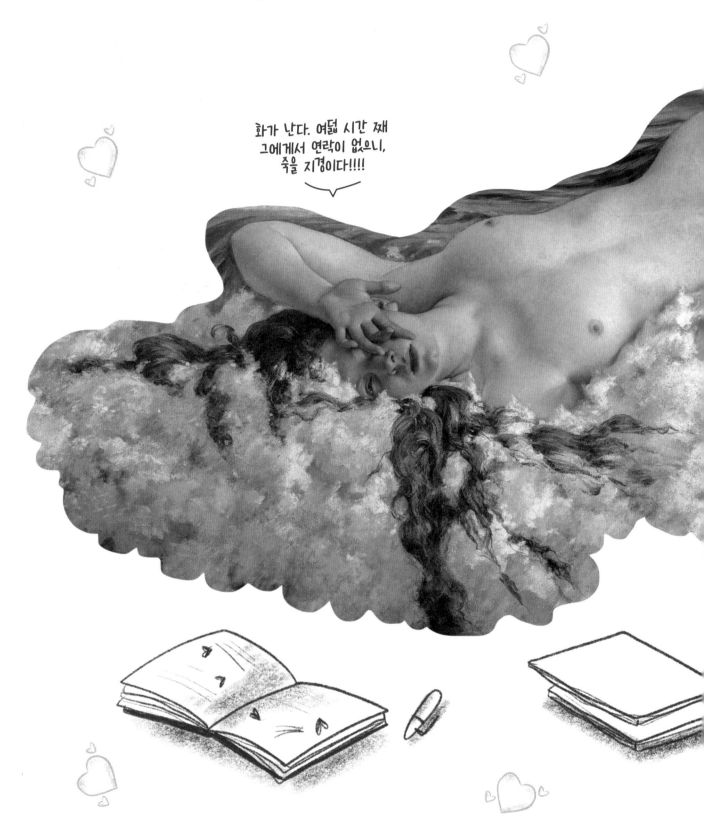

아프로디테, 1893, 히레미 히어쉴, 티베르옹 갤러리, 파리.

신화 속 연인들

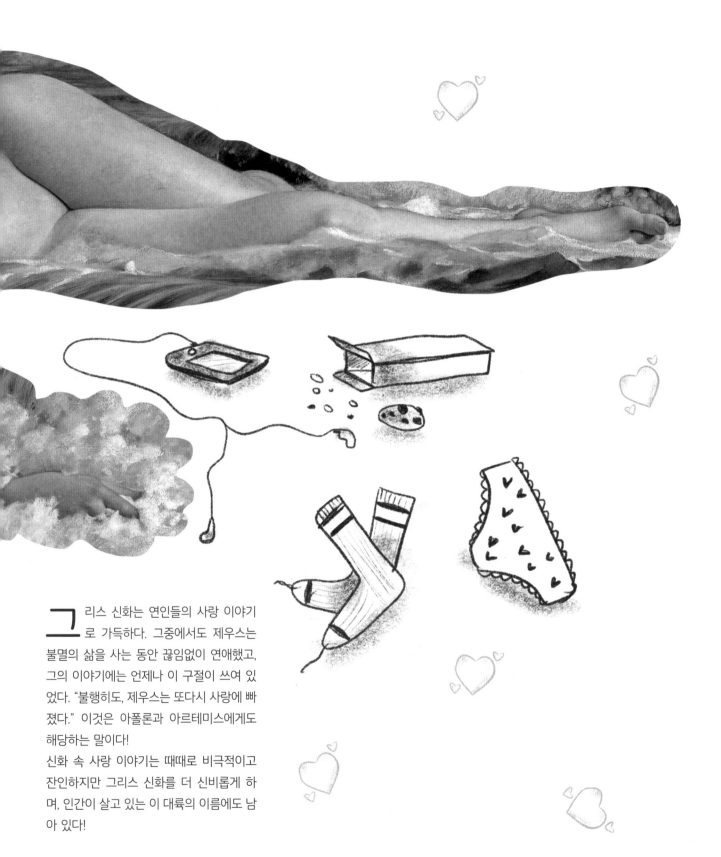

그리스 신화는 연인들의 사랑 이야기로 가득하다. 그중에서도 제우스는 불멸의 삶을 사는 동안 끊임없이 연애했고, 그의 이야기에는 언제나 이 구절이 쓰여 있었다. "불행히도, 제우스는 또다시 사랑에 빠졌다." 이것은 아폴론과 아르테미스에게도 해당하는 말이다!

신화 속 사랑 이야기는 때때로 비극적이고 잔인하지만 그리스 신화를 더 신비롭게 하며, 인간이 살고 있는 이 대륙의 이름에도 남아 있다!

다나에

페르세우스의 어머니

로마명: 다나에
아버지: 아르고스의 왕 아크리시오스
어머니: 아르고스의 여왕 유리디케
자녀: 페르세우스

스파르타의 공주 다나에는 황금 비로 변신한 제우스의 남다른 변장술에 속아 유혹에 넘어간다!

황금빛 가정을 꾸리다

미모의 공주 다나에는 아르고스의 왕 아크리시오스의 딸이다. 아크리시오스는 외손자에게 살해당할 것이란 신탁을 들은 후, 청동 문이 있는 탑(동굴이라는 설도 있다)에 딸을 가두고 몰로스 사람에게 감시하도록 했다. 예언이 실행되지 않기를 원했던 아크리시오스는 딸이 부디 평생 혼인하지 않고 살기를 바랐다. 하지만 한 가지 예상치 못한 것이 있었으니, 바로 아름다운 처녀는 결코 놓치지 않는 제우스의 탐욕이었다. 황금 비로 변신한 제우스는 다나에가 갇혀 있던 탑 창문으로 들어와 사랑을 나눈다.

궤짝에 갇히다

아크리시오스의 노력에도 다나에는 결국 아이를 갖고 만다. 아크리시오스는 다나에와 배 속의 아이가 빠져나올 수 없도록 이중으로 잠금장치를 달아 궤짝에 가두고 바다에 던져 버렸다. 궤짝은 바다 위를 부유하다 세리포스섬에 이르렀고, 낚시를 즐기고 있던 세리포스 왕의 아우가 이를 발견하여 다나에와 그녀의 아들, 반신반인의 페르세우스를 돌보아 주었다. 페르세우스가 건장한 청년으로 성장한 어느 날, 세리포스의 왕은 다나에를 처음 본 순간 사랑에 빠지게 되었다. 페르세우스가 눈엣가시였던 왕은 메두사의 목을 베어 오라는 핑계로 그를 사지로 보낸 다음 다나에와 결혼할 심산이었다.

다나에, 1907~1908, 클림트, 뷔르틀레 갤러리, 빈, 오스트리아,
"나는 황금을 좋아해요. 하지만 여러분이 알고 있는 그 황금은 아니에요."

3, 2, 1… 황금 비가 내려와!

다나에, 1623년경, 젠틸레스키, 클리블랜드 미술관.

다나에를 찾아라

하늘에서 비처럼 금화가 내려와

다나에를 그린 예술 작품들은 유럽 미술관 곳곳에서 발견할 수 있다. 특히 클림트의 그림은 유독 관능미가 느껴지며, 다른 작품 속 다나에의 모습과는 사뭇 다르다. 화가 티치아노, 젠틸레스키는 제우스가 변신한 '황금 비'를 '금화'로 표현하여, 마치 다나에가 신성한 돈벼락을 한가득 맞는 것처럼 보인다. 3, 2, 1… #황금비가_내려와

순결한 여인

젠틸레스키와는 다르게, 종교화를 주로 그린 미술계의 악동 마뷔즈는 동정의 성모 마리아처럼 다나에를 그렸다. 마뷔즈는 다나에에게 마리아를 상징하는 푸른색의 옷을 입혔다. 한쪽 가슴을 드러내고 앉은 다나에는 다리 사이로 떨어지는 황금 비를 받아들이고 있다. 1527년에 그린 작품이니, 매우 도전적인 그림이다. #도발적인_마뷔즈

이오
암소로 변한 여인

이오는 원래 헤라를 곁에서 모시는 여사제였다. 그런데 헤라의 남편인 제우스와 바람이 났으니 제 역할을 제대로 수행하지 못한 셈이다. 제우스는 헤라에게 들키지 않도록 이오를 흰 암소로 변신시킨다.

제우스와 이오, 1530년경, 르 코레주, 빈 미술사 박물관. 먹구름을 뚫고 나타난 제우스의 환상적인 모습을 그린 작품으로, 마치 이오가 홀로 있는 것처럼 보이지만, 자세히 보면 그녀를 감싸고 입을 맞추는 제우스의 모습을 볼 수 있다.

먹구름 속에서 나눈 사랑

아르고스에 있는 헤라 신전의 여사제였던 젊고 아름다운 여인 이오는 어느 날, 제우스의 눈에 띄게 된다. 늘 그렇듯, 제우스는 뛰어난 유혹의 기술로 미인들의 마음을 사로잡고 질투의 여신 헤라의 레이더망에 포착되지 않도록 변신하는데. 이번에는 먹구름이었다! 제우스는 누구보다 강한 신들의 신 아닌가? 하지만 질투 분야에서만큼은 헤라를 당해 낼 수 없었다. 헤라는 이미 제우스의 속임수를 눈치채고 있었다. 맑은 하늘에 갑자기 뭉게뭉게 피어나는 먹구름은 누가 봐도 수상했으니. 헤라가 가까이 다가가자 먹구름은 점차 사라졌고, 헤라는 마침내 보고 말았다.

(암소 가죽에 핀) 아름다운 꽃 한 송이

헤라가 들여다본 먹구름 속에는 남편 제우스와 아름다운 흰 암송아지가 있었다. 괴팍한 아내가 의심하지 못하도록 제우스가 재빨리 이오를 변신시킨 것이었다. 간발의 차이로 현장에서 검거하지 못한 헤라는 의심의 끈을 놓지 않고 수상한 암송아지를 감시하기 시작했다. 헤라는 금세 멋있는 황소가 흰 암소를 자주 보러 온다는 것을 알아차리고는, 눈이 100개 달린 최고의 경비원 아르고스 파놉테스(모든 것을 보는 자)에게 황소가 접근하지 못하게 막도록 명을 내린다.

네, 저예요. 어째서 제우스가 나를 놀리고 있는 것 같은 기분이 드는 걸까요?

로마명: 이오

어원: 끝이 없는

아버지: 이나코스강의 신이자 아르고스의 왕

어머니: 멜리아

63

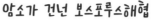

이슈타르의 문

이오는 이집트 메소포타미아 신화에서 이슈타라는 이름으로 등장한다. 이집트나 메소포타미아 문명에서 등장하는 신화적 인물의 모습을 보면 그리스 문화와 동양 문화의 교류를 엿볼 수 있고, 그리스 신들과 동일시된다는 것을 알 수 있다.

암소가 건넌 보스포루스해협

아이스킬로스의 「결박된 프로메테우스」를 보면 이오는 이오니아 바다에 자신의 이름을 남기고, 보스포루스(암소가 건넜다는 뜻)해협에도 그 흔적을 남긴다. 두 바다를 건너 아시아에 다다른 것이다. 이오는 이집트에 도착한 후 제우스의 아들 에파포스를 낳는다. 이집트에서 에파포스의 어머니는 이시스, 에파포스는 아피스로 표현된다. 아주 글로벌한 집안 아닌가!

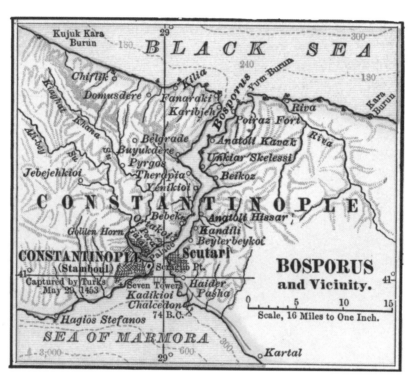

보스포루스해협 지도.

삼엄한 감시자의 눈

제우스의 상황은 매우 난처했다. 거인 감시자 아르고스 파놉테스는 눈이 100개나 달린 데다, 잠을 잘 때는 50개의 눈만 감을 뿐, 밤낮으로 한시도 빠지지 않고 감시하는 탓에 몸을 숨길 곳이 마땅치 않았다. 사랑에 갈증을 느낀 제우스는 그의 아들 재간둥이 헤르메스를 시켜 아르고스를 죽이도록 명령했다. 헤르메스는 끝이 없는 길고 지루한 이야기를 들려주면서 아르고스가 깊은 잠에 빠지기만을 노리고 있었다. 마침내 100개의 눈이 모두 감기고, 헤르메스는 그의 목을 베었다. 큰 충격과 깊은 슬픔에 빠진 헤라는 쓸모없어진 아르고스의 눈을 자신이 가장 좋아하는 공작새의 꼬리털에 붙여 영원히 간직했다!

지긋지긋한 말파리

이오를 향한 복수심을 멈출 수 없던 헤라는 말파리 한 마리를 보내 평생 이오를 쫓아다니며 피를 빨아먹도록 했다. 가엾은 흰 암송아지 처지의 이오는 말 그대로 말파리에게서 한 걸음도 벗어나지 못한 채 피를 쪽쪽 빨린 채 바다로, 산으로, 깊은 산골로 도망치며 몸을 숨겼다. 그러다 코카서스산에서 쇠사슬로 묶인 프로메테우스를 만나게 되는데, 프로메테우스는 이오에게 훗날 그녀가 다시 인간의 모습으로 돌아올 것이고, 자신을 사슬에서 풀어 줄 위대한 전쟁 영웅(헤라클레스)의 어미가 될 것이라고 예언한다. 이오는 도망침의 끝에 이집트에 다다르고, 그곳에서 제우스의 넘치는 사랑과 애정의 손길을 받아 마침내 자유를 얻어 본래의 어여쁜 여인의 모습을 되찾았다.

레다

헬레네, 폴룩스, 카스토르, 클리타임네스트라의 어머니

스파르타의 여왕 레다는 제우스의 사랑을 받은 인간으로, 역시나 남다른 변신술을 발휘하여 백조로 변장한 제우스의 유혹에 넘어간다! 레다는 두 쌍의 쌍둥이를 낳은 다산의 상징이다!

레다 아토미카, 1949, 달리, 갈라-살바도르 달리 재단, 피게레스, 스페인.
달리의 뮤즈이자 아내인 갈라가 레다의 모습으로 표현된 이 그림은 달리가 '신비한 원자론'에 푹 빠져 있던 시기에 그린 대표적인 작품이다.

백조의 유혹

강가에서 목욕 중이던 스파르타의 여왕 레다의 모습을 본 제우스는 또다시 사랑에 빠진다(지독한 바람둥이 제우스!). 그녀의 환심을 사기 위해 어떻게 변신할까 고민하다, 사나운 독수리(사실은 제우스가 아프로디테에게 부탁한 것이었다)에게 쫓기는 가엾은 백조의 모습으로 변신하여 레다의 앞에 나타났다. 레다가 안쓰러운 마음에 덜덜 떨고 있는 백조를 품에 안자, 제우스는 이 순간을 놓칠세라 제 모습으로 돌아갈 겨를도 없이 레다와 사랑을 나눴다! #바쁘다_바빠

황금 알을 낳은 여인

당연하게도, 레다는 제우스의 아이를 임신한다. 그런데, 이미 그녀는 스파르타의 왕 틴다레오스의 아내이지 않은가? 궁으로 돌아온 레다는 같은 날 틴다레오스의 아이도 임신한다. 두 남자의 아이를 동시에 갖다니! 레다는 거대한 두 개의 알을 낳았고, 그 안에는 각각 두 명의 아이들이 들어 있었다. 바로 카스토르와 클리타임네스트라, 폴룩스와 헬레네였다. 폴룩스와 헬레네는 제우스의 자식으로 반신반인의 존재였다. 그러나 폴룩스는 그의 이부형제인 인간 카스토르와 늘 함께했고 훗날 카스토르와 번갈아 불멸의 존재가 되었다.

레다를 찾아라

레다 아토미카

레다는 백조 로고가 달린 프랑스의 샤워 부스 브랜드로도 잘 알려져 있지만, 살바도르 달리의 아주 유명한 작품의 주인공이기도 하다. 사실, 달리는 레다가 아닌 사랑하는 그의 아내 '갈라'의 모습을 그렸으며 다음과 같은 말을 남겼다. " '레다 아토미카'는 신화의 본질에 대해 그린 작품이다. 모든 것은 서로 겹치지 않고 공간 속에 부유한 채 멈춰 있다. 바다조차도 육지에서 멀리 떨어진 곳에서 떠오르고 있다."

로마명: 레다
아버지: 아이톨리아의 왕 테스티오스
어머니: 에우리테미스
배우자: 스파르타의 왕 틴다레오스

에우로페
유럽 대륙의 어머니

로마명: 에우로페
어원: 저물다
아버지: 페니키아의 왕 아게노르
배우자: 아스테리오스

페니키아의 공주 에우로페는 제우스가 사랑에 눈이 멀어 납치한 여인 중 한 명으로, '유럽'이란 지명이 그녀의 이름에서 유래했다. 엄밀히 말해서 페니키아는 오늘날의 레바논이지만 어쨌든 에우로페라는 이름에서 볼 수 있듯이 그녀는 유럽의 역사다!

두 대륙이 싸우는 꿈

아름다운 에우로페는 페니키아(현재의 레바논)의 공주였다. 어느 날 아침, 에우로페는 이상한 꿈을 꾸고 잠에서 깼다. 두 명의 매력적인 남자로 의인화한 두 대륙이 그녀의 손을 서로 잡겠다며 싸움을 벌이는 꿈이었다. 그리고 그날 에우로페는 페니키아의 해변에서 시녀들과 함께 거닐며 꽃을 따고 즐겁게 보낸다.

붉은 순백의 황소가 달아 준 날개

구름 위에 누워 유유자적 시간을 보내던 제우스의 발아래에는 도시 시돈이 있었다. 제우스는 아리따운 공주의 모습을 보자마자 첫눈에 사랑에 빠진다(제우스에게는 아주 흔한 일이다). 그녀를 유혹하기 위해서 당장이라도 지상으로 내려가고 싶었지만 일말의 양심이 그를 막아섰다. 만약 아내인 헤라가 이 사실을 알게 된다면 저 여인을 향한 복수는 이루 말할 수 없이 끔찍할 터였다. 제우스는 완전 범죄를 위해 신중히 접근하기로 결정하고, 이마에 은색 원반을 두르고 초승달 모양 뿔이 달린 하얗고 잘생긴 황소로 변신한다.

에우로페의 납치, 1637~1639, 레니, 런던 국립 미술관.

새하얀 황소

에우로페가 한창 예쁜 꽃들을 꺾고 있을 때, 잘생긴 순백의 황소가 어디선가 나타났다. 풀을 뜯는 우아한 모습에 이끌린 에우로페는 황소에게 다가가 화관을 만들어 머리에 씌웠다. 너무나 온순하고 부드러운 모습에 에우로페는 경계를 풀고 황소의 등에 올라타고 싶었다. 시녀들과 함께 신이 나서 황소의 등에 올라탄 에우로페가 마침내 혼자 앉아 있게 되었을 때, 기회를 놓칠 리가 없는 제우스는 에우로페를 등에 태운 채 놀라 소리치는 시녀들을 뒤로하고 바다로 향했다. 제우스는 그대로 멈추지 않고 망망대해를 헤엄쳐 건넜다.

#변신!

플라타너스 나무는 언제나 푸르다

바다를 헤엄친 제우스는 마침내 크레타섬에 도착했다. 푸른 잎이 무성한 플라타너스 나무 아래 멈추고는 헤라가 알아채지 못하도록 천천히 인간 남성의 모습으로 돌아와 에우로페를 유혹했다. 제우스는 에우로페를 만나러 올 때면 겨울에도 플라타너스 나무의 잎이 푸르고 무성하도록 만들었다. 이 전략은 매우 효과적이었다! 나뭇잎에 가려 헤라에게 외도 장면을 들키지 않았고, 에우로페는 제우스에게 세 아이를 안겨 주었다. 훗날 제우스에게 잊힌 에우로페는 크레타의 왕 아스테리오스와 혼인하여 외로움을 달랬고, 아스테리오스는 에우로페의 자식들을 입양하여 그중 한 명에게는 크레타의 왕좌를 넘겨준다. 그가 바로 미노스 왕이다. (황소와의 궁합이 어머니만 못했지만 말이다.)

에우로페, 1870~1894, 와츠, 워커 아트 갤러리, 리버풀.

에우로페를 찾아라

5€, 10€, 20€ 속 에우로페

에우로페는 유럽인들의 (진정한) 풍요로움을 의미한다. 5유로, 10유로, 20유로짜리 지폐를 보면 작은 홀로그램에서 에우로페의 얼굴을 볼 수 있다. 특히, 에우로페는 2013년부터 새로 발행된 유로 지폐에서 찾아볼 수 있는 유일한 얼굴인 만큼 '유로'라는 화폐 이름도 에우로페에서 따온 것이다! 오, 에우로페여! 당신을 생각하면 기쁩니다. 특히 돈을 떠올리면 말입니다!

유럽 연합 속 에우로페

에우로페의 납치에 대한 예술적 해석은 정치적 견해에 따라 달라진다. 프랑스 스트라스부르 유럽 연합 의회 빌딩 앞에 있는 동상을 보면 황소는 거짓된 정권을 의미하여 황소에 올라타 반대 방향으로 돌아앉은 에우로페의 모습으로 볼 수 있다. 유럽 회의론자들은 아주 싫어할 모습이다. 어쨌든 유럽의 기원, 에우로페 감사합니다!

오리온
보이오티아의 인간보다 잘생긴 비범한 사냥꾼

아르테미스가 사랑한 유일한 남성 오리온은 그 어느 곳에서도 본 적 없는 키 크고 잘생긴 사냥꾼이다. 그러니 오리온이 연애와는 높은 벽을 쌓았던 여신의 마음에 불을 질렀다는 것이 놀라운 일은 아니다! 그렇다고 한 사람의 마음만 훔친 것은 아니다.

오리온, 1975, 레이드, 개인 소장품.

오줌에서 태어난 아이

오리온의 탄생 이야기는 신화 속 여느 이야기와는 조금 다르다. 그의 아버지는 노총각이었던 히리아의 왕 히리에우스로, 포세이돈의 아들 중 한 명이었다. 어느 날, 히리에우스는 바다의 신인 아버지 포세이돈과 삼촌 제우스, 사촌 헤르메스를 저녁 식사에 초

아빠, 사랑해요.

대한다. 세 명의 신들은 자식도 없이 홀로인 히리에우스의 모습을 불쌍히 바라보며 그가 준비한 만찬에 보답하고 싶었다. 저녁 식사 때 먹은 소의 가죽을 가져와서는 가죽 위에 세 명의 신들이 차례로 소변을 본 후, 그것을 그대로 땅속에 9개월간 묻어 두라는 것이 그 보답이었다. 그렇게 태어난 자가 바로 오리온(오줌을 뜻하는 그리스어 '오우리아'에서 유래)이다!

그린 자이언트보다 더 큰 거인

땅에서 혼자 '스스로' 태어난 오리온은 몸집이 어마어마하게 큰 거인이라 바닷속을 걸으면 그의 어깨가 수면 위로 올라와 파도를 일으키고 땅 위를 걸으면 머리가 구름 속으로 사라질 정도였다. 맨손으로 바다에는 항구를 만들었고, 육지에서는 최고의 사냥꾼

이었다. 그리스 키오스섬의 야생 동물이 온통 그의 사냥감 천지인 것도 있었지만, 오리온은 그곳의 공주 메로페를 사랑하게 되어 그녀와 결혼하기 위해 섬을 자주 방문했다. 메로페에게 청혼하는 데 성공했지만, 키오스섬의 왕은 둘의 혼인을 반대하며 딸을 절대 줄 수 없다고 하는데….

로마명: 오리온
어원: 오줌(진실이다)
아버지: 제우스, 포세이돈, 헤르메스의 오줌
어머니: 땅에서 '스스로' 태어나 '토착함'

눈이 푹 패인 도둑

왕의 반대에 체면을 구긴 오리온은 술에 잔뜩 취해 메로페의 방에 침입하여 그녀를 겁탈한다. 왕은 딸의 복수를 하기 위해 오리온에게 더 술을 먹였고, 오리온은 마침내 거나하게 취해 쓰러지고 만다. 그러고는 감고 있는 두 눈을 푹! 어떻게 되었을지 짐작할 수 있을 것이다. 장님이 된 오리온은 그 길로 바다를 향해 달려 림노스섬에 이르게 되고, 키클로페스의 대장간으로 가 자신의 어깨 위에 앉아 길을 안내해 줄 아이를 빌렸다. 그 후, 동쪽으로 가 새벽의 여신 에오스를 만났고, 간신히 시력을 되찾을 수 있었다.

눈이 안 보이나요?
꼬마 키클로페스를
사세요!

아르테미스가 사랑한 유일한 남자

오리온의 사냥 실력은 사냥의 여신 아르테미스에 버금갈 정도라 남자에게는 전혀 눈길을 주는 법 없던 아르테미스도 오리온에게 눈길이 갈 수밖에 없었다. 사랑이라는 감정을 주체 못 하고 허우적대는 누이의 모습이 못마땅한 아폴론은 오리온을 죽이기 위해 전갈을 보낸다. 전갈의 위협에서 벗어나기 위해 오리온은 바다로 도망치고 있었다. 그 사이 아폴론은 아르테미스에게 활 솜씨를 겨루어 보자며 바다 한가운데에 맨눈으로는 무엇인지 식별하기 어려운 검은 점을 가리킨다. 아르테미스의 활시위가 당겨지고, 마침내 오리온의 머리를 명중시키고 만다. 미안함과 슬픔에 눈물 흘리던 아르테미스는 그가 데리고 다니던 사냥개 시리우스와 함께 오리온을 하늘의 별자리로 만든다!

오리온을 찾아라

별자리가 된 오리온

오리온은 여름철에 잘 보이는 유명한 별자리로, 전갈자리가 떠오르면 오리온자리는 반대로 진다. 즉, 밤하늘에서 두 별자리는 절대 서로 만날 수 없다. 아폴론이 오리온을 죽이기 위해 보낸 사악한 전갈이 영원히 그를 쫓고 오리온은 도망치는 것처럼!

오리온자리.

해리포터의 시리우스

해리포터 시리즈를 보면 칠흑 같은 검은 개가 등장한다. 그 개가 사실은 그의 대부인 시리우스라는 것을 깨닫게 되기 전에 해리포터는 두려움에 떨지 않는가? 오리온의 사냥개를 떠올린다면 해리포터의 시리우스가 변신한 '애니마구스'가 개인 것은 당연하다! 게다가, 책 속에서 시리우스의 아버지의 이름도 바로 오리온이다!

다프네
월계수로 변한 아르테미스의 시녀

아르테미스의 시녀 다프네는 에로스의 짓궂은 화살에 맞은 아폴론의 강력한 구애를 받는다. 하지만 이 러브 스토리는 비극으로 (월계수가 되어) 끝이 난다.

그가 나를 자꾸 따라와요

다프네는 불같은 성격의 사냥의 여신 아르테미스의 시녀였기 때문에 주인을 따라 평생 혼인하지 않고 순결을 지키려 했다. 그런데 하필이면 아르테미스의 오빠인 아폴론이 다프네의 미모에 첫눈에 사랑에 빠진다. 하지만 아폴론의 질투심을 자극한 사람이 있었으니, 다프네를 쫓아다니다 그녀가 마음을 받아 주지 않자 소녀로 변장해 접근한 레우키포스였다. 아폴론은 레우키포스의 정체가 들통나도록 다프네의 사냥꾼 무리에게 샘물에서 목욕하도록 부추겼다. 당연히 여자로 변장한 레우키포스는 거절했고 곧 그의 정체를 알게 된 분노한 여인들의 손에 죽음을 맞이한다.

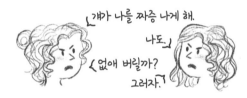

황금 화살과 납 화살

아폴론이 자신의 활 솜씨를 자랑하며 한껏 자신감에 부풀어 올라 비아냥거리자 화가 난 에로스는 그의 심장에 황금 화살을 쏘아 다프네를 향한 끓어오르는 사랑의 감정을 일으킨다. 반대로 다프네에게는 납으로 만든 화살을 쏘아 그 누구에게도 사랑을 느끼지 않도록 하는데, 부지런히 그녀를 쫓아다니며 구애하는 아

아폴론과 다프네, 1743~1744, 티에폴로, 루브르 박물관, 파리. 아폴론이 다프네를 잡은 그 순간, 벗어나고 싶은 간절한 마음의 다프네가 제우스에게 빌어 월계수로 변한다. 그림에서 아폴론을 머리 위에 이미 그의 대표적 상징인 월계관을 쓰고 있는데, 아폴론의 월계관은 사실 다프네가 월계수가 된 이후에 만들어진 것이니 이야기의 순서상 논리적이지 않다!

다프네를 찾아라

월계관의 유래

아폴론은 추모의 마음으로 머리에 월계관을 쓰고 다녔다. 그 후, 그리스인들 사이에서는 4년마다 열리는 아폴론 신을 기리는 축제에서 치러진 경기에서 우승한 자에게는 머리에 월계관을 씌웠다. 이 전통은 알렉산더 대왕 시대에도 전해졌고 로마인들에게까지도 이어져, 승리를 이끈 장군들에게도 월계관을 씌우게 되었다. (만화 '아스테릭스와 카이사르의 월계관'에서 주인공들이 카이사르를 월계관으로 찌른 것은 다른 의미다.) 월계수는 영광의 상징이 되어 로마의 황제만 쓸 수 있게 되었다! 중세 시대에는 명예로운 시인들과 학자들에게도 수여되었는데, 월계수의 둥근 열매를 의미하는 '바칼로레아'가 바로 그것이었다. (바칼로레아의 진짜 어원은 35쪽을 참고하라.)

폴론에게도 마음이 동하지 않았다. 그러던 어느 날, 사랑에 미친 아폴론은 다프네의 뒤를 쫓아 마침내 그녀를 따라잡게 되었다. 다프네는 제우스와 그녀의 아버지, 가이아 여신에게 도와 달라며 기도했

고 그 자리에서 월계수(그리스어로는 '다프네'라고 한다)로 변신한다. 아폴론은 자신의 한심한 모습에 부끄러움을 느끼며 월계수 나뭇가지와 잎을 엮어 리라와 화살통에 달았고 월계수를 그의 신성한 나무로 삼았다.

드디어, 아폴론이 떠났군. 이제 다시 사랑으로 만들어 주면 안 되나요?

로마명: 다프네
어원: 월계수
아버지: 페네이오스
어머니: 님프

69

율리시스와 세이렌들, 1909, 드레이퍼, 페렌스 미술관, 헐.
그림 속 세이렌들의 모습에 조금 이상한 부분이 있다. 물고기의 꼬리를 한 그림 속 세이렌의 모습은 북유럽 신화를 따른 것으로, 새의 몸통을 가졌던 그리스 신화 속 세이렌과 다르다. 아무튼, 뱃사공들은 세이렌의 노래를 듣지 않기 위해 귀를 꽁꽁 감싸 막았다!

신화 속 영웅 서사시

이봐요! 여보세요! 내 말 들려요?
우리를 미코노스섬에 데려다
줄 수 있나요?

이봐요! 말 좀
해 봐요!

그리스에는 당시 밤이 되면 좋아하는 드라마의 다음 편을 볼 수 있는 텔레비전 대신, 좋아하는 전쟁 영웅들과 반신반인의 이야기를 들려주는 음유 시인들이 있었다. 악기를 들고 다니며 늦은 밤 모닥불을 피우고 둘러앉아, 음유 시인들은 기억 속 이야기보따리에서 꺼낸 트로이 전쟁 같은 유명한 이야기들을 들려주었다. 사람들은 헤라클레스의 열두 가지 과업 이야기와 율리시스가 어떻게 오디세이아에 이르게 되었는지 듣기 위해 밤을 지새웠다. 그리스 시대의 마블과 DC 코믹스의 슈퍼 히어로들이었다!

헤라클레스
고대 그리스의 최고 인기 영웅

헤라클레스는 그리스인들에게 가장 잘 알려진 위대한 영웅이며, 그가 쌓은 업적도 무수하다. 반면 영웅답지 않은 모습도 있었는데, 다혈질이면서 순진한 동시에 영리한 면모도 있었다.

영웅의 손자, 영웅이 되다

헤라클레스가 그리스의 영웅 중 가장 위대한 영웅이 된 것은 우연이 아니다. 제우스는 인간들에게 그들을 수호할 수 있는 반신반인의 존재를 선물하고 싶었다. 영웅의 어머니로는 미모의 여인 알크메네를 선택했는데, 그녀가 페르세우스의 후손이었기 때문이다. (알크메네의 아버지와 외할아버지 모두 페르세우스의 자식들이었다.) 하지만 이미 혼인한 상태였기 때문에 제우스는 그녀의 남편 암피트리온의 모습으로 변신하고 침실에 몰래 들어가 3일 동안 태양이 뜨지 않도록 한 다음, 뜨거운 사랑의 밤을 즐겼다. 이런 나쁜 놈.

헤라의 영광

알크메네가 임신하자, 기대감에 부푼 참을성 없는 제우스는 곧 태어날 페르세우스의 후손이 그리스인들의 왕이 될 것이라 선언한다. 헤라는 질투와 분노가 끓어올라 헤라클레스의 출산은 늦추고 사촌 에우리스테우스의 출산을 앞당겨 왕좌에 앉힌다. 하지만 그도 충분하지 않아, 뱀 두 마리를 보내 요람의 아기 헤라클레스를 죽이려 시도한다. 하지만 갓난아기가 지니고 태어난 힘은 '헤라클레스' 수준이라 그 자리에서 뱀의 목을 비틀어 죽인다.

영웅답지 않은 영웅

청년이 된 헤라클레스는 힘도 세고 폭력성도 강해 수많은 사건 사고의 주인공이 되었다. 리라로 때렸다는 이유로 자신의 음악 선생님을 주먹으로 때려죽이기도 했다. 그보다 더 심각하게는 오르코메노스 사신들의 코와 귀를 잘라 오르코메노스의 왕에게 보낸 일이다. 자신의 친구 테베의 왕 크레온이 해마다 오르코메노스에 조공했기 때문으로, 자른 코와 귀를 목걸이처럼 엮어서

보냈다. 웩. 헤라클레스의 도움에 보답하기 위해 크레온은 기쁜 마음으로 딸 메가라를 아내로 보내고, 헤라클레스는 오르코메노스에서 기존 연례 조공의 두 배를 받아 냈다!

메가라를 죽게 만든 헤라

아내 메가라를 사랑한 헤라클레스는 네 명

의 아이를 낳고 마침내 다혈질의 기질을 다스리며 안정을 찾았다. 화목한 가정을 꾸리고 살아가는 헤라클레스를 보고 심술이 난 헤라는 끔찍한 벌을 내린다. 헤라클레스를 미치게 만든 것이었다. 제정신이 아닌 헤라클레스는 괴물들을 물리치고 있다고 착각한 채 사랑하는 아내와 자식들을 모두 제 손으로 죽이고 만다. 제우스의 아들이라는—설령 인간의 아들이라고 하더라도!—이름을 지킬 자격이 없다고 생각한 헤라클레스는 그 길로 사촌 (대신 왕의 자리에 오른) 에우리스테우스를 찾아가 살인의 죗값을 치르기로 한다. 헤라클레스를 미워했던 에우리스테우스는 그에게 성공하기 힘든 열 개의 과업을 부여하고, 그것들을 제대로 수행했는지 심판할 기회를 얻게 된다!

네메아의 사자와 겨루는 헤라클레스, 약 1615년, 루벤스, 개인 소장품.

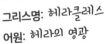

좋아. 자, 이보시오, 아가씨들, 난 미혼이고 아이도 없다오!

그리스명: 헤라클레스
어원: 헤라의 영광
별명: 마초 (가장 위대하고 강한 자)
아버지: 제우스
어머니: 알크메네

열두 과업 지도
(본래 과업은 열 가지였다)

패션 위크
준비 완료!

제1 과업: 네메아의 사자

에우리스테우스가 헤라클레스에게 부여한 첫 번째 과업은 네메아의 무시무시한 사자를 죽이는 것이었다. 사자의 가죽은 어떤 무기로도 찢어지지 않고 불에 타지도 않았다. 헤라클레스가 선택한 방법은, 맨손으로 사자의 목을 졸라 죽이는 것이었다! 그러고는 죽은 사자의 발톱을 이용해 가죽을 잘라 갑옷을 만들고 사자의 머리는 투구로 만들어 썼다. 돌아온 헤라클레스의 옷차림을 보고 겁을 먹은 에우리스테우스는 항아리에 숨어 버렸고 앞으로 헤라클레스에게 내리는 모든 명령은 전령을 통해서 전하겠다고 공포한다!

여기, 껌
하나 씹으세요.

① ②

제2 과업: 레르네의 히드라

히드라는 머리가 잘려도 계속해서 머리가 자라나는 괴물로, 바닥이 없는 늪지대에서 자신이 내뿜는 숨결을 들이마신 자를 죽였다. 헤라클레스는 아테나의 도움에서 아이디어를 얻어 그의 흰 칼을 뜨겁게 달군 다음 히드라의 머리를 자를 때마다 불로 지졌다. 이는 머리가 다시 자라나지 못하도록 하는 것으로, 효과가 있었다. 한편, 교활한 헤라는 헤라클레스에게 게를 보내 히드라와의 전투 중에 그를 꼬집어 정신을 분산시켰지만, 헤라클레스는 게를 짓밟아 박살 냈다. 와그작! 마침내 헤라클레스는 히드라의 목을 베어 내 거대한 바위 밑(히드라가 숨을 내뿜는 곳)에 묻고, 훗날 있을 전투를 대비하기 위해 히드라의 독이 묻은 피에 화살촉을 적셨다.

#지옥의_마라톤
올해의 마라토너
헤라클레스

③

제3 과업: 케리네이아의 암사슴

비겁한 에우리스테우스는 히드라를 물리치는 과업은 홀로 이루어 낸 것이 아니기에 성공한 것으로 간주하지 않았다. 그래서 이번에는 헤라클레스에게 케리네이아의 암사슴을 잡아 오라는 과업을 내린다. 케리네이아의 암사슴은 황금 뿔과 청동 발을 가지고 있어 화살보다도 빨랐다. 아르테미스의 보호를 받는 동물이었기에 죽이지 않고 잡아야 했다. 헤라클레스는 1년 동안이나 쫓아다니며 암사슴이 지치기만을 기다렸다! 마침내 헤라클레스는 에우리스테우스에게 암사슴을 잡아 데리고 갔다. 에우리스테우스는 암사슴을 갖고 싶었지만, 헤라클레스는 아르테미스에게 다시 풀어 줄 것을 약속한 상태였다. 헤라클레스는 재치를 발휘하여 잡고 있던 암사슴의 목줄을 손에서 살짝 놓아 달아나게 하였고, 그 뒤를 에우리스테우스가 쫓아보았지만 이미 사라지고 없었다.

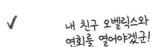

내 친구 오벨릭스와
연회를 열어야겠군!

제4 과업: 에리만토스의 멧돼지

네 번째 과업은 공교롭게도 길 위에서 헤라클레스의 가정 교사였던 현명한 켄타우로스 케이론의 죽음을 야기한다. 케이론은 히드라의 피가 묻은 화살에 허벅지를 맞았는데, 화살에 맞은 부위가 너무 아픈 나머지 영생을 포기하는 편이 더 나을 지경이었다! 침통한 마음으로 에리만토스산을 오르던 헤라클레스는 사나운 멧돼지의 흔적을 금세 발견했고, 눈으로 덮인 거대한 구덩이로 멧돼지를 몰아 산 채로 쉽게 포획할 수 있었다. 비겁한 에우리스테우스는 멧돼지를 어깨에 얹어 당당히 걸어 들어오는 헤라클레스의 모습에 겁을 먹고 또다시 항아리에 몸을 숨겼다!

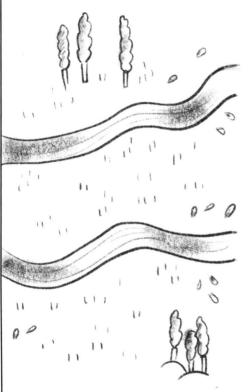

제6 과업: 스팀팔로스 호수의 새들

여섯 번째 과업은 주둥이, 날개, 발톱이 쇠로 되고 깃털은 화살처럼 날카로운 식인 새들을 죽이는 것이었다. 이 새들은 그 수가 너무 많아서 날아 다니면 하늘을 전부 뒤덮을 정도였다. 헤라클레스는 칼과 방패를 서로 부딪쳐 소리를 내어 새들을 놀라게 한 다음, 새들이 정신없이 날아오를 때 무더기로 화살을 쏘았다. 화살에 맞아 떨어지는 새들은 날카로운 날개로 다른 새들을 찔러 죽이니 일석이조였다! #완벽한_전략.

제5 과업: 아우게이아스의 마굿간 외양간 청소

다섯 번째 과업은 펠로폰네소스 전역에 오물 냄새를 풍기는 아우게이아스의 외양간을 단 하루 만에 청소하는 것이었다. 아우게이아스는 30년 동안 3000마리가 넘는 소를 키우면서 단 한 번도 외양간 청소를 한 적이 없어, 오물이 모든 골짜기를 뒤덮은 탓에 농작물이 자랄 수가 없었다. 헤라클레스는 강물이 외양간을 휩쓸어 딱딱하게 굳은 오물을 씻어 멀리 흘려보내는 방법을 떠올린다. 작전이 성공할 것이라는 확신이 있었던 헤라클레스는 가축의 1/10을 받는다는 조건을 내걸고 아우게이아스와 내기를 하게 되었다. 헤라클레스의 완벽한 승리였지만 에우리스테우스는 그가 손에 물 한 방울 묻히지 않고 청소를 했다는 것을 핑계로 과업 수행을 인정하지 않았고, 아우게이아스도 내기의 결과에 승복하지 않았다. 그가 아닌 강물이 청소를 했다는 것이었다! (몇 년 후, 헤라클레스는 아우게이아스에게 복수하고, 내기의 몫을 회수한다. 끈질기다.)

#소똥밭

스팀팔로스

포켓몬스터
진화 1000

열두 과업 지도

(본래 과업은 열 가지였다)

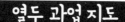

⑦

"모두 서핑하러 떠났지, 미쳐 보자!"

제7 과업: 크레타의 황소

일곱 번째 과업은 크레타의 흰 황소를 잡아 오는 것이었다. 이 황소는 크레타의 왕 미노스에게 바다의 신 포세이돈이 선물한 것이었다. 애초에 이 황소는 포세이돈에게 제물로 바치기로 약속되어 있었다. 하지만 선물이 마음에 쏙 들었던 미노스 왕은 약속을 어기고 황소를 계속 가지고 있었다. 포세이돈은 미노스 왕의 괘씸함에 분노하여 왕비 파시파에를 미치게 만들어 황소와 교접을 하도록 만든다. 심지어 황소를 아버지로 둔 미노타우로스도 낳는다! 한편, 미쳐 날뛰는 미노스 왕의 황소는 코에서는 불을 내뿜고 발굽으로는 땅을 짓밟아 크레타섬을 황폐화했다. 헤라클레스는 황소의 등에 올라타 목덜미를 잡고 바다를 건너 에우리스테우스의 궁으로 돌아왔다. (당연히 에우리스테우스는 또 항아리에 숨었다!) 말을 잘 듣는 동물이군!

제8 과업: 인간을 잡아먹는 디오메데스의 말

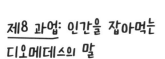

에우리스테우스가 헤라클레스에게 부여한 여덟 번째 과업은 트라케의 왕 디오메데스의 말을 잡아 오라는 것이었다. 디오메데스는 잔인하기로 악명 높은 왕이었다. 인간을 잡아서 그의 식인 말에게 먹이로 던져 주었으니 말이다. 헤라클레스는 디오메데스를 죽이고 그가 했던 방식과 똑같이 말에게 먹이로 던져 버렸다. 완벽한 처단이다. 그런 다음 올림포스산으로 말을 올려 보냈다. 훗날 이 말의 후손은 알렉산더 대왕이 아끼던 애마인 부케팔로스가 된다.

⑧

⑨

왕관 여기 있어요!

제9 과업: 히폴리테 여왕의 허리띠

아홉 번째 과업은 에우리스테우스의 새침데기 딸의 소원으로, 아마조네스의 여왕 히폴리테의 금으로 된 허리띠를 가져오는 것이었다. 히폴리테 여왕의 아버지인 전쟁의 신 아레스가 선물한 허리띠였다. 다행스럽게도, 히폴리테 여왕은 헤라클레스를 아꼈기에 순순히 허리띠를 넘겨주었다. 하지만 헤라는 그 모습을 가만히 앉아 지켜볼 수 없었다. 헤라는 아마조네스의 여인으로 변장하여 헤라클레스가 여왕을 암살하기 위해 음모를 꾸미고 있다는 거짓 소문을 퍼뜨린다. 아마조네스의 사람들은 헤라클레스를 공격했고, 그 전투에서 히폴리테 여왕은 목숨을 잃고 만다. 헤라클레스는 히폴리테 여왕의 허리띠를 갖고 돌아와 아홉 번째 과업을 완수했지만, 그의 성공은 불필요한 비극의 대가였다.

제10 과업: 게리온의 소

열 번째 과업은 게리온의 소를 훔쳐 오는 매우 까다로운 일이었다. 게리온은 지브롤터해협에 사는 세 개의 몸통과 머리, 여섯 개의 손을 가진 지상에서 가장 힘이 센 인간이었다. 헤라클레스는 단계적으로 해결해 나갔다. 우선 가축 무리를 지키는 개와 용의 머리를 깨부순 다음, 한번에 게리온의 세 개의 몸통을 관통할 수 있도록 화살을 쏘았다. 그런 다음 가축 무리를 데리고 나와, 가축들을 빼앗으려는 수많은 적을 물리치고 돌아왔다!

다 이유가 있었군.

메에에에

⑩

#귀염둥이

제11 과업: 헤스페리데스 정원의 황금 사과

열한 번째 과업은 헤스페리데스라고 불리는 거인 아틀라스의 딸들의 정원에서 황금 사과를 따오는 것이었다. 아틀라스는 헤라클레스에게 잠시 동안만 대신 하늘을 받쳐 들고 있으면 황금 사과를 가져다주겠다고 말한다. 헤라클레스는 의외로 순진하게 그 말을 믿었고 아틀라스 대신 하늘을 받치게 된다. 그 순간, 아틀라스는 무거운 짐을 떠밀기 위해 거짓말을 했다는 속내를 드러낸다! 이럴 수가. 게다가 황금 사과를 손에 들고 조롱하기 시작했다. 헤라클레스는 끓어오르는 화를 참고 차분하게 머리를 굴려 아틀라스에게 하늘을 더 잘 받칠 수 있도록 자신의 목 뒤로 옮겨 달라 부탁한다. 아틀라스가 하늘에 손을 갖다 낸 그 순간 얼른 몸을 빼낸 다음 헤라클레스는 유유히 황금 사과를 집어 들고 길을 나섰다!

황금 사과
35000유로/kg

⑪

제12 과업: 케르베로스

마지막 열두 번째 과업은 마지막인 만큼 가장 어려운 난이도의 관문이었다. 에우리스테우스는 사촌 헤라클레스가 막힘없이 모든 과업을 성공적으로 수행해 내자, 마지막으로 반드시 실패할 만한 과업을 부여한다. 지하 세계를 지키는 사나운 개 케르베로스를 지상으로 데리고 오라는 것이었다. 케르베로스라니? 머리가 세 개 달린 무시무시한 개 아닌가? 에우리스테우스의 무자비한 요구였지만 헤라클레스에게는 식은 죽 먹기였다!
헤라클레스는 케르베로스를 몽둥이로 내리친 다음 몸집을 줄여 순한 강아지로 만들어 주머니에 넣었다. 침착한 모습으로 다시 돌아와 에우리스테우스의 앞에 섰을 때, 또다시 혼비백산한 에우리스테우스는 몸을 숨기고 이번에는 그의 성공을 완벽하게 인정한다!

⑫

먼저 가시죠.
아뇨, 먼저 가시죠.
아닙니다, 먼저 가시죠.

영웅의 참혹한 죽음

힘들었던 모든 과업을 마치고 난 후였기 때문에 헤라클레스의 죽음은 유독 참혹했다. 세 번째 아내인 데이아네이라와 물살이 험한 강을 건너려는데, 데이아네이라를 등에 태워 강을 건너는 것을 도와주겠다는 켄타우로스 네소스를 만난다. 하지만 네소스의 숨겨진 본심은 헤라클레스가 헤엄쳐 강을 건너는 동안 그의 아내를 겁탈하는 것이었다. 그 사실을 알게 된 헤라클레스는 히드라의 독이 묻은 화살을 쏘았고, 화살에 맞아 죽어 가는 그 순간 네소스는 히드라의 독이 섞인 자신의 피가 묻은 옷을 데이아네이라에게 전한다. 그리고 남편 헤라클레스의 사랑을 확인할 때 요긴하게 사용하라며 복수를 꿈꾼다. 훗날, 데이아네이라는 헤라클레스에게 그 옷을 입혔고, 네소스의 피가묻은 옷은 헤라클레스의 살갗에 달라붙어 할퀴어 댔지만, 도저히 떼어 낼 수가 없었다. 양심의 가책을 느낀 데이아네이라는 목을 매 죽고, 헤라클레스도 스스로 장작더미에 올라 죽기로 한다. 그 후, '네소스의 옷'은 무심코 받은 선물이 파국을 초래한다는 뜻으로 쓰이게 되었다!

헤라클레스의 죽음, 1634, 수르바란, 프라도 미술관, 마드리드.

헤라클레스를 찾아라

미디어 속 헤라클레스

헤라클레스는 예술가들에게 특별한 인물이다. 헤라클레스의 모험을 예술적으로 해석하는 방식은 다양하다 #흥미진진. 프랑스 만화 작가 르네 고시니의 '아스테릭스의 12가지 시험', 마블의 히어로 헐크가 바로 그 예다! 영화 속에서 유명한 두 배우 아널드 슈워제네거나 드웨인 존슨의 깊이 있는 연기도 (어쩌면 실제 모습일지도!) 모두 헤라클레스의 모습을 빗대어 표현한 것이다!

최고의 항공기

헤라클레스는 비행사이자 사업가인 하워드 휴스가 고안하고 이름을 붙인 웅장한 항공기 'H-4 헤라클레스'의 모델이기도 했다. 어마어마한 힘과 거대하다는 이미지를 모두 전달하기 위해서였다. 휴스의 선택은 틀리지 않았다. 오늘날 이 수상 비행기는 항공 역사상 높이가 가장 높고(25m), 길이가 가장 긴 날개(98m)를 가지고 있기 때문이다. A380 항공기의 날개 길이도 80m에 그친다.

우주에서 반짝이는 별

"헤라클레스, 스타가 됐어!" 디즈니 애니메이션 '헤라클레스'에서 뮤즈들이 부르는 노랫말이다. 아마 뮤즈들은 그것이 사실이 될 줄은 꿈에도 몰랐을 것이다! 밤하늘에서 다섯 번째로 가장 빛나는 별자리의 이름은 바로 헤라클레스다! 또한 가지, 1935년에 국제 천문 연맹은 달에서 발견할 수 있는 거대한 분화구의 이름을 공식적으로 결정하기로 했고, 지구의 위성인 달에 헤라클레스의 이름이 붙여졌다. 달의 서쪽에는 그가 배신한 오랜 친구, 아틀라스가 있다.

아널드 슈워제네거가 뉴욕에서 연기한 헤라클레스, 1969.

H-4 헤라클레스, 피터 뉴어크 아메리칸 픽처스, 개인 소장품.

이아손
아테네의 영웅

최고의 켄타우로스 케이론의 손에 자란 이아손은 헤라클레스를 포함한 50명의 영웅을 모아 아르고 원정대를 만든다. 이아손은 아르고 원정대의 대장이 되어, 용의 비호 아래 날아다니는 숫양의 황금 가죽을 찾아 모험을 떠난다.

용에게 독을 먹이는 이아손, 17세기, 로사, 세인트 루이스 미술관, 미주리.

케이론의 교육

이아손의 부모는 테살리아 지역에 이올코스 왕국을 세웠지만, 님프와 포세이돈 사이에서 태어난 아들이자 이아손의 삼촌인 펠리아스에게 왕위를 빼앗긴다. 펠리아스가 이아손을 죽일까 두려웠던 이아손의 부모는 이아손이 태어나자마자 죽었다며 가짜 장례식까지 치른다. 그러고는 아무도 모르게 가장 현명한 켄타우로스인 케이론에게 보냈고, 케이론은 이아손을 훌륭한 전사로 키운다. 이아손이 16세가 되던 해 케이론은 그가 왕실의 후손임을 알리고, 그 길로 이아손은 왕좌를 되찾기 위해 왕국으로 돌아온다.

신발 한 짝과 노파

왕국으로 돌아가는 길에 이아손은 한 노파와 마주친다. 노파는 사실, 헤라가 변신한 것이었다. 헤라는 그를 시험하기 위하여 노파로 변신한 후 자신을 업고 물살이 거센 강을 건너 달라고 부탁했고, 이아손은 노파를 업고 강을 건너다 한쪽 신발을 잃어버린다. 이아손은 결국 한 짝의 신발만 신고 삼촌 펠리아스가 왕위에 앉아 통치하던 부모의 왕국으로 돌아왔다. 한편, 펠리아스는 신발을 한쪽만 신은 아이올로스의 후손에게 죽임을 당할 것이라는 신탁을 듣게 된다. #일촉즉발.

아아아 아아
신발 한쪽을 잃어버리셨습니다, 나리.

(신발 공포증 환자의 일상)

유니콘의 뒤를 잇는 하늘을 나는 양 #재간둥이

로마명: 이아손
어원: 전사
아버지: 테살리아 도시의 왕이자 바람의 신 아이올로스의 후손인 아이손
어머니: 폴리메데

비겁한 삼촌

모든 그리스인처럼 펠리아스도 신들의 예언을 두려워했다. 그렇지만 왕국을 찾아온 손님이자 조카인 이아손을 그날 (환영회가 열린 날) 죽인다는 것은 세 가지 비난이 따를 수밖에 없는 상황이었다. 친척인 데다 손님을 맞이하는 환영회이자 성스러운 연회이기 때문이었다. 젠장!

펠리아스는 일단 이아손이 왕좌를 돌려 달라 요구하자 흔쾌히 승낙하는 척하기로 한다. 그러고는 아주 능숙하게 결코 성공할 수 없는 임무를 내린다. 바로, 제우스가 일전에 선물한 날아다니는 숫양의 황금 가죽을 찾아오라는 것이었다. 황금 양피는 왕국의 반대편에 멀리 떨어진 지역의 나무에 걸린 채, 용의 수호를 받고 있었다.

아르고 원정대

젊고 불같은 성격의 이아손이 함정인 것이 뻔히 보이는 펠리아스의 제안을 거절했을 것 같은가? 전혀, 오히려 반가웠다! 위험천만한 스릴과 영광을 즐기는 50명의 용감한 용사들을 신중하게 모집했고, 그중에는 헤라클레스, 오르페우스, 카스토르와 폴룩스 형제도 포함되어 있었다. 바다를 건너기 위해 헤라의 가호 아래 대화와 투시의 능력

달력

경거망와 그리스 신화의 신들

을 지닌 마법의 배를 만들었다. 그것이 바로 '쾌속'을 의미하는 '아르고'에 '항해'의 의미를 넣은 '아르고호'였고, 아르고 원정대의 모험이 그렇게 시작되었다. 될 대로 되라! 앞으로, 앞으로!

COLUMBIA FILMS
UNE PRODUCTION CHARLES H. SCHNEER

JASON ET LES ARGONAUTES

avec TODD ARMSTRONG   NANCY KOVACK
dans le rôle de JASON   dans le rôle de MÉDÉE

et GARY RAYMOND LAURENCE NAISMITH

SCÉNARIO DE
JAN READ et BEVERLEY CROSS
PRODUCTION ASSOCIÉE
RAY HARRYHAUSEN
RÉALISÉ PAR
DON CHAFFEY
UN FILM
MORNINGSIDE
WORLDWIDE

TECHNICOLOR

토드 암스트롱이 연기한 돈 채피 감독의 '아르고 황금 대탐험', 1963. 특수 효과를 활용한 1세대 영화로, 움직이는 용이 사실은 종이라고는 감히 상상도 할 수 없을 것이다. 앗, 혹시 눈치 챘나?

이아손을 찾아라

운문으로 된 비극인가 만화인가?

황금 양피는 문학계에서 즐겨 쓰는 주제가 되었다. 프랑스의 극작가 코르네유는 이아손의 이름을 딴 작품을 만들었는데, 『메데이아』를 바탕으로 새롭게 파생되어 나온 '스핀 오프' 작품이었다! 만화계도 마찬가지였다. 1955년, 도널드 덕의 창시자 칼 바크스가 그린 도널드 덕의 조카 휴이, 듀이, 루이의 '황금 양을 찾아서'는 1961년, 『땡땡의 모험』에 영감을 주어 '땡땡과 신비로운 황금 양피'가 탄생했다! 전 세계에 통하는 주제인 셈이다.

영화와 별자리 속 아르고호

이아손의 배에서 기인하여 거대한 별자리(크기가 너무 커 돛자리, 용골자리, 고물자리로 나누어 불린다 #실용주의)에는 아르고호라는 이름이 붙었다. 또 2013년 오스카 영화제에서 수상한 벤 애플렉 감독의 영화 '아르고'는 실화를 바탕으로 만든 것이다. 1980년, 이란의 시위대에 점령당한 미 대사관 사람들은 캐나다 대사관저로 피신한다. '아르고'는 가짜 SF 영화사가 모두를 감쪽같이 속여 인질들을 구하는 작전이었다.

황금 양모 기사단

황금 양모 기사단은 가장 유명하고 권위 있는 기사단 중 하나다. 1430년 부르고뉴의 필리프 공작이 설립했으며 오늘날까지 스페인에 남아 있다! 위대한 귀족들은 숫양의 황금 털로 만든 휘장을 매달아 놓은 목걸이를 걸고 매년 한자리에 모여 그들의 작위를 인정받았다. 필리프 공작의 증손자인 카를 5세 황제는 아르고 원정대의 50인을 떠올리며 기사단의 작위를 얻을 수 있는 인원을 51명으로 규정했다!

카를 5세, 툭 튀어나온 주걱턱을 황금 양모로 만든 목걸이를 지니고 있다. 카를 5세(1500~1558), 1515, 반 오를리, 개인 소장품.

이아손과 아르고 원정대

황금 양털을 찾는 것이 쉬운 일이었다면 그는 명성을 얻지 못했을 것이다. 실제로, 이아손이 어려운 선택을 계속해야 할 만큼 고된 여정이었다. 때로는 명예와 승리 중 한 가지만 선택해야 했으니.

영웅의 훈장

최종 목적지 콜키스로 가는 아르고 원정대의 여정에는 수많은 모험이 뒤따랐다. 음식을 먹으려고만 하면 음식물을 더럽히고 악취가 나는 날개 달린 괴수 하르피이아에게 시달리는 피네우스를 구하기도 했다. 자유를 찾게 해준 보답으로 피네우스는 아르고 원정대에게 보스포루스해협을 건너는 방법을 알려 주었다. 그 당시, 보스포루스해협에는 선박의 길을 막는 움직이는 바위가 있었는데, 아르고 원정대가 해협을 지나가려 할 때는 바위가 움직이지 않게 되었다. 누구의 덕이었을까?

#보스포루스의_건달들

이아손과 아르고 원정대, 1918, 개인 소장품.
아르고호가 바닷길을 막는 바위 사이를 무사히 지나가자마자 바위가 거칠게 움직이며 선미를 망가뜨려 거센 물살에 고전하고 있다.

위대한 영웅 뒤에는 언제나 여인이 있다

마침내 아르고 원정대는 콜키스의 아이에테스 왕국에 도착했다. 신화 속 모든 모험 이야기가 그렇듯, 아이에테스 왕은 이아손이 황금 양털을 가지고 떠나도록 가만히 내버려 둘 의도가 전혀 없었다. 그 대신, 성공하기 어려운 두 가지 시험을 수행하는 것을 대가로 치르기로 했다.

첫째, 발굽이 청동이고, 콧구멍에서는 불을 내뿜는 황소 두 마리로 토지 경작하기.

둘째, 씨를 뿌린 다음, 거기에서 '자라난' 전사들 물리치기.

하지만 아이에테스 왕이 예상하지 못한 것이 하나 있었으니, 바로 그의 딸 메데이아가 이아손을 사랑하게 되고, 두 번의 난관을 헤쳐 나갈 방법도 알려 준다는 것이었다.

소시지 다
익었습니다!

80

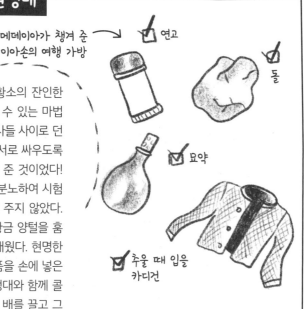

메데이아가 챙겨 준 이아손의 여행 가방

연고

돌

묘약

추울 때 입을 카디건

이아손과 메데이아, 1907, 워터하우스, 개인 소장품.

메데이아의 도움

마술사 메데이아는 이아손에게 황소의 잔인한 청동 발굽과 불에서 그를 보호할 수 있는 마법 연고를 주었고, 땅에서 '자라난' 전사들 사이로 던질 돌 하나를 건네주어 전사들이 서로 싸우도록 했다. 그녀가 모든 문제를 해결해 준 것이었다! 아이에테스 왕은 이 사실을 알고 분노하여 시험에 통과했어도 황금 양털은 내어 주지 않았다. 메데이아는 이아손이 한밤중에 황금 양털을 훔칠 수 있도록 문을 지키는 용을 재웠다. 현명한 여인이었다. 마침내 소중한 전리품을 손에 넣은 이아손은 메데이아와 아르고 원정대와 함께 콜키스를 빠져나왔고 아이에테스도 배를 끌고 그들을 뒤쫓았다.

메데이아는 참지 않아!

메데이아가 잠재된 그녀의 (사악한) 어두운 면을 드러낸 것은 해상에서 추격전이 벌어졌을 때였다. 메데이아는 남동생을 배에 태운 다음 사지를 잘라 바다에 던져 아버지가 꼼짝 못 하도록 만들었다. 아들의 시신을 수습할 것이냐, 메데이아와 이아손을 계속 쫓을 것이냐. 선택의 갈림길에서 아이에테스 왕은 인간적인 면모를 택했고, 아들의 시신을 수습하여 땅에 묻기로 한다. 그리하여 이아손은 무사히 그의 왕국으로 돌아왔고, 그가 원정을 떠난 동안 삼촌이 그의 가족들을 전부 죽였다는 것을 알게 된다. 비열한 인간. 이아손을 위기에서 다시 한 번 구해 낸 것은 바로 메데이아였다. 사악한 삼촌의 살을 끓게 만들 물약을 만들었다.

나는 세계의 왕… 아니, 뭘 보고 있는 것이오?

토막 난 나의 남동생이오.

메데이아의 신경을 건드리지 마

잔인하지만 완벽한 메데이아의 해결책이 마음에 들었던 이아손은 10년 후 젊고 돈이 많은 공주와 눈이 맞기 전까지 메데이아와 세 아이를 낳았다. 바보 같은 사람! 메데이아는 자신을 버린 남편에게 복수하기 위하여 일말의 망설임 없이 아이들을 모두 죽이고는 종적을 감췄다. 이아손은 영웅에 걸맞지 않은 참담한 최후를 맞이했다. 낡아 빠진 아르고호를 바라보다 무너져 내린 뱃머리에 깔려 죽은 것이다. 개죽음이 따로 없다!

아냐…. 괜찮을 거야.

당신 아내가 조금 화난 것 같은데요?

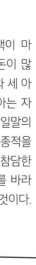

81

오르페우스
마성의 음악가

여행을 좋아하는 영웅 오르페우스는 그리스 신화에서 가장 유명한 시인이자 음악가이다. 그가 노래를 부르면 돌덩이까지 눈물을 흘리고 모든 동물과 나무가 감미로운 그 소리에 매료되었다고 한다.

지하 세계의 오르페우스와 에우리디케, 19세기 초, 퓌거, 레지덴츠 갤러리, 잘츠부르크.

일곱 개의 현이 달린 아폴론의 리라

트라키아의 왕자 오르페우스는 세상 만물에 감동을 주는 고운 미성의 소유자로 일찍부터 그리스에서 이름을 날렸다. 음악의 신 아폴론은 그 소문을 듣고 오르페우스의 노래를 듣기 위해 지상으로 내려왔고, 황홀한 목소리로 부르는 노래에 마음을 뺏겨 그 자리에서 자신이 애지중지하던 악기를 선물한다. 바로 아기 헤르메스가 만든 일곱 개의 현이 달린 리라였다. 오르페우스는 아홉 명의 뮤즈 중 한 명이었던 어머니를 기리며 리라의 현을 아홉 개로 개조했고 한시도 품에서 놓지 않았다.

아르고 원정대의 세이렌을 부르는 사나이

모험을 좋아하는 용감한 오르페우스는 황금 양털을 찾아 떠나는 이아손의 원정대에 합류한다. 오르페우스는 아르고호의 정조수로 대원들은 그의 노래에 맞추어 노를 저었다. 쓸모없는 역할이었냐고? 천만의 말씀! 오르페우스는 신비로운 노래로 인간의 정신을 혼미하게 만든 다음 잡아먹는 세이렌의 공격으로부터 아르고호의 동료들을 구해 준 의인이다. 오르페우스의 노래는 세이렌들마저 유혹하여 공격은커녕 그의 아름다운 목소리를 듣기 위해 서로 입을 다물게 할 만큼 감미로웠다.

82

지하 세계로의 여행

오르페우스는 아름다운 나무의 님프 에우리디케와 헤어날 수 없는 깊은 사랑에 빠진다. 마침내 두 사람이 백년가약을 맺기로 한 날, 비극적이게도 에우리디케는 뱀에 물려 죽고 만다. 비통한 마음을 견딜 수 없던 오르페우스는 그녀를 되찾으러 망자의 왕국으로 향했다. 자장가를 불러 무시무시한 지옥의 문지기 케르베로스를 잠들게 한 다음 무자비한 지하 세계의 신 하데스에게로 갔다. 오르페우스의 노래는 냉혈한 하데스마저 감동하게 했고, 꽁꽁 얼어붙은 하데스의 마음마저 녹였다. 그 순간, 이제껏 단 한 번

"배를 저어 가자"

도 흘린 적 없는 눈물이 하데스의 눈에서 톡 하고 떨어졌다.

어둠 속으로 사라진 에우리디케

하데스는 이례적으로 오르페우스가 사랑하는 여인을 망자들의 세계에서 데리고 나갈

일회용 티슈

수 있도록 허락했다. 단, 조건이 있었다. 바로 에우리디케가 지상으로 돌아가는 길에 결코 뒤돌아봐서는 안 된다는 것이었다. 긴장되는 마음으로 오르페우스는 출구로 향하는 길에 단 한 번도 고개를 돌리지 않았다. 그런데 갑자기 불안한 침묵이 그를 감쌌다. 에우리디케, 잘 따라오고 있소? 지옥의 마지막 문턱을 나서려던 그 순간, 그녀가 잘 뒤쫓아 오고 있는지 확인하지 않고서는 발걸음을 뗄 수 없던 오르페우스는 결국 어깨너머로 고개를 돌려 뒤를 돌아보고 만다. 아, 불운한 자여! 에우리디케는 눈물을 흘리며 영원히 지하의 캄캄한 어둠 속으로 사라져 버렸다.

오르페우스를 찾아라

오페라의 첫 주인공

유구한 음악의 역사 속에서 '오페라'라고 부를 수 있는 최초의 작품은 바로 오르페우스의 이야기였고, 당연한 일이었다. 음악가 몬테베르디는 1607년 오페라 '오르페오'를 작곡했는데, 야코포 페리가 오페라 역사상 최초의 작품인 '에우리디체'를 발표한 지 7년 만의 일이었다. 그 후, 하이든과 글룩이 오르페우스와 에우리디케를 주인공으로 한 오페라를 작곡했으며, 1858년에 작곡가 오펜바흐는 원작을 색다르게 패러디한 오페라를 발표했다!

오르페우스교(오르피즘)

기원전 6세기경, 오르페우스는 기독교의 탄생을 예고라도 하듯 (사실은 그렇지 않다) 그리스에 매우 영향력 있는 종교를 창시한다. 오르페우스교를 따르는 신자들은 그리스의 종교와 사회에 반대하며, 육신이 죽은 후 신들의 왕국으로 가기 위한 비밀 교리를 따른다면 인간의 불멸한 영혼이 환생하여 영원한 행복을 누릴 수 있다고 믿었다. 그러기 위해서는 죽음의 순간마다 기도를 낭송하고 망자의 세계에서 나와 다음 생을 살기 위하여 오르페우스교의 교리를 따라야 했다!

로마명: 오르페우스
아버지: 트라키아의 왕
오이아그로스
어머니: 뮤즈 칼리오페
배우자: 에우리디케

오르페우스의 죽음, 1866, 레비, 오르세 미술관, 파리. 오르페우스가 있던 테살리아에 디오니소스를 숭배하는 교리가 전파되었을 때, 오르페우스는 자신의 교리를 옹호하면서 디오니소스를 섬기는 것을 거부했을 뿐만 아니라, 그의 여사제인 마이나데스들이 인간에게 가한 잔혹함을 비난했다. 마이나데스들은 디오니소스를 비난한 오르페우스의 사지를 찢는다. 오르페우스의 잘린 머리는 강에 던져지고 레스보스섬까지 떠내려가는 동안 노래를 멈추지 않았다.

디오스쿠로이, 카스토르와 폴룩스
별자리가 된 가짜 쌍둥이 형제

카스토르와 폴리데우케스(폴룩스)는 쌍둥이자리로 우리에게 잘 알려졌지만, 신화 속에서 실제 쌍둥이는 아니었다. 폴룩스는 제우스의 아들로 불멸의 존재였고, 카스토르는 왕의 아들로 인간이었다. 신의 아들과 인간의 아들이라는 차이는 둘의 관계에 장해물이 될 수도 있었지만, 오히려 더 가까워질 수 있는 계기가 되었고, 둘은 형제애의 전형으로 손꼽힌다.

"초대하지 말았어야지."

레우키포스 딸들의 납치, 1617, 루벤스, 알테 피나코테크, 뮌헨.

도 사랑을 나누게 되고, 그리하여 두 개의 알을 임신한다. 하나는 남편 틴다레오스의 것으로 카스토르와 클리타임네스트라를, 다른 하나는 제우스의 것으로 폴룩스와 헬레네(트로이 전쟁의 주인공)를 낳았다. 같은 날에 태어난 쌍둥이지만 아버지가 다른 것이다! 누구에게나 일어날 수 있는 일이 아니다.

잠깐만···. 네가 누구의 아들이더라?!

모험을 즐기는 형제

서로 다른 피가 흘렀어도 특히 새로운 모험을 떠나는 데 있어서 두 형제의 우애는 남달랐다. 언제나 꼭 붙어 다녔지만 둘은 각자의 장점이 뚜렷했다. 카스토르는 말을 잘 다루는 전문가였고, 폴룩스는 싸움에 능하여 대적할 자가 없었다. 세간에는 두 사람의 용맹함에 대한 소문이 자자했고, 이아손은 아르고 원정대의 모험에 기꺼이 두 형제를 영입했다. 그뿐만 아니라, 카스토르와 폴룩스는 칼리돈을 도와 아르테미스 여신이 보낸 난폭한 멧돼지 사냥에도 참여했다. 위험하다고? 우린 즐겨!

가짜 쌍둥이

디오스쿠로이의 탄생은 그리스 신화의 가장 외설적인 이야기 중 하나다. 스파르타의 여왕 레다에게 반해 버린 제우스는 백조로 변신하여 그녀를 유혹했고, 다시 인간의 모습으로 돌아갈 겨를도 없이 레다와 사랑을 나누기 위해 갑작스럽게 달려들었다(사랑은 타이밍). 같은 날, 레다는 인간인 남편과

파혼 특공대

어느 날, 카스토르와 폴룩스는 아르고 원정대의 동료인 이다스와 린케우스 쌍둥이 형제의 결혼식에 초대받았다. 그리고 그곳에서 그들의 약혼녀에게 반해 그만 사랑에 빠지는데···. 결국 둘은 약혼녀들을 납치하기에 이른다. 이다스와 린케우스의 분노한 얼굴이 눈에 선하지 않은가! 카스토르와 폴룩스를 뒤쫓던 한 명이 카스토르를 결국 죽인다. 쌍둥이의 편이었던 제우스는 폴룩스가 죽임을 당하기 전에 벼락을 내려 이다스를 죽인다. 목숨을 구한 폴룩스는 카스토르의 죽음을 견딜 수 없어 제우스에게 황당한 소원을 빈다. 자신의 영생을 카스토르와 절반으로 나누어 달라는 것이었다. 서로 번갈아 가며 살 수 있도록!

그리스명: 카스토르와 폴리데우케스
어원: 디오스쿠로이(제우스의 아들들)
아버지: 폴룩스의 아버지는 제우스,
　　　　카스토르의 아버지는 틴다레오스
　　　　(스파르타의 왕)
어머니: 스파르타의 여왕 레다

"이들의 혼인에 이의가 있으신 분은 지금 말씀하시거나 영원히 침묵하십시오."

"저희!"
"저희요!" "저희요!"

디오스쿠로이를 찾아라

로마의 카피톨리움

로마의 한가운데에 우뚝 솟은 언덕 카피톨리움으로 이어지는 계단의 맨 꼭대기에는 디오스쿠로이 두 형제의 거대한 동상이 서 있다. 로마의 전설에 따르면 두 쌍둥이 형제는 로마인들이 라틴족을 지배하는 계기가 되었던 레기루스 호수 전투(기원전 약 499년경)에 참여했다고 한다. 베스타 신전 근처의 샘에서 말들에게 물을 먹인 뒤 로마에 승리를 알렸던 사람도 바로 두 쌍둥이 형제였다. 동상을 뒤에서 바라보면 머리에 쓴 고깔을 볼 수 있는데, 이것은 사실 알의 껍데기를 의미한다. 당연히 두 형제의 탄생 설화와 관련이 있다!

고전 속 쌍둥이

디오스쿠로이는 별자리(쌍둥이자리, 5월 21일~6월 21일)에만 흔적을 남긴 것은 아니며, 오페라 작품에서도 찾아볼 수 있다. 1737년, 1754년에 작곡가 라모는 오페라 대작 중 하나인 작품을 쓴다. 카스토르를 잃고 괴로워하던 폴룩스가 제우스에게 카스토르의 부활을 소원으로 비는 것과 카스토르를 사랑하던 여인 텔라이라를 갖고 싶은 마음 사이에서 고민하는 모습을 담은 작품이다. 결국 폴룩스는 카스토르와 그의 불멸을 나누었고, 그가 사랑하는 아름다운 여인과도 결혼하게 된다. 코르네유 풍의 선택과 결과다!

스파르타의 수호자

그리스 신화가 그들을 스파르타 여왕의 아들로 만들었기 때문에, 디오스쿠로이는 스파르타에서 특히 영예를 얻었다. 쌍둥이 형제는 스파르타의 정치 체제의 특성에도 영향을 주었다. 즉, 두 명이 동시에 왕좌에 오르는 이두정치가 실현된 것이다. 게다가 전쟁에 나서는 길에는 두 개의 지휘봉이 군대의 선봉에 서서 병사들을 이끌었다.

스파르타

카스토르와 폴룩스 형제의 도시

대중문화 속 디오스쿠로이

카스토르와 폴룩스는 대중문화에서 쌍둥이 형제의 우애를 표현할 때 자주 등장한다. 예를 들어, 영화 '헝거 게임'(2012)에서 13섹터의 캣니스 일행에게 저항하는 쌍둥이들은 카스토르와 폴룩스로 불렸고, 존 트라볼타가 연기한 영화 '페이스오프'(1997)에서는 주인공이 적의 형제인 카스토르 트로이의 얼굴을 그대로 떼어 자신의 얼굴에 붙인 다음 그의 동생 폴룩스 트로이에게 찾아가 정보를 캐낸다. 한편, 프랑스의 애니메이션 '마법의 회전목마'에 등장하는 주인공 강아지 폴룩스도 쌍둥이 형제의 이름을 딴 것이다. #형은_어디에

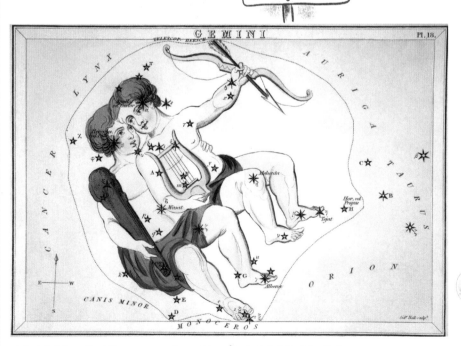

쌍둥이자리를 그린 판화 (카스토르와 폴룩스), 1825, 홀, 우라니아의 거울, 런던.

"멍멍!"

페이스오프

"존 트라볼타 씨, 죄송하지만 카스토르 씨와 얼굴을 바꿔 주셔야겠습니다."

테세우스
아테네의 전설적인 열 번째 왕

아테네의 전설적인 열 번째 왕 테세우스는 아테네에서는 빼놓을 수 없는 최고의 영웅이다. 테세우스가 떠났던 모험의 여정은 그 시작부터 그의 자비로움을 시험했고, 테세우스는 냉정한 영웅의 면모를 한껏 발휘한다.

아버지의 검을 찾아낸 테세우스, 1638년경, 푸생, 콩데 미술관, 샹티이.

사기꾼 아버지

테세우스의 아버지는 아테네의 왕 아이게우스로 늙은 사기꾼이었다. 아들을 낳지 못해 절망하던 아이게우스는 친구인 트로이젠의 왕을 만나러 간다. 그에게는 아이트라라는 아름다운 딸이 있었다. 아이게우스는 아이트라를 섬으로 데리고 가 동침하고, 그 후에는 무심하게도 그녀를 내버려 두었다. 하지만 아이트라가 만일 아들을 낳는다면, 그리고 자기 아들이 '확실'하다면, 바위 밑에 자신의 샌들과 칼을 숨겨 두었으니 아이가 왕위를 물려받을 나이가 되면 바위 밑 물건들을 가지고 아테네로 그를 찾아오라는 당부를 남겼다. 글쎄, 과연….

마녀 같은 새어머니

테세우스가 열여섯이 되었을 때, 아이트라는 그가 포세이돈의 아들이 아닌 아테네의 왕 아이게우스의 아들이라는 사실을 고백하고, 아이게우스가 증표를 남긴 바위도 알려 준다. 테세우스는 아주 쉽게 바위를 들어 올려 물건들을 챙기고 아버지의 왕국으로 향한다. 그 사이, 안타깝게도 아이게우스는 자신만큼이나 사기꾼의 기질이 있는 여인과 재혼을 한다. 바로 이아손에게 버림받은 메데이아였다. 메데이아는 테세우스가 장차 왕좌를 물려받을 후계자가 될 것을 한눈에 알아채고 아이게우스를 부추겨 테세우스의 술에 독약을 탔다. 테세우스가 독주를 마시려던 바로 그 순간, 아이게우스는 테세우스의 손에 들린 칼과 샌들의 정체를 알아보았다!

초대해 주셔서 감사합니다. 꽃다발하고 칼, 샌들을 가지고 왔습니다.

죽느냐, 미노타우로스를 죽이느냐, 그것이 문제로다

아들과 다시 만난 아이게우스는 당장 메데이아를 쫓아내고 테세우스를 왕위에 앉힐 준비를 시작했다. 한편, 테세우스는 아테네인들이 9년마다 크레타의 왕 미노스에게 끔찍한 조공을 바쳐 왔다는 사실을 알게 된다. 각각 7인의 처녀와 총각 들을 괴물 황소 미노타우로스의 제물로 삼는 것이었다. 조공은 아이게우스의 죄에 대한 벌로써 시작되었다. 미노스 왕의 아들이 판아테나이아 축제에서 모든 승리를 휩쓸자 아이게우스가 질투에 눈이 멀어 그를 죽였기 때문이다! 테세우스는 조공의 부당함에 반발하며 자신이 제물이 되기로 하고 미노타우로스를 죽이거나, 죽이지 못하면 자신이 죽기로 한다. 아이게우스는 아들의 결정을 말렸지만 소용없었다.

테세우스에게 라비린토스를 탈출할 수 있는 실뭉치를 건네는 아리아드네, 19세기 초, 팔라지, 볼로냐 현대 미술관.

약속하오, 아리아드네, 결혼합시다

미노타우로스의 제물이 되어 크노소스 항구에 도착했을 때, 미노스 왕의 딸 아리아드네는 테세우스에게 첫눈에 반하고, 아버지와 의붓형제 미노타우로스를 배신하고라도 그를 구하고 싶어 한다. 아리아드네는 테세우스의 목숨을 구할 방법을 알려 주는 대신 자신을 크노소스에서 멀리 떨어진 곳으로 데리고 도망친 다음 결혼하자고 제안하고, 테세우스는 이를 흔쾌히 승낙한다. 아리아드네는 라비린토스 미로를 설계한 다이달로스에게 살아서 탈출할 방법을 물었다. 다이달로스는 그녀의 손에 실뭉치를 쥐어 주었고, 이를 전해 받은 테세우스는 무사히 미로에서 빠져나올 수 있었다.

디오니소스와 아리아드네, 귀도 레니, 1619~1620, LA 카운티 미술관. "그가 내게 말했다구요, 움직이지 말고 여기 있으라고, 곧 돌아온다고. 그래서 기다리고 있어요."

미안하오, 아리아드네, 그만합시다

테세우스는 큰 어려움 없이 미노타우로스를 죽이고 아리아드네의 실뭉치를 활용해 라비린토스 미로를 무사히 빠져나온 다음, 그녀와 함께 도망쳤다. 하지만 기회가 생기자마자 비겁하게도 테세우스는 아리아드네를 무인도에 버린다. 야비한 놈! 서럽게 울고 있던 아리아드네는 그나마 다행스럽게도 술의 신 디오니소스의 눈에 띄었고, 한참을 위로해 주는 그에게 조금씩 마음을 열게 되었다. 아리아드네에게 사랑의 감정을 느낀 디오니소스는 곧 그녀와 결혼한다. 사기꾼의 아들 대신 신을 얻었으니, 아리아드네는 손해 본 것 전혀 없는 결과였다!

"누가 나 좀 데려가세요."

내가 아버지를 죽게 하다니

테세우스가 저지른 기막힌 실수는 여기서 끝이 아니었다. 아이게우스는 아들에게 살아서 돌아온다면 배에 흰 돛을 높이 달아 그 기쁜 소식을 멀리서도 한눈에 볼 수 있게 해 달라며 당부했다. 그런데 아버지의 당부를 잊은 건지(아리아드네를 버리는 데 집중한 탓이었을까), 아니면 늙은 아버지를 심장 마비로 하루빨리 세상을 떠나게 하여 왕위를 물려받고 싶었던

파이드라와 히폴리토스, 1815, 게랭, 보르도 미술관. 히폴리토스가 파이드라의 진술을 부정하고 있다.

건지, 그 이유는 모르겠지만 테세우스는 검은색 돛을 달고 돌아온다. 아이게우스는 미노타우로스에게 제물을 바치게 된 것은 그의 실수 때문이었으니, 그가 아들을 죽게 했다는 죄책감에 절벽 아래로 몸을 던져 자살한다. 어리석은 자여.

잠깐만, 기억이 안 나는데 말이지, 누구라고 했더라?

로마명: 테세우스
아버지: 아테네의 왕 아이게우스
어머니: 아르골리스 트로이젠 왕의 딸 아이트라
배우자: 아리아드네, 안티오페, 파이드라

내 아내가 바람을 피우다니

아테네로 돌아온 테세우스는 헤라클레스와 함께 아마조네스로 모험을 떠나고, 그곳에서 아마조네스의 여왕 안티오페를 사로잡아 결혼하여 아들 히폴리토스를 낳는다. 아내가 죽고 테세우스는 정조는커녕 황당한 재혼을 하는데, 아리아드네의 동생 파이드라가 그 상대였다! 히폴리토스는 아르테미스 여신은 극진히 섬겼지만, 사랑의 여신 아프로디테는 거들떠도 안 봤다. 복수심에 불타오른 아프로디테는 파이드라가 양아들에게 사랑의 열병을 느끼도록 만들었다. 히폴리토스는 파이드라의 고백을 단칼에 거절하고 그녀를 피해 도망쳤다.

내가 아들을 죽이다니

파이드라는 복수심과 더불어 진실이 밝혀

이봐요! 나를 좀 들여보내 주시오! 억울합니다!

OUT

질까 두려워서 그가 자신을 겁탈했다는 가짜 소문을 퍼뜨린다. 분노한 테세우스는 포세이돈의 저주를 아들에게 퍼붓는다. 포세이돈은 히폴리토스가 해변에서 전차를 타고 질주하고 있을 때 바다의 괴수를 보내어 말들을 놀라게 했다. 흥분한 말들이 날뛰자 그 충격으로 가엾은 히폴리토스는 전차에서 떨어졌고, 말고삐에 다리가 걸려 끌려가다 바위에 부딪혀 처참히 목숨을 잃었다. 소식을 들은 파이드라는 죄책감과 슬픔에 스스로 목숨을 끊었다. (잘생긴 젊은 청년의 억울한 죽음이 안타까웠던 아스클레피오스가 히폴리토스를 되살린다.♥)

나의 도시에서 쫓겨나다니

(진정으로) 훌륭한 왕이었던 테세우스는 아테네를 강한 도시 국가로 발전시켰지만, 아테네 시민들은 테세우스가 만든 망명 제도를 테세우스에게 적용하여 그의 추방에 관한 안건을 투표에 부친다. 이런 모순이 있나! 결국, 테세우스는 아테네에서 멀리 떨어진 곳에서 선대 왕에게 어울리지 않는 부당한 처우에 개탄하며 죽음을 맞이한다.

테세우스, 아리아드네, 파이드라를 찾아라

푸른 에게해

에게해는 고대 그리스 도시 국가들의 동쪽과 서쪽에 인접해 있었다. 유럽의 지리에 능하다면 "동쪽에는 튀르키예가 있지!"라고 말할 수 있을 것이다. 사실, 고대 시대에 튀르키예는 헬라스인들이 사는 '소아시아'로 불렸기 때문에 오늘날 튀르키예에 가면 그리스 문화의 흔적을 잔뜩 발견할 수 있다! 아무튼, 테세우스의 아버지 아이게우스가 몸을 던진 바다에는 그의 이름이 붙여졌다. 작은 위로랄까?

라신의 비극 『페드르』

1677년 초연된 프랑스 극작가 장 라신의 5막 운문 비극 『페드르』는 고전 비극의 정수로 꼽힌다. 라신의 눈에는 파이드라가 비극의 완벽한 주인공이었으며 실제 있을 법한 줄거리는 관중들의 미덕을 자극하기에 적합했다. 로마의 철학자 세네카도 파이드라를 주인공으로 한 희곡을 썼다. 신화 속 페드르가 말하는 주제(영혼의 병과 같은 뜨거운 열정의 고발)는 영적 또는 철학적 윤리와 쉽게 어우러질 수 있다!

아리안 로켓

1973년에 개발된 아리안 로켓 프로그램은 프랑스 국립 우주 연구 센터의 중요 사업으로 시작되었다. 당시 산업 과학 개발부 장관에게 새로운 우주 발사체의 이름으로 다양한 후보(피닉스, 베가, 리라, 백조 등)가 있었다. 국립 행정 학교를 졸업하고 역사 교수 자격증을 보유했으며, 그리스 신화에 푹 빠져 있던 장관은 이러한 이름들이 꽤 괜찮아 보이긴 했다. 하지만 디오니소스의 아름다운 아내이자 감동적인 사랑의 주인공 아리아드네의 이름을 더 선호했다. 현명한 선택이었다!

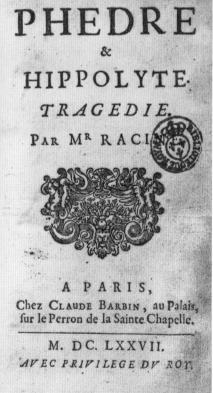

『페드르』의 제목 페이지, 장 라신.

아리안 로켓 발사.

페르세우스

신화 속 영웅, 제우스의 아들

고대 그리스에서 가장 선량한 영웅으로 손꼽는 반신반인의 존재 페르세우스는 끔찍한 고르고네스 중 하나인 메두사의 뱀 달린 머리를 자른 것으로 유명하며, 미녀 안드로메다를 잡아먹으려는 사악한 바다 괴물과 맞서 그녀를 구하고 결혼한 영웅 중의 영웅이다.

페르세우스와 안드로메다, 1891, 레이튼, 리버풀 박물관.

이중으로 잠긴 궤짝에 갇히다

페르세우스는 아름다운 공주 다나에의 아들로 태어났다. 다나에의 아버지인 아르고스의 왕 아크리시오스는 딸이 아이를 가질 수 없도록 청동 탑에 가두었다. 다나에가 낳은 아이가 그를 죽일 것이라는 신탁이 있었기 때문이었다. 하지만 다나에의 미모에 또다시 사랑에 빠진 제우스는 황금비로 변신하여 다나에에게 접근한다. 다나에의 임신을 아크리시오스가 알았을 때는 이미 늦었다. 왕은 분노하여 딸과 손자를 궤짝에 가두어 바다로 던졌다. 다시는 눈앞에 나타나지 못하도록 할 심산이었다.

메두사여, 숨바꼭질 한판 합시다

훗날, 이들 모자를 구한 섬나라 왕은 다나에와 결혼하기를 원했다. 어머니의 재혼을 막기 위해 페르세우스는 왕과 거래를 하고 고르고네스 세 자매 중 유일하게 필멸의 존재로 태어났던 메두사의 뱀 달린 머리를 잘라서 가져오기로 한다. 헤르메스는 페르세우스에게 하데스의 투명 투구와 자신의 날개 달린 신발과 모자를 빌려주었다. 여신 아테나는 메두사와 눈이 마주치면 그 자리에서 돌로 변한다는 사실을 일러 준다. 페르세우스는 방패를 거울삼아 메두사의 위치를 파악하며 다가간 뒤, 메두사가 잠든 틈을 타 목을 베었다.
#제법이군

"만약 나르키소스에게 이 임무를 맡겼더라면···."

나의 반짝이는 별, 안드로메다

페르세우스가 메두사의 머리를 베고 난 후, 그 목에서 떨어진 피에서 페가수스가 태어났다. 어머니가 기다리고 있는 섬으로 다시 돌아가기 위해 페가수스를 타고 하늘을 날던 페르세우스는 에티오피아를 지나던 중 바닷가 바위에 쇠사슬로 묶여 있는 아름다운 처녀 안드로메다를 발견한다. 그녀의 어머니인 왕비 카시오페이아가 자신의 미모가 바다의 님프들보다 더 뛰어나다며 뽐내고 다닌 탓에, 왕국을 파괴하는 바다 괴물에게 제물로 바쳐진 것이었다. 페르세우스는 망설임 없이 안드로메다를 구하고 그녀와 결혼하기로 한다.

돌로 변한 결혼식

바다 괴물을 무찌르기 전, 페르세우스는 안드로메다의 부모에게 찾아가 딸을 구해 내면 혼인할 수 있도록 허락을 구한다. 부부는 딸의 목숨을 살릴 수만 있다면 기꺼이 무엇이든 들어주겠다며 흔쾌히 승낙했다. 하지만 막상 페르세우스가 안드로메다를 정말로 구출하자, 부모의 심경에는 변화가 일었다. 그들은 결혼식 당일 페르세우스와의 혼

인을 취소하고 안드로메다의 사촌이자 약혼자에게 보낼 심산이었다! 하객인 줄 알았던 병사들이 본 모습을 드러내고 공격해 오자 페르세우스는 하는 수 없이 메두사의 머리를 꺼내 들었고 그 눈을 본 사람들은 모두 돌로 변했다.

현실이 된 신탁

위풍당당하게 섬으로 돌아온 페르세우스는 다나에를 탐하던 폴리덱테스 왕이 그가 없는 틈을 타 겁탈했다는 사실을 알게 된다. 거침없이 다시 한번 메두사의 머리를 꺼내 들었고 비겁한 왕은 그 자리에서 딱딱하게 굳어 돌로 변했으며 다나에는 자유를 찾게 되었다. 오랜만에 찾아온 평화에 기분이 좋았던 페르세우스는 이웃 나라 라리사에 놀러 가 원반던지기 시합에 출전했다. 페르세우스가 힘껏 던진 원반은 멀리 날아가

한 노인의 머리를 강타했고, 노인은 그 자리에서 즉사했다. 알고 보니 그 노인은 외할아버지 아크리시오스였다. 결국, 손자에게 죽임을 당할 것이라던 예언이 현실로 이루어진 셈이다!

이런, 네 외할아버지가 돌아가셨어.

아, 그럼 제가 이긴 건가요?

신화 퀴즈

메두사가 돌로 변신시키지 않은 것은?

A 아틀라스

B 해초

C 결혼식 하객들

D 보그다노프 형제

페르세우스를 찾아라

성 게오르기우스와 산호

바다 괴물을 물리치는 페르세우스 신화는 중세 시대 기독교 신자들의 추앙을 받았던 성 게오르기우스 설화의 탄생에도 영향을 주었다. 하지만 오비디우스에 따르면 붉은 황금, 산호를 발견한 것은 페르세우스인 것으로 알려져 있다. 왜일까? 바다 괴물과 싸우는 동안 메두사의 머리를 모래 위에 올려 두었는데 메두사의 피가 주위의 해초들을 붉은 돌로 변하게 했기 때문이다. 신기하군!

인터넷-데이터베이스

오늘날 페르세우스는 과학 출판물과 관련하여 인터넷상의 놀라운 데이터베이스로도 잘 알려져 있다. 영웅의 현명함을 본 따 붙인 이름일까? 한편, 안드로메다도 남편처럼 하늘의 별자리가 되었으니 영원히 기억될 수 있다. 의아한 것은 에티오피아의 왕과 여왕인 케페우스와 카시오페이아도 포세이돈의 도움으로 별자리가 되었다는 것이다. 자신이 한 약속도 제대로 지키지 않는 자들에게 큰 친절을 베푼 것 아닌가!

정답: 아틀라스. 그는 이미 돌이 되었다.

로마명: 페르세우스
어원: 파괴자, 약탈자
아버지: 제우스
어머니: 아르고스의 공주 다나에
배우자: 안드로메다

메두사의 머리를 든 페르세우스,
1545~1553, 첼리니, 로자 데이
란치, 피렌체.

벨레로폰과 키마이라
코린토스의 왕

페가수스를 타고 하늘을 나는 매력적인 영웅이지만, 오만할 정도로 넘치는 자신감으로 인해 신들과 동등한 위치를 두고 겨루다 큰 대가를 치른다!

벨레로스를 죽인 자

벨레로폰의 원래 이름은 히포누스(말을 잘 다루는 자)였는데, 어느 날 사냥 중에 귀족 벨레로스를 실수로 죽이고 만다. 그는 자신의 죄를 씻기 위해 코린토스 왕을 찾아가 벨레로폰(벨레로스를 죽인 자)이라 이름을 바꾸었다. 한편, 왕비 스테네보이아는 너무나도 잘 생긴 외모의 벨레로폰과 사랑에 빠진다. 그를 유혹하려 했지만, 정직하고 선량한 벨레로폰은 단호히 거절한다. 거부당했다는 사실에 자존심이 상한 스테네보이아는 남편에게 벨레로폰이 자신을 겁탈하려 했다는 거짓말을 한다. #질투의_화신

손님을 죽여서는 안 된다

코린토스의 왕은 아내의 말에 화가 났지만 그렇다고 벨레로폰을 직접 죽일 수는 없었다. 식사를 함께 나눈 손님을 죽여서는 안 된다는 전통에 어긋나기 때문이다. 그 대신, 편지 한 장을 쥐어 주고 벨레로폰을 리키아의 왕인 장인 이오바테스에게 보냈고, 그 안에는 이 편지를 가져온 자를 죽이라는 메시지가 적혀 있었다. 그러나 미처 편지를 먼저 열어 보지 않은 이오바테스는 호화로운 연회를 열어 벨레로폰을 맞이했고 함께 저녁 식사를 나눴다. 사위와 같은 처지가 되었으니 그도 벨레로폰을 죽일 수 없게 된 것이다! 이번에는 같은 실수를 저지르지 않기 위해, 목숨을 잃을 수도 있는 위험한 임무를 벨레로폰에게 맡긴다. 분명 그 과정에서 벨레로폰이 죽임을 당하게 될 테니까. ←

알고 보면 거짓말

키마이라 임무에 숨겨진 비밀

이오바테스는 벨레로폰에게 머리는 사자, 몸통은 염소, 뱀의 꼬리를 갖고 입에서는 불을 내뿜는 암컷 괴물 키마이라로부터 나라를 구해 달라며 부탁한다. 여신 아테나로부터 황금 재갈을 전해 받아 페가수스를 손에 넣게 된 벨레로폰은 납덩이를 키마이라의 입속으로 던졌다. 공격을 당한 키마이라는 입을 벌려 불을 내뿜었고 입안에 있던 납덩이가 녹아 목구멍이 막혀 질식사했다. 제법인걸? 이오바테스는 곧이어 솔리모이, 아마조네스, 해적 등을 무찔러 달라며 계속해서 위험천만한 일에 벨레로폰을 끌어들였지만 그가 계속 살아 돌아오니, 이번에는 병사들을 매복시켜 돌아오는 길목에서 벨레로폰을 죽이라 명한다.

페가수스를 타고 키마이라를 무찌르는 벨레로폰, 1723, 천장화, 프레스코, 조반니 바티스타 티에폴로, 팔라초 산디 포르토, 베네치아.

여인들을 소중히 대하는 남자

가엾은 벨레로폰. 모든 임무를 완수하고 돌아오는 길이었지만 매복해 있던 군사들이 공격하자 하는 수 없이 포세이돈을 소환하여 너른 평야를 침수시키고 군사들을 익사시켰다. 눈앞의 장해물을 전부 처리한 후 이오바테스의 궁으로 곧장 향했지만, 왕을 보필하려는 왕실의 여인들이 길을 가로막으며 치맛자락을 걷어 올렸고, 순진한 청년 벨레로폰은 얼른 뒷걸음질하며 물러섰다. 여인들의 나체를 보아서는 안 된다는 생각에 벨레로폰은 서둘러 도망쳤다. 이오바테스는 그런 벨레로폰의 모습을 보고 그제야 저런 순수한 청년이 스테네보이아를 겁탈하려 했다는 말은 거짓임을 깨달았다. #합격. 그리하여 이오바테스는 그의 딸을 벨레로폰과 혼인시키기로 한다!

올림포스산을 넘보다

벨레로폰은 이 정도의 해피엔딩에서 만족하지 않았다. 자신에게 억울한 누명을 뒤집어씌운 스테네보이아 여왕에게 복수해야 할 터였다. 밤하늘을 함께 날지 않겠냐며 그녀를 페가수스에 태운 다음 바다 위를 지날 때 아래로 떨어뜨렸다. 승리와 성취감에 잔뜩 취해 하늘을 찌른 콧대가 올림포스산까지

"A whole new world…"

닿았고, 신들과 겨루겠다며 페가수스와 더 높이 날아올랐다. 그러나 그는 결국 제우스의 분노를 사 벼락에 맞아 낙마하여 지상으로 떨어지고 말았다.

벨레로폰을 찾아라

석루조의 정체는 키마이라가 아니다

일반적으로 알려진 사실과 달리, '시메르'는 (고딕식 또는 로마식) 건축물에서 높은 곳에 고인 빗물이 흘러 아래로 떨어지도록 물길을 낸, 돌로 만든 조각상이다. 성당이나 건물 입구 등에 장식을 목적으로 세워진 비현실적이거나 기괴한 모양의 석루조들을 '시메르'라고 부른다. 키마이라의 이름을 따 지은 것이다. 다음에 노트르담 성당을 방문하게 된다면 금방 알아볼 수 있을 것이다!

그렇게 황제는 우리를 떠났다

~~나폴레옹의 열렬한 팬~~ 모든 프랑스인에게 '벨레로폰'은 안타까운 역사적 사건을 떠올리게 한다. 1815년, 비겁한 영국인들은 워털루 전쟁이 끝난 후 우리의 위대하고 고귀한 황제 나폴레옹을 세인트헬레나섬에 유배시킨다. 당시 나폴레옹이 탔던 영국군의 전함 이름이 바로 벨레로폰이었다. 올림포스산을 넘보다 번개를 맞고 모든 영광을 뒤로한 채 최후를 맞이한 그 영웅의 이름이 아닌가? 무엇이 나폴레옹의 인생을 이보다 더 정확히 설명할 수 있을까! 아, 비극이여, 비열한 영국인들.

'미션 임파서블' 속 벨레로폰

누가 톰 크루즈가 그리스 신화를 모른다고 했는가? 2000년에 개봉한 존 우 감독의 영화 '미션 임파서블 2'에서는 실력파 요원 이단 헌트가 '키메라'라는 이름의 치명적인 치사율의 바이러스를 퇴치할 수 있는 유일한 치료제, '벨레로폰'을 구한다! 여자 주인공은 악당이 바이러스를 손에 넣기 전에 자신의 몸에 주입한다. 이단은 과연 그녀를 구하는 데 성공할 수 있을까? #서스펜스 #액션

파리 노트르담 성당의 시메르, 1925 : 프랑스 건축가 비올레 르 뒤크가 1857년 진행한 보수 공사에서 세운 조각상이다. 중세 시대에는 존재하지 않았다!

이봐요, 감독님. 내가 바이러스를 물리칠 수 있을지 잘 모르겠군요!

로마명: 벨레로폰
어원: 벨레로스를 죽인 자
아버지: 포세이돈
어머니: 메가라 왕의 딸 에우리노메

파리스

트로이의 왕자, 트로이 전쟁의 원인 제공자

트로이의 왕자 파리스는 빛나는 미모만큼이나 일관성 없는 언행으로 그 혼자서 트로이 전쟁을 일으키고 도시 전체를 파괴하는 결과를 초래한다. 세상에서 가장 아름다운 여인을 소유하고 싶었기 때문이다. 한마디로 폭탄 같은 존재였다!

파리스의 심판, 1757, 멩스, 예르미타시 미술관, 상트페테르부르크,
트로이 사람임을 드러내는 모자를 쓴 파리스가 큐피드가 데리고 온 아프로디테에게 황금 사과를 건네고 있다. 아프로디테의 오른쪽에는 퇴짜 맞은 굴욕감을 삼키고 있는 헤라가 서 있다(그녀의 뒤에는 헤라를 상징하는 공작이 그려져 있다). 한편, 순결한 아테나는 아무런 대가도 없이 옷을 벗었다는 사실에 분노하며 땅에 올려 두었던 갑옷을 다시 입으며 파리스를 위협하기 시작했다.

명심했어야 할 예언

파리스의 어머니이자 트로이의 여왕 헤카베는 파리스를 임신했을 때 불이 붙은 나무토막을 낳는 꿈을 꾼다. 예언가가 해몽하기를, 태어날 아이가 트로이 전체를 불바다로 만들어 도시를 멸망시킨다는 것이었다. 헤카베와 그녀의 남편은 가혹한 운명을 벗어나기 위해 아들을 도시 밖으로 '추방'하기로 한다. (트로이 옆의 산에 버린다.) 이런! 순진한 인간이여! 운명은 아무것도 바꾸지 않았다. 결국, 파리스는 곰의 젖을 먹으며, 한 양치기의 손에 강하고 잘생긴 청년으로 성장했다.

아버지: 트로이의 왕 프리아모스
어머니: 트로이의 여왕 헤카베
연인/배우자: 헬레네

거울아 파리스, 세상에서 누가 제일 예쁘니?

어느 날, 양 떼를 풀어 돌보고 있던 파리스 앞에 세 명의 숭고한 여신이 찾아와서는, '가장 아름다운' 여신을 선택하여 그 여신에게 황금 사과를 주라고 명한다. 대체 누구를 고르란 말인가! 세 여신은 파리스에게 각기 다른 선물을 제안한다. 아프로디테는 세상에서 가장 아름다운 여인의 사랑을, 아테나는 전쟁의 승리를, 헤라는 아시아와 유럽을 다스릴 수 있는 권력을 주겠다고 했다. 마침내 파리스는 아프로디테를 선택하고 필연적인 사랑 이야기가 곧 시작될 터였다. 뽑히지 못하고 남은 두 여신은 격렬히 분노하며 복수를 다짐한다.

파리스와 트로이의 목마

몇 주 후, 경기에 나선 파리스는 잘생긴 외모와 재능으로 주위의 경쟁자들을 물리치고 우승하여 자신의 존재를 널리 알린다. 그때 파리스의 여동생 카산드라가 그를 알아보고는 기쁜 마음에 트로이로 데려간다. 파리스의 부모는 어린 파리스를 버려야 했던 무서운 예언은 까맣게 잊고 그를 맞이했다. 운명의 장난이구나! 아프로디테 덕분에 절세미인인 헬레네의 사랑을 얻은 파리스는 그녀를 납치하여 10년 동안 계속될 전쟁이 일어날 것이라고는 추호도 상상하지 못했다!

죽음의 화살

트로이 전쟁을 일으킨 것은 파리스였는데, 그와 함께 도시를 수호하던 형제 헥토르가 전쟁의 대가를 치르고 있었다. 아킬레우스가 헥토르를 죽이고 그의 시신을 훼손했을 때, 파리스는 트로이 전쟁을 치르는 동안 가장 큰 업적을 세운다. 아킬레우스의 뒤꿈치에 화살을 쏴 그를 죽인 것이다. (물론, 아폴론의 도움을 받았다.) 얼마 지나지 않아 파리스도 헤라클레스의 동료가 쏜 독화살을 맞고 죽었으며, 헬레네는 그녀의 형제와 결혼하게 된다! #부정한_여인.

파리스를 찾아라

불화의 사과

'불화의 사과'라는 표현은 싸움의 주제를 은유적으로 가리키지만, 불화의 여신 에리스에게서 파생된 표현으로 문자 그대로의 의미로도 쓰인다. 에리스는 주변에 불화를 달고 살았던 터라, 아킬레우스 부모의 결혼식에 초대받지 못했고 그 사실에 분노했다. 그래서 일부러 결혼식을 찾아가 테이블 중앙에 '가장 아름다운 여인에게'라는 글씨가 새겨진 황금 사과를 던져 복수의 씨앗을 뿌린다. 에리스의 계획은 생각보다 더 큰 결과를 낳았다. 헤라와 아프로디테, 아테네가 다툼을 벌이고 고대의 가장 유명한 전쟁이 발발했으니 말이다! 에리스는 불화를 조장하는 역할에 탁월했다.

헬레네
지상 최고의 미녀

지상에서 가장 아름다운 여인 헬레네는 어려서부터 그 외모가 뛰어나, 뭇 남성들의 마음을 사로잡고 그리스 도시 국가의 왕이란 왕은 모두 그녀에게 청혼할 정도였다. 헬레네는 스파르타의 왕 메넬라오스의 아내가 된 후 파리스에게 납치당하고, 기원전 1180년 그 유명한 트로이 전쟁이 발발한다.

남다른 미모

헬레네는 백조로 변한 제우스가 스파르타의 여왕 레다를 유혹해 낳은 딸이다. 태어날 때부터 남다른 미모로 유명했고, 혼기가 찼을 때는 그리스의 모든 왕이 그녀를 차지하기 위해서 달려들었다. 헬레네가 선택한 행운의 한 남자를 향한 나머지 구혼자들의 반발이 있을 수도 있으니, 누가 남편으로 선택받든 그것을 인정하고 두 사람을 보호하겠다는 구혼자들의 서약이 필요할 정도였다.

파리스와의 하룻밤

헬레네의 양아버지 틴다레오스는 미케네 왕의 모든 부와 명예를 물려받은 메넬라오스를 딸과 결혼시킨다. 그러나 몇 년 후, 트로이의 왕자 파리스가 아프로디테 여신 덕에 지상에서 가장 아름다운 여인의 사랑을 얻게 되었으니, 바로 헬레네였다! 크레타로 떠나는 중에 메넬라오스의 궁을 방문한 파리스는 헬레네와 첫눈에 사랑에 빠져 뜨거운 하룻밤을 보내고, 파리스는 그녀를 데리고 트로이로 돌아온다. 치명적인 사랑의 시작!

한 여인을 두고 싸우다

메넬라오스는 아내를 빼앗겼다는 사실에 분개하여 헬레네와 자신을 보호하기로 서약한 그리스의 모든 왕을 소집해 어마어마한 군대를 일으킨다. 그리스 연합군의 총 지휘자는 그의 형 아가멤논이 맡았다. 목표는 단 하나! 트로이를 파괴하고 헬레네를 되찾아 오는 것이었다. 일명 '트로이 전쟁'은 (실제 벌어진 전쟁으로 추정된다) 무려 10년 동안 계속되었다. 메넬라오스와 그의 적수 파리스는 어느 날엔가 마침내 결투를 벌이고, 파리스가 패해 죽을 수도 있는 결정적인 순간, 아프로디테가 그를 구름에 감싸 전장에서 빼낸다.

볼프강 페터젠 감독의 영화 '트로이', 배우 올랜도 블룸과 다이앤 크루거, 2004.

비참한 결말

그리스 연합군이 트로이를 점령했을 때, 메넬라오스는 복수를 위해 헬레네를 찾아 그녀를 죽이려 했다. 하지만 막상 그녀의 얼굴과 다시 마주하니, 너무 아름다워서 사랑에 빠지지 않을 수가 없었다. 결국 헬레네는 스파르타로 다시 돌아오게 된다! 관대한 남편이군. 한편, 남편 메넬라오스가 사망하고 난 후에는 전쟁의 원인 제공자라는 책임과 시민들의 질타로 인해 헬레네는 도시에서 쫓겨나고 만다. 로도스로 간신히 몸을 피했지만, 트로이 전쟁에서 남편을 잃은 로도스의 여왕은 그 책임을 헬레네에게 물어 그녀를 증오했다. 결국, 목욕 중이던 헬레네를 익사시키고, 시신을 나무에 매달도록 했다!

헬레네를 찾아라

푸아르 벨 헬렌

오페라 '아름다운 헬렌'은 프랑스 작곡가 오펜바흐가 1864년에 쓴 곡으로 유럽 전역에서 모두의 입에 오르내릴 정도로 엄청난 성공을 거둔 작품이다. 그래서였을까, 당시 프랑스의 젊고 전도유망한, 오늘날 '요리의 아버지'라 불리는 오귀스트 에스코피에는 성공한 오페라의 후광을 노려 '푸아르 벨 헬렌'이라는 이름의 조리법을 개발한다. 배 껍질과 딱딱한 부분을 없애고 초콜릿 소스를 발라 바닐라 아이스 크림과 함께 나오는 디저트다. 오페라와의 연관성은 매우 미미하지만 (달콤한 사랑의 호구 같은 메넬라오스와 닮았는지도!) 그 맛만큼은 말할 것도 없이 예술이다!

#섹시

그리스명: 헬레네
아버지: 제우스
어머니: 스파르타의 여왕 레다
배우자: 스파르타의 왕 메넬라오스
연인: 파리스, 파리스가 죽은 후엔 데이포보스

전쟁은 피해자만 만들 뿐이야!

헥토르
트로이의 왕자, 도시의 수호자

헥토르는 신화 속 영웅 중 아주 드물게 모두에게 인정받은 인물이다. 다른 영웅, 아내, 아들, 아버지, 시민들까지 모두가 헥토르를 존경하고 사랑했다. 심지어는 적들마저도.

트로이의 문 앞에서 헥토르를 막아서는 안드로마케, 1811, 카스텔리, 밀라노 미술 아카데미.

사고 치는 형

헥토르는 파리스의 동생이었지만 형보다 더 성숙하고 책임감이 강했다. 파리스와는 달리 트로이에서 아버지의 뒤를 이을 왕위 계승 교육을 받으며 성장했다. 헥토르의 성숙한 면모는 파리스가 헬레네를 납치해 왔을 때 형을 비난하는 장면에서 엿볼 수 있다. 헥토르는 헬레네를 법적 남편에게 다시 돌려보내야 한다며 설득했다. 그렇지 않는다면 트로이 전역에서 엄청난 전쟁이 일어날 수 있기 때문이었다. 정신 차려, 형!

음···. 내가 사랑을 잘못 본 것 같은데!

트로이의 방패

그리스인들에게 내려진 신탁이 있었으니, 헥토르가 살아 있는 한, 트로이는 결코 적들의 손에 무너지지 않을 것이라는 내용이었다. 그러다 보니 전투가 벌어질 때마다 모든 공격이 그를 향할 수밖에 없었다. 하지만 헥토르는 9년이라는 긴 시간 동안 전장에서 자리를 지키며 모든 공격을 막아 내고 위험한 순간에도 늘 선봉에 서 있었다. 아킬레우스라고 착각하여 그의 사촌인 파트로클로스를 죽였을 때마저도 그랬다. 파트로클로스는 아킬레우스의 갑옷과 무기를 빌려 전쟁터에 나가 죽음을 맞이하고 그를 사랑했던 그의 도시와 아내의 품으로 돌아왔다.

의무가 우선이다

절친한 친구이자 사촌인 파트로클로스가 헥토르의 손에 죽었다는 것을 알게 되었을 때, 아킬레우스의 분노는 참을 수 없을 정도로 끓어올랐다. 헥토르는 아킬레우스가 복수할 것도, 그에게 죽임을 당할 것도 알고 있었다. 헥토르를 너무도 사랑했던 아내 안드로마케는 도시의 문을 열고 나서려는 남편을 멈춰 세우고 아킬레우스에게 맞서지 말라며 간곡히 애원했다. 품에 안고 있던 어린 아들을 내보이며 제발 아이를 아비 없는 자식으로 만들지 말아 달라며 눈물로 호소했다. 제우스의 손에 든 죽음의 저울추가 헥토르에게 기울었기 때문에 그는 몸에서 모든 힘이 빠져나가 전장에서 죽을 것을 알았지만, 도시를 지켜야 한다는 의무감이 그의 두려움과 동정심을 밀어냈고 결국 전장으로 향했다.

패기만으로는 이길 수 없다

헥토르와 아킬레우스의 결투는 용맹한 두 장군의 전투여야 했지만, 헥토르는 초자연적인 힘 앞에서 아무것도 할 수 없었다. 결투를 지켜보던 부모님의 격려와 다그침에도 헥토르는 무서운 기세로 쫓아오는 아킬레우스를 피해 성벽을 세 바퀴나 돌았다! 파리스에게 황금 사과를 받지 못해서 그 이후 계속 그리스 연합군을 돕던 아테나는 헥토르의 남동생 모습으로 나타나 자신이 도와줄 테니 정면 대결하라며 결투를 독려해 그를 함정에 빠뜨렸다. 헥토르는 말 머리를 돌렸고 아킬레우스와 맞서려는 그 순간, 남동생의 모습은 온데간데없었고 아킬레우스는 단칼에 헥토르를 죽인다.

훼손된 시신

헥토르를 죽이고 난 후, 파트로클로스를 잃은 분노가 채 가시지 않았던 아킬레우스는 헥토르의 시신을 전차에 묶은 다음 비통함의 눈물을 흘리는 모든 트로이 시민들의 눈앞에서 도시를 세 바퀴 돌았다. 다음 날도, 그리고 그다음 날도. 그렇게 일주일 동안 시신을 끌고 다녔고, 노쇠한 헥토르의 아버지 프리아모스가 마법의 힘으로 시신을 보호할 수 있도록 도와준 아폴론 신의 가호 아래 아킬레우스를 찾아가 아들의 시신을 땅에 묻어 품위를 지킬 수 있게 돌려 달라며 간청한 후에야 끝이 났다. 그제야 동정심을 느낀 아킬레우스는 죽은 영웅의 시신을 함부로 다루는 것에 분개한 신들의 압력을 이기지 못하고 훼손을 멈추었다!

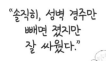

"솔직히, 성벽 경주만 빼면 졌지만 잘 싸웠다."

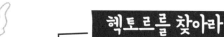
트럼프 속 헥토르

헥토르는 중세 시대의 이상적인 궁정 기사로 다시 태어났다. 중세 베스트셀러 속 아홉 명의 영웅 중 한 명으로, 자크 드 롱귀용의 소설 『공작의 염원』(1312)에서 등장인물로 구현됐다. '9인의 기사들'은 모두 완벽한 기사도 정신의 미덕을 나타냈다. 소설은 어마어마한 성공을 거뒀고, 약 70년이 흐른 뒤에 9인의 중세 기사를 그려 넣은 첫 번째 트럼프 카드가 등장할 정도였다. 그때부터, 다이아몬드 잭에 헥토르의 이름이 붙었다!

뒤 벨레의 시집 속 헥토르

16세기 프랑스의 위대한 시인 조아생 뒤 벨레는 로마에 머물다, 무성한 풀밭 아래 묻혀 있는 고대의 영광과 폐허, 당시 사람들이 보내는 멸시에 환멸을 느낀다. 뒤 벨레는 권력의 시대에 강한 자 앞에서는 몸을 사리면서, 힘에 억눌려 모든 것을 포기한 사람들을 짓밟는 파렴치한들을 비난하는 훌륭한 소네트를 남긴다. ("그리고 패배한 자들은 감히 승자들을 경멸한다.") 뒤 벨레는 그의 작품에서 헥토르를 언급한다. "트로이에서 우리는 헥토르의 시신을 둘러싸고 비겁한 용감함을 내보이는 그리스인들을 보았다." 날카롭고 강렬한 문장이다!

아킬레우스의 승리, 1882, 프란츠 마치, 아킬레이온 궁전, 코르푸섬.

그리스명: 헥토르
어원: 방어자
별명: (아폴론의 선물이라는)비싼 모자, 트로이의 방패
아버지: 프리아모스
어머니: 헤카베
배우자: 안드로마케

트로이

아테네

안드로마케
자유를 빼앗긴 트로이의 공주

안드로마케는 불행한 여인이었다. 사랑하는 남편은 아킬레우스의 칼을 맞고 그녀의 눈앞에서 죽었고, 아들마저 아킬레우스의 아들인 피로스에게 목숨을 잃는다. 그러나 가장 끔찍한 불행은 그리스에 노예로 팔려 가는 것이었다! 하지만 안드로마케는 그녀의 운명을 바꾸는 데 성공하며 결국 승리하게 된다. #복수.

자유를 빼앗긴 안드로마케, 1888, 레이튼, 맨체스터 아트 갤러리.

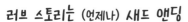

러브 스토리는 (언제나) 새드 앤딩

안드로마케와 헥토르는 트로이에서 가장 아름다운 한 쌍의 커플이었다. 둘 다 멋지고 아름다우며, 사랑스럽고 미덕이 넘쳐서 도시 전체의 칭송을 받았다. #베스트_커플. 그러나, 9년 동안 죽음을 피했던 헥토르가 일대일 결투에서 상대를 아킬레우스로 착각하고 죽이게 된 후, 아킬레우스와 정면으로 맞서게 된다. 절망에 빠진 안드로마케는

남편이 본인의 의무를 다하기 위해 전투에 나가리라는 것을 알면서도, 그를 붙잡기 위해 품에 갓 태어난 아들을 안겨 주며 남편의 마음을 움직이려 했다. 겁에 질린 안드로마케는 아킬레우스에게 사랑하는 이가 목숨을 빼앗기는 것을 눈앞에서 본 것도 모자라, 그것만으로는 복수가 충분치 않았는지 그의 시신이 훼손당하는 것까지 지켜봐야 했다. 비통한 일이다.

공주에서 노예로

그녀의 도시, 트로이가 멸망하자 안드로마케는 고통스러운 트라우마 속에서 하루하루를 살고 있었다. 아킬레우스의 아들인 피로스가 간절히 애원하던 그녀의 노쇠한 시아버지 프리아모스와 의부 자매 폴릭세네를 죽였고, 더 끔찍한 것은 그녀의 아들을 성벽에서 밀어 떨어뜨려 죽였기 때문이었다. 여기서 끝이 아니었다. 안드로마케는 피로스의 노예로 전락하여 그녀가 세상에서 가장 혐오하는 남자의 소유가 되어야 했다. 시련의 연속이었다.

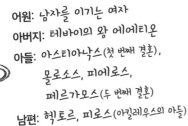

어원: 남자를 이기는 여자
아버지: 테바이의 왕 에에티온
아들: 아스티아낙스 (첫 번째 결혼),
    몰로소스, 피에로스,
    페르가모스 (두 번째 결혼)
남편: 헥토르, 피로스 (아킬레우스의 아들)

요즘 제 일진이
사나운 것 같아요.

음...

라신의 작품

라신의 운문 비극 『앙드로마크』(1667)는 350년이 넘는 시간 동안 꾸준한 사랑을 받은 작품이다. 극 중에서 피로스(다소 부드러운 성격으로 등장한다)는 안드로마케의 아들 아스티아낙스를 죽이지 않는다. 오히려 안드로마케를 향한 사랑 때문에 아테네와의 전쟁에 나설 준비가 되어 있었다. 오레스테스가 아스티아낙스를 그리스에 넘기라 했기 때문에 그를 구하기 위해서였다. 안드로마케는 아들을 보호하기 위해 피로스의 청혼을 받아들였지만, 사실은 자결할 생각이었다. 하지만 운이 좋게도 안드로마케에게는 실행에 옮길 시간이 없었다. 결혼식이 끝나자마자 오레스테스가 피로스를 죽였기 때문이다. 미망인이 된 안드로마케는 에피루스의 여왕이 된다. 신분상승!

몰로스 견종

안드로마케와 피로스의 첫째 아들의 이름은 몰로소스다. 이름에서 어쩐지 개의 향기가 느껴지지 않는가? 아마 대답하기 어려울지도 모른다. 몰로소스는 에피루스의 왕좌를 물려받아 어머니의 뒤를 이어 왕이 된다. 그래서 에피루스의 주요 그리스 부족은 그들이 몰로소스의 후손이라고 말한다(알렉산더 대왕의 어머니 올림피아스는 몰로소스의 공주였다). 한편, 몰로소스는 베르길리우스의 작품 『농경시』에서처럼 그가 키우는 투견들로 유명했다. 오늘날 몰로스 견종들은 여전히 거친 성격을 갖고 있다!

짝사랑의 사슬

피로스가 전리품으로 안드로마케를 선택한 것은 우연이 아니다. 완벽한 여인이라며 세간에 명성이 자자했기 때문이다. 한편, 비겁한 피로스의 운명도 그리 순탄하지만은 않았다. 자신의 노예와 사랑에 빠져 주인과 노예의 역할이 뒤바뀌게 되었으니 말이다. 쌤통이다! 게다가 짝사랑의 사슬이 시작되었다. 오레스테스(그리스 연합군의 수장 아가멤논의 아들)의 사랑은 피로스의 아내 헤르미오네(헬레네와 메넬라오스 사이에서 태어난 딸이자 피로스의 사촌)를, 헤르미오네의 사랑은 피로스를, 피로스의 사랑은 안드로마케를 향했다.

노예에서 여왕으로

피로스와의 아이가 생기지 않아 불안하던 헤르미오네는 안드로마케가 미치도록 미웠다. 그럴 만도 했다. 1) 안드로마케는 자신이 사랑하는 남편이 사랑하는 여인이다. 2) 안드로마케는 피로스와 무려 세 아이를 낳았다! 헤르미오네는 자신이 아이를 낳지 못하도록 저주를 한 것이라며 안드로마케를 비난했고 죽이려 했다! #불타는_질투. 다행스럽게도 안드로마케는 아킬레우스의 아버지 펠레우스의 도움으로 목숨을 구할 수 있었다. 결국, 헤르미오네는 안드로마케를 향한 참을 수 없는 분노를 남편에게로 돌렸고, 오레스테스를 시켜 안드로마케의 아들에게 왕위를 물려준 피로스를 죽인다! 도망쳐서 다행이다.

카산드라
아무도 믿지 않는 예언자

아무도 믿지 않는 예언자 카산드라는 그리스 신화 속 모든 인물 가운데 가장 불행한 인물이다. 프리아모스의 딸이자 트로이의 공주였던 카산드라는 아폴론으로부터 예언의 능력을 받았지만 동시에 설득력을 빼앗기는 저주에 걸린다.

네 입을 막아 주마

카산드라는 프리아모스의 딸 중 가장 아름다워, '황금빛 아프로디테'라는 칭송을 받았고 신들 가운데 가장 미남인 아폴론마저 사랑에 빠지게 했다. 아폴론은 예언의 능력이 있었기 때문에 예언 방법에 대해 전수하는 대신 카산드라의 사랑을 그 대가로 받기로 했다. 하지만 카산드라는 약간의 꾀를 부려, 예언 능력은 받고 아폴론의 사랑은 거부하고 만다. 감히 신의 심기를 건드리는 줄도 모르고! 아폴론은 거짓말을 내뱉은 카산드라의 입을 막아 버린다. 예언은 할 수 있어도 아무도 그 말을 믿지 않는 저주를 내린 것이다.

읍, 이게 뭐야!

내 말을 믿어 주세요!

카산드라는 미래를 내다볼 수 있지만 아무도 자신의 말을 믿지 않는 처지를 통탄할 뿐이었다. 그녀가 사랑하는 사람들에게 찾아올 끔찍한 운명을 알고 있어도 그것을 알려줄 방법이 없었다. 미치고 팔짝 뛸 노릇이었다. 대표적인 사건이 바로 트로이의 목마다. 모두가 저 화려하고 거대한 목마를 환영했지만, 카산드라는 절대 성안으로 들여놓아서는 안 된다며, 트로이에 멸망을 가져다줄 것이라며 울부짖은 유일한 사람이었다. 하지만 모두가 그녀의 말을 무시했고, 결국 모두 죽게 된다. 이것이 바로 운명이다.

모욕당하고, 깨지고, 박해당한 (저주받은) 여인

트로이가 함락되고 도시가 혼란에 빠졌을 때, 카산드라는 아테나가 직접 세운 아테나

카산드라, 1898, 드 모르간, 드 모르간 작품집.

동상의 발아래서 겁탈당하다 도망치고 동상을 붙잡고 겨우 매달려 있었다. (다행히도 아테나는 범인을 익사시켜 복수했다.) 몸과 마음을 다치고 가족들 모두가 눈앞에서 살해당하는 것을 본 카산드라는 그리스 연합군의 수장인 미케네의 왕 아가멤논의 전리품이 된다. 하지만 놀랍게도 둘은 (거의) 사랑에 빠져, 아가멤논의 왕국에 도착하기 전에 이미 두 자녀를 낳았다.

내가 눈을 감고 있으면 괜찮을 거예요.

죽음으로 자유를 찾다

아가멤논의 왕국으로 돌아가는 길에, 카산드라는 그가 도착하면 죽음을 당할 것이라고 말하고 싶었다. 결과는 당연했다. 아가멤논은 (저주대로) 카산드라의 말을 믿지 않았다. 한편, 아가멤논의 아내 클리타임네스트라는 아가멤논이 트로이 원정을 떠나기 위해서 딸 이피게네이아를 희생 제물로 바쳤기 때문에 남편을 증오하고 있었다. (이것만이 전부는 아니다!) 그래서 자신의 정부인 아이기스토스를 부추겨 아가멤논과 카산드라를 모두 죽인다. 비로소 카산드라는 죽음을 통해 불행한 저주에서 해방된 것이다!

카산드라를 찾아라

카산드라 신드롬

'카산드라 신드롬'이란 프랑스 철학자 가스통 바슐라르가 쓴 표현으로 명백한 진실이지만 아무도 알아주지 않는 상황을 가리킨다. 프랑스에서 자주 쓰이는 "카산드라처럼 굴지 마!"라는 말은 오히려 상대방이 '재수가 없다'는 핑계로 그의 말을 듣고 싶지 않을 때 쓰는 다소 의미가 바뀐 표현이다. 카산드라의 말을 듣지 않은 사람들은 그녀가 언제나 옳았다는 것을 잊어버린다! #그리스신화_복습하기

3200년 뒤에 그리스에 경제 위기가 닥치겠구나!

맞아, 맞아. 그래서….

로마명: 카산드라
별명: 알렉산드라, 남자를 사로잡는 여자
아버지: 프리아모스
어머니: 헤카베
배우자: 아가멤논

아가멤논

트로이 원정군의 수장, 미케네의 왕

메넬라오스의 형제이자 율리시스의 친구인 아가멤논은 트로이 전쟁에서 그리스 연합군의 수장을 맡았다. 사실, 아가멤논은 선봉의 자리가 어울리는 장군이 아니었다. 갈등을 중재하기보다 오히려 싸움을 유발했기 때문이다! 이름의 어원처럼, 아가멤논은 심한 고집불통이었다.

아킬레우스의 분노, 1819, 다비드, 킴벨 아트 뮤지엄, 포트워스, 텍사스.
원정을 떠날 수 있도록 아르테미스에게 제물을 바쳐야 했던 아가멤논. 아내를 속이기 위해 딸과 함께 결혼을 빙자해 아킬레우스를 찾아왔지만, 사실은 결혼을 시키기 위해 데리고 온 것이 아니라는 말에 아킬레우스가 분노하고 있다.

저주받은 아비의 아들

아가멤논의 가문은 살인자의 피가 흐르는 저주받은 가문이었다. 아가멤논의 증조할 아버지인 탄탈로스는 신들을 시험하기 위해 아들을 죽였고, 아가멤논의 아버지인 아트레우스도 증조부를 쏙 빼닮은 작자였다(#집안풍습). 아내(물론 아내도 죽었다)와 간통한 동생에게 복수하기 위해 동생의 아들이자 자신의 조카들을 모두 죽여 연회의 음식으로 내놓는다. 이런, 이 정도면 충분한 복수 아닌가? 한편, 동생은 형에게 다시 복수하기 위해 딸과 근친상간하여 낳은 아들 아이기스토스를 통해 형을 살해한다. 이렇게 피비린내가 진동하는 집안에서 아가멤논이 평범하게 성장할 수 있었을까?

조상들의 초상

여보, 애들 좀 줄여야겠어

미치광이 가문에서 어린 시절을 보낸 아가멤논은 당연히 일반적인 사람들의 보편적인 생각에서 조금 어긋나 있었다. 어느 날, 아가멤논은 그의 사촌인 탄탈로스(티에스테스의 아들)와 결혼한 레다의 딸 클리타임네스트라를 탐내기 시작했다. 그녀를 손에 넣기 위해서 탄탈로스와 갓 태어난 아이를 죽이는 것이 그에게는 당연한 이치였다. 아가멤논과 결코 같은 생각은 아니었지만, 클리

아가멤논을 찾아라

아가멤논의 마스크

독일의 유명 고고학자 슐리만은 1871년에 트로이 전쟁터를 발견하여 그것이 전설이 아니라는 것을 증명했고, 미케네(아가멤논의 왕국)의 유적지도 조사했다. 그곳에서 금색의 번쩍이는 부장품 마스크를 발굴했고, 아가멤논의 시신을 발견한 것으로 추정했다. 조사 결과, 발굴한 마스크는 트로이 전쟁이 일어나기 약 350년 전의 것으로 밝혀졌지만 유물의 명칭은 그대로 유지되었다.

'아가멤논의' 황금 마스크, 가원전 약 1500년, 아테네 국립 고고학 박물관.

타임네스트라는 아가멤논과 네 명의 아이를 낳았다. 그러나 아가멤논이 아르테미스의 암사슴을 죽인 죄를 씻기 위해 자신의 딸 이피게네이아를 불에 태워 제물로 바치는 순간, 클리타임네스트라는 복수를 마음먹는다. #복수는_나의_것.

트로이를 불바다로 만들겠다

아가멤논은 그의 형제 메넬라오스에게 만일 누군가 메넬라오스의 아내인 숭고한 미녀 헬레네를 빼앗아 간다면 그에게 도움을 주겠다 약속했다. 마침내 트로이의 왕자 파리스가 헬레네를 납치했을 때, 아가멤논은 트로이를 정벌하기 위해 그리스 군사들을 소집한다. 트로이 원정대는 항구에 발이 묶여 출항할 수 없었다. 아가멤논이 암사슴을 사냥하고는 사냥의 여신도 자신을 따라올 수 없을 것이라며 아르테미스를 기만해 분노를 샀기 때문이었다. 딸을 제물로 바쳐 피

의 대가를 치르고 난 후에야 바람의 방향이 바뀌었고 트로이에 도착해 10년간의 전쟁(모두 아가멤논 때문이다!)을 치렀다.

다혈질의 대장

아가멤논은 좋은 리더가 되기에는 엄청난 다혈질(피를 보고야 마는?)의 소유자였다. 아폴론의 사제인 크리세스의 간청에도 불구하고 아가멤논이 그의 어린 딸 크리세이스를 전리품으로 차지하자, 심기가 불편했던 아폴론은 그리스 진영에 역병을 담은 화살 세례를 퍼부었다. 친구 율리시스의 조언에 따라 아가멤논은 결국 크리세이스를 돌려보냈고, 그 대신 아킬레우스의 전리품이자 사랑하는 여인인 브리세이스를 요구했다. 격분한 아킬레우스는 트로이 전쟁을 잠시 중단하고 제우스에게 요청하여 그리스 병사들을 공격했다. 다혈질 대장의 변덕이 불러온 죽음이었다!

집에 돌아온 것을 환영합니다!

트로이를 점령하고 아가멤논은 프리아모스의 딸, 미모의 카산드라를 데리고 기세등등하게 왕국으로 돌아온다. 저주받은 예언가 카산드라는 아내 클리타임네스트라가 그를 죽일 것이라며 피해야 한다고 예언한다. 당연히 아가멤논은 카산드라의 말을 듣지 않았다. 미케네에 도착했을 때 가족들을 다시 만나게 되어 기쁘기만 했던 아가멤논은 클리타임네스트라와 그녀의 정부 아이기스토스가 그를 암살할 계획을 꾸밀 것이라고는 상상도 못 했다. 아가멤논 가문의 저주는 딸 엘렉트라와 아들 오레스테스에게로 이어져, 7년 후 어머니와 어머니의 정부를 죽여 아버지의 복수를 한다. 복수의 악순환!

어원: 고집부리는 자
아버지: 미케네의 왕 아트레우스
어머니: 크레타 왕의 딸 아에로페

메넬라오스
스파르타의 왕, 헬레네의 남편

형제인 아가멤논과는 달리 메넬라오스는 비교적 정이 가는 인물이다. 바람난 아내를 둔 남편들의 동정심 때문이기도 하지만 항상 모든 사람에게 뒤통수를 맞는 캐릭터이기 때문이다!

그땐 그랬지···.

시작은 좋았다. 30대 1의 경쟁을 뚫고 스파르타 왕의 딸, 그리스 최고의 미녀 헬레네와의 혼인에 성공했으니 말이다. 그뿐만이 아니다. 1) 경쟁하던 구혼자들로부터 부부에게 불행이 닥치면 그들을 보호할 것이라는 서약을 얻었고 2) 스파르타의 왕좌도 얻었다! 빛 좋은 개살구였을까?
헬레네와 혼인한 후 아이도 (아마도 셋) 낳고 스파르타에서 행복한 하루하루를 보냈다. 그러나 시작만 좋았을 뿐이었다.

메넬라오스를 찾아라

오펜바흐의 작품 속 메넬라오스

바보같이 착한 남편의 전형이라고 할 수 있는 메넬라오스는 19세기 풍자극에서 "1/3과 그의 절반을 공유하는" 모자란 캐릭터로 웃음을 선사했다. 오펜바흐의 오페라 '아름다운 헬렌'에서 메넬라오스는 바보 천치의 모습으로 등장하는데, 아가멤논과 예언가 칼카스에게 그리스의 제물이 되어 목숨을 바치라는 조롱까지 당한다. 그리고 정말 죽었다.

오펜바흐의 '아름다운 헬렌'에서 연기한 미셸 브라쇠르(메넬라오스)와 리에트 시몬 지라르(헬레네), 1900년 2월, 『르 떼아트르』잡지 표지에 실린 그림.

자리를 비운 자, 왕좌를 뺏기리라

어느 날, 메넬라오스는 잘생긴 트로이의 왕자 파리스의 스파르타 방문을 맞이한다. 그가 미처 알지 못한 사실은, 바로 파리스가 아프로디테 여신으로부터 아름답고 고결한 그의 아내 헬레네를 받기로 약속했으며, 헬레네도 파리스를 사랑하게 된다는 것이었다. 더군다나 메넬라오스는 조부의 장례식에 참석하기 위해 크레타에 다녀와야 했다. 잠깐 자리를 비운 사이, 파리스는 헬레네를 납치하여 트로이로 데려간다. 절망에 빠진 메넬라오스는 구혼자의 서약을 했던 그리스의 모든 왕을 소집하여 그와 헬레네를 도울 것을 요청했고, 연합군은 그의 형제 아가멤논이 이끌었다.

불공평한 결투

의심의 여지없이, 메넬라오스는 트로이에 도착하자마자 정적 파리스를 찾아 결투를 벌일 심산이었다. 메넬라오스가 전장의 한가운데서 파리스에게 달려들었지만, 잘생긴 얼굴만큼이나 겁 많은 파리스는 그의 동생이자 고귀한 영웅인 헥토르의 망토 뒤로 몸을 숨겼다. 헥토르는 맞서 싸우라며 파리스의 등을 떠밀었다. 이기는 자가 헬레네를 차지하는 결투가 성사되었고 전쟁을 끝낼 수 있는 유일한 사람도 헬레네였다. 메넬라오스는 거의 승기를 잡을 뻔했지만, 그가 파리스의 목숨을 끊으려던 그 순간 아프로디테 여신이 나타나 큰 구름으로 파리스를 감싸 보호했다. 정정당당하지 못한 싸움이었다.

#수리수리_마수리

이봐, 너무 착한 것 아니야···?

전쟁이 끝날 때까지, 다른 왕들과 달리 어리숙하고 우스꽝스러운 면모가 있었지만, 그

파트로클로스의 시신을 부축하는 메넬라오스, 기원전 3세기 헬레니즘 작품을 모사한 로마식 조각상 (기원후 1세기), 로자 데이 란치, 피렌체.

는 신의가 두터우며(파트로클로스의 시신을 거두어 본국으로 보냈다), 동료를 배려할 줄 아는(경기에서 속임수를 쓴 동료를 용서하고 오히려 상금을 양보했다), 착해도 너무 착한 왕이었다! 10년 동안 그리스 전역에 바람난 아내의 남편으로 그를 욕보였던 헬레네를 되찾았을 때도 죽이지 않고, 심지어 전리품으로 첩을 들이지도 않고 함께 스파르타로 돌아왔다. 메넬라오스는 다른 왕들과는 차원이 다른, 심성이 고운 왕이었다.

어원: 많은 사람들의 힘
아버지: 미케네의 왕 아트레우스
어머니: 크레타의 공주 아에로페

아킬레우스
『일리아드』의 주인공

『일리아드』의 주인공이자 트로이 전쟁에서 승리한 가장 위대한 영웅 아킬레우스는 어떤 공격에도 끄떡없는 무적의 영웅이다. 유일한 약점, 발뒤꿈치만 빼고!

"저 여자 좀 봐, 칼을 들고 있네. 분명 남자일 거야!"

울리시스에게 발각된 아킬레우스, 1799, 아르구노프, 농노 예술 박물관, 모스크바. 여장한 채 몸을 숨긴 아킬레우스는 방물장수로 위장한 울리시스가 장신구 대신 가져다 놓은 칼과 방패를 들어 정체를 들킨다.

약점 아킬레우스의 가녀린 발뒤꿈치

테티스는 헤파이스토스가 올림포스산에서 쫓겨나 지상으로 떨어졌을 때 그를 거둬 보살폈던 바다의 님프로, 아킬레우스의 어머니다. 아이가 불멸의 존재가 되기를 바랐던 테티스는 지하 세계를 흐르는 스틱스 강에 아이의 발뒤꿈치를 잡고 온몸을 강물에 담갔다 뺐는데, 발뒤꿈치는 스틱스 강물이 묻지 않아 신체 중 가장 약한 부위가 되었다. 테티스는 양육은 켄타우로스 케이론에게 맡기고 헤파이스토스에게는 인간들이 본 적 없는 세상에서 가장 멋진 갑옷을 부탁한다. 준비 완료!

자, 아킬레우스, 숨 꼭 참으렴!

#아기스포츠단

'빨간 머리'가 된 금발의 아킬레우스

그리스인들 사이에서는 트로이 전쟁이 발발하면 금발의 아킬레우스 없이는 승리할 수 없다는 예언이 있었다. 테티스는 아들을 보호하기 위해 여장시켜 리코메데스 왕의 딸들 사이에 "빨간 머리"라는 별명으로 숨겼다. 하지만 그를 찾으러 온 율리시스는 상인으로 정체를 숨기고 리코메데스의 딸들에게 보석들을 팔며 주위를 살폈다. 여장한 아킬레우스만이 칼과 방패에 관심을 보였고, 정체가 발각되었다!

브리세이스가 없으면, 전부 부숴버리겠어

아킬레우스는 아직 나이 어린 청년이었지만 자신감과 포부가 넘쳤다. 어렸을 때부터 익명의 존재가 되어 얄팍하고 긴 삶을 살기보다는 역사에 이름을 남기고 짧지만 강렬한, 영광스러운 삶을 살겠다 결심했다. 트로이 전쟁 중에 그리스 연합군의 수장 아가멤논이 감히—그를 모욕하기 위해서—아킬레우스의 전리품이자 사랑하는 여인 브리세이스를 빼앗으려 했을 때 아킬레우스가 보여 준 참을 수 없는 분노는 『일리아드』의 주요 에피소드 중 하나가 될 정도로 엄청났다. 전쟁을 잠시 멈췄을 뿐만 아니라, 그가 자리를 비운 동안 제우스에게 그리스 병사들을 벌하여 달라 부탁하기도 했다.

파트로클로스의 죽음

아킬레우스가 자리를 비웠기에 그리스 연합군은 연달아 패배의 쓴맛을 보았다. 율리시스와 연합군의 다른 왕들은 아킬레우스를 찾아가 전장에 다시 돌아와 달라 간청했다. 아킬레우스는 꿈쩍도 하지 않았지만, 절친한 친구이자 사촌인 파트로클로스가 갑옷을 대신 입고 전장에 나가 트로이군을 겁주는 것은 허락한다. 파트로클로스의 계략은 효과가 좋았지만, 전장에 더 깊이 들어가서는 안 된다는 아킬레우스의 말을 어긴 그 순간, 트로이군의 영웅 헥토르가 그의 목을 베고 그리스 진영을 무너뜨린다!

> 그렇긴 하지만…

> 불빛밖에 안 보일 거야!

죽어서도 복수하리라

친구이자 사촌인 파트로클로스의 죽음을 마주한 아킬레우스는 끓어오르는 분노를 견딜 수 없었다. 전장으로 다시 돌아오게 된 것도 친구를 잃은 분노와 슬픔 때문이었다. 도망치는 헥토르를 뒤쫓아 죽이고, 그 시신의 다리를 전차에 묶어 트로이 성벽을 세 바퀴 돌았다. 그다음 날이 되어도 분이 풀리지 않아 열두 명의 트로이 인질들을 파트로클로스의 시신을 덮은 장작 위에 올려 불태우고, 헥토르의 시신을 매달고 또다시 성벽을 세 바퀴 돌았다. 아킬레우스의 잔인함에 모든 트로이 시민은 비통함의 눈물을 흘렸고, 영웅의 시신을 함부로 훼손하는 모습에 신들도 분노했다. 결국, 아킬레우스는 헥토르의 늙은 아버지에게 아들을 땅에 묻을 수 있도록 시신을 돌려주었다.

발뒤꿈치에 화살을 맞아 죽다

예언대로 헥토르의 죽음은 두 가지 결과를 불러일으켰다. 아킬레우스가 얼마 지나지 않아 죽는다는 사실과 트로이의 멸망이 바로 그것이었다. 실제로,

1) 헥토르의 형 파리스는 동생의 복수를 위해 아폴론의 가호 아래 시위를 당겨 아킬레우스의 유일한 약점, 발뒤꿈치를 향해 화살을 쏘았다. 아킬레우스는 곧 죽음을 맞이했다.

2) 전쟁을 벌인 지 10년 만에 백기를 들고 떠나는 줄로만 알았던 그리스 연합군이 남겨둔 트로이 목마는 어떻게 되었을까? 그다음은 말하지 않아도 알리라 믿는다!

아킬레우스를 찾아라

넷플릭스에서 만나는 아킬레우스

1900년 이후, 아킬레우스는 약 150편 이상의 영화와 TV 드라마로 구현되었다. 2018년에 넷플릭스와 영국 BBC가 공동 제작한 '트로이: 왕국의 몰락'은 『일리아드』의 내용을 줄거리로 하는데, 아킬레우스를 '황금빛 머리칼'의 영웅으로 묘사한 호메로스와는 달리 아프리카 출신의 배우가 아킬레우스를 연기한다. 역사적, 지리학적, 문학적으로 완전히 틀린 이야기가 아닌가? 아킬레우스가 여장했을 때, '붉은색의 머리'를 의미하는 '필로스'라는 이름을 사용한 것도 설명이 어렵게 된 것이다!

아킬레스건

우리의 신체 부위에서 아킬레우스의 흔적을 찾을 수 있다. 바로 '아킬레스건'이다. 상처를 입으면 그 고통이 매우 심한 부위로, 적어도 그 순간만큼은 신화 속 영웅을 떠올릴 수 있다! 사실, 아킬레우스는 그리스에서 거의 신과 동등한 존재로 인식되어 신전에서 기도를 올리기도 한다. 신이 아닌 존재에게는 아주 이례적인 일이 아닐 수 없다! 오스트리아의 황후 시씨(엘리자베트)는 코르푸의 궁전에 '아킬레이온'이라 이름을 붙이기도 했다!

> "브래드 피트, 난 당신 거예요."
> #금발의_아킬레우스

2004년 개봉한 볼프강 페터젠 감독의 영화 '트로이'의 아킬레우스를 연기한 배우 브래드 피트, 금발의 미남이 또 다른 미남을 연기하네!

로마명: 아킬레스
어원: 입술이 없는 자?
별명: 붉은 머리
아버지: 테살리아 프티아의 왕 펠레우스
어머니: 바다의 님프 테티스

아이아스
『일리아드』에 등장하는 그리스의 용맹한 영웅

강인하고 용맹한 전사 아이아스(또는 아약스)는 아킬레우스만큼 힘이 세지도, 율리시스만큼 술수에 능하지도 않지만 트로이 전쟁에서 가장 위대한 영웅 중 한 명이다. 네덜란드의 유명 프로 축구 클럽 'AFC 아약스'가 선택한 이름도 다 그만한 이유가 있다!

다목적 세제 '아약스' 광고, 1960, 영국.

정정당당한 스포츠 정신

살라미스의 왕 아이아스는 성벽 꼭대기에서 봐도 알아볼 수 있을 정도로 훤칠하고 잘생긴 영웅이었다. 트로이 전쟁이 벌어지는 동안 상처 한번 입지 않았고, 트로이의 영웅 헥토르와 일대일 전투에서도 대적한 바 있다. 결정적인 순간에 제우스가 헥토르를 구름으로 감싸 보호하지만 않았더라면 헥토르도 죽음을 면치 못했을 것이다! 정정당당함의 정신이 투철한 아이아스는 헥토르에게 용호상박의 결투였음을 인정하며 헥토르와 무기를 교환한다. (마치 축구 선수들이 경기가 끝나면 유니폼 상의를 교환하는 것처럼!) 아이아스는 아름다운 검을 갖게 되었다.

무장 해제된 아이아스

아이아스의 라이벌 아킬레우스가 헥토르를 물리치고 나서 발뒤꿈치(그의 유일한 약점)에 화살을 맞아 죽게 되었을 때, 아이아스는 그의 시신을 진영으로 운반했다. 아킬레우스는 가장 강한 전사이자 친구였기 때문에 아이아스는 헤파이스토스가 직접 제작한 아킬레우스의 무기를 물려받고 싶었다. 하지만 율리시스가 이의를 제기했고, 결국 트로이 시민들에게 결정권을 넘겼다. 결국, 아킬레우스의 무기는

언변과 술수에 능한 율리시스의 차지가 되었다. 아이아스, 2부 리그로 강등!

양 떼를 죽인 아이아스

율리시스의 언변과 지략에 아킬레우스의 무기를 손에 넣지 못한 아이아스는 실망감에 휩싸이고, 무엇보다 '빼앗겼다'라는 기분을 견딜 수 없었다. 아킬레우스의 멋진 무기는 당연히 그의 차지일 것으로 생각했기 때문이었다. 치밀어 오르는 분노를 해소하기 위해 아이아스는 그리스 군대의 모든 지도자와 병사들을 죽이러 밖으로 나왔다. 이를 눈치챈 아테나 여신은 아이아스의 광기를 양 떼로 돌려 그리스 군사들의 환영을 보도록 했다. 양들을 처참하게 도살하고, 다음 날 정신을 차린 아이아스는

로마명: '대' 아이아스
별명: 아카이아의 수호자
아버지: 텔라몬 (아르고 원정대)
증조부: 제우스 (추정)

아이아스를 찾아라

주방용품 '아약스'

아이아스의 강력함을 모티브로 하여, 미국의 생활용품 기업 콜게이트 파몰리브는 1947년에 그의 이름을 딴 제품을 생산한다. 이유는 무엇일까? 바로 다목적 세제 '아약스'가 "더러움을 한방에 없애 줄 만큼 강력"하다는 것을 어필하기 위함이었다. 신화에서 아이아스는 무적의 용사라는 칭송을 받을 정도로 강했다. 그래서 오직 그만이 자기 자신을 죽일 수 있었다(그렇게 죽음을 맞이했다). 만약 헥토르와 정면으로 붙었다면 완벽한 아이아스의 승리로 끝났을 것이다!

축구와 아이아스

약 한 세기 전, 네덜란드의 프로 축구 클럽은 아이아스의 투구를 엠블럼으로 삼았다. 1894년에는 구단의 이름으로 아이아스를 선택했다. 당시 이러한 선택을 한 축구 관계자들이 그리스 신화에 대한 높은 수준의 지식을 갖고 있었다는 사실을 방증한다고 해도 과언이 아니다. 그 후부터 '텔라몬의 아들 아이아스'보다 'AFC 아약스'가 더 유명해졌다. 이제 남은 것은 프랭크 리베리의 말처럼 "빨리, 더 빨리!" 패스하는 것뿐이다!

아테네의 역사 속으로

아이아스는 살라미스를 수호하는 영웅이었기에, 그곳에서는 아이아스를 기리는 사원, 초상, 심지어는 축제도 있었다. 아테네인들은 살라미스를 점령(기원전 480년)한 후 아테네의 역사로 만들고자 했다. 아이아스의 조부 아이아코스를 만들어 아킬레우스와는 사촌지간이 되도록 했다. 특히 알키비아데스 같은 정치인이나 역사학자 투키디데스 같은 인물들을 위대한 아테네의 후손으로 만들었다.

부끄러움에 헥토르가 준 검으로 자결한다. 영웅의 슬픈 최후다!

원통한 영혼이여!

아이아스의 장례를 어떻게 치러야 할지 그리스 군의 의견이 분분했다. 우리를 죽이려

아이아스, 데민, 19세기, 시립 박물관, 벨루노, 이탈리아.

"자, 이제 어떻게 처리하지?"

케밥의 탄생

다 자결한 자의 장례를 치를 필요가 있을까? 그리스 군의 지도자들은 이를 거절했지만, 율리시스는 복수심을 품지 않고 오히려 아이아스를 편히 묻어 그가 편안히 잠들 수 있도록 해야 한다며 사람들을 설득했다. 이 일화에서 재미있는 점은 (궁극적으로) 원한을 품었던 사람은 아이아스였다는 것이다. 율리시스가 지하 세계에서 아이아스와 다시 만났을 때, 아이아스는 대화를 거절했으니 말이다! 상상해 보라. "아이아스, 나는 전부 잊었어." 케케묵은 라이벌 의식만 빼고.

율리시스
이타카의 왕

드디어, 그리스 신화의 가장 유명한 영웅이 등장했다! 계략에 능한 율리시스, 트로이 전쟁의 용맹한 율리시스, 현명한 율리시스, 아테나 여신이 제일 아끼는 율리시스. 10년 동안은 트로이 전쟁을, 또 다른 10년 동안은 아내 페넬로페와 아들 텔레마코스를 찾아 모험을 떠난다.

세이렌과 오디세우스, 1867, 벨리, 상들랭 미술관, 생토메르, 프랑스. 레옹 벨리의 이 작품은 앵그르의 구도와 루벤스의 세이렌(루브르 박물관이 소장 중인 루벤스의 유명 작품 '마리 드 메디치의 도착'에도 세이렌이 그려져 있다)에서 영감을 받아 그린 것으로, 1867년 파리 만국 박람회에서 발표했지만 엄청난 비난을 받았다. 다행히 나폴레옹 3세의 눈에 들어, 생토메르 시에 소장되었다!

트로이 원정의 시작

작은 섬 이타카의 왕 율리시스는 아내 페넬로페와 갓 태어난 아들 텔레마코스를 극진히 사랑했다. 메넬라오스가 트로이의 왕자 파리스에게 납치된 아내 헬레네를 구하기 위해 트로이 원정에 함께 참여하여 구혼자의 서약을 지켜 달라며 찾아왔을 때, 율리시스는 어떻게 해서든지 원정을 피하려고 정신이 나간 척 광기를 부렸다. 쟁기질을 하며 밭을 갈고, 그 위에 씨앗 대신 소금을 뿌렸다. 하지만 율리시스의 술수를 알아채고 어린 아들을 쟁기 앞에 앉혀 두었을 때 율리시스는 아들을 피할 수밖에 없었고, 결국 그의 속임수도 모두 탄로 나고 말았다.

『일리아드』 속 가장 똑똑한 그리스 영웅

트로이 전쟁이 벌어지는 동안, 율리시스는 그리스에서 가장 용감한 영웅 중 한 명이라는 사실은 분명했지만, 갈등의 순간에 사건을 객관적으로 바라보며 언제나 중재자의 역할을 했기 때문에 다른 그리스 왕들 가운데서도 가장 높이 평가되었다. 그래서 전쟁을 끝낼 수 있는, 특히 트로이 군을 물리칠 수 있는 계략을 모색하라는 주위의 요구를 수차례 받았다. 한편, 트로이 군은 그리스 연합군 가운데 율리시스를 대적할 만한 인물은 없다는 것을 잘 알고 있었다. 위풍당당한 아이아스를 오로지 교묘한 술수만으로 격분시킬 수 있는 가장 총명한 사람이기 때문이었다.

트로이의 목마

트로이 전쟁은 10년 동안 계속되었고 율리시스는 그의 조국으로 돌아가 가족을 다시 만날 날만 고대하며 열의를 불태우고 있었다. 전쟁을 끝내기 위한 최적의 방법은 바로 나무로 거대한 말을 만들고 그 안에 모든 그리스 병사들이 몸을 숨긴 다음, 전쟁을 포기하고 퇴각하는 척하여 트로이 군의 경계를 느슨하게 하는 것이었다. 율리시스의 계략에 속은 순진한 트로이의 병사들은 성안으로 들어온 목마를 보며 신에게 바칠 성스러운 선물이라 생각했다. 하지만 이것은 트로이의 멸망과 그리스의 영광을 의미했다.

사은품

무장한 병사들이 배송되었습니다!

오디세이아

트로이 전쟁(『일리아드』의 주요 이야기) 이후 고국으로 돌아가는 길에 율리시스가 겪은 모험을 엮은 『오디세이아』는 문학계의 대표적인 걸작으로 꼽힌다. 또한 '유럽 문명의 태동'을 이야기하는 대서사시다. 그러니 더욱 중요하지 않겠는가!

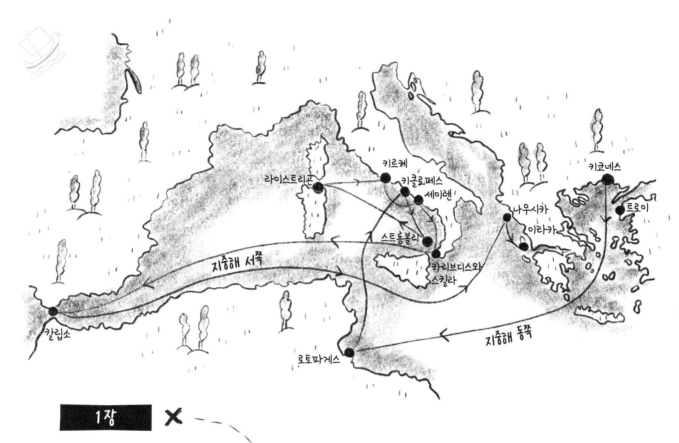

지중해 서쪽

지중해 동쪽

키르케
키클로페스
세이렌
라이스트리곤
스트롱볼리
카리브디스와
스킬라
나우시카
이타카
키코네스
트로이
칼립소
로토파게스

1장

키코네스, 그리 나쁘지 않군

마침내 트로이 전쟁이 끝나고, 율리시스는 기쁜 마음으로 열두 척의 배와 함께 이타카섬으로 향했다. 고향으로 돌아가는 길에 항로를 조금 우회하여 트로이의 동맹 도시 키코네스섬에 들러 음식을 약탈하고 사람들을 학살했다. 고대 시대 여행의 묘미♥ 율리시스는 여인들과 약탈한 재물들을 병사들에게 나누어 주었고, 만일의 복수를 피해 신속히 승선했다. 선원들은 성대한 식사를 준비할 참이었다. 하지만 타이밍이 좋지 않았다. 키코네스의 생존자들이 지원군과 함께 돌아오는 바람에 율리시스는 약탈한 재물과 희생당한 60여 명의 병사들을 해변에 남겨 두고 짐을 꾸려 출발해야만 했다. 관광객을 내쫓는 법!

ㄴ치----즈!

I ♥ CiCONES

즐거운 휴가의 추억

2장

님아, 그 로투스를 먹지 마오

키코네스를 탈출하는 동안, 율리시스와 그의 동료들은 거센 폭풍우에 휩쓸려 아프리카로 향하게 된다. 그리하여 로투스(연꽃)만 먹고 사는 로토파고이족의 도시, 로토파게스섬에 도착한다. 로토파고이족은 율리시스 일행을 크게 환영했지만 로투스를 먹고 나니 기억이 흐려지고 모든 의욕이 점점 사라졌다. 율리시스는 무언가 위험을 느꼈고 로투스를 먹은 동료들을 강제로 끌고 나와 재빨리 승선했다.

3장
(에피소드 1)

괴물 같은 폴리페모스

먹을 것이 필요했던 율리시스와 그의 동료들은 외눈박이 거인 키클로페스의 섬에 도착했다. 율리시스와 열두 명의 부하가 식사 대접을 부탁하니, 괴팍한 폴리페모스가 나타나 율리시스와 그 일행들을 양 떼와 함께 동굴 안에 몰아넣은 뒤 산처럼 무거운 바위로 입구를 막았다. 그러고는 율리시스의 부하 두 명을 붙잡아 두개골을 부수고 차례로 와그작와그작 먹어치웠다. 배가 불렀는지 폴리페모스는 바로 깊은 잠에 빠졌다. 하지만 율리시스는 그 기회를 노려 폴리페모스를 죽일 수 없었다. 동굴 입구를 막고 있는 거대한 바위산을 치울 수 있는 힘은 폴리페모스에게만 있었기 때문이었다.

똑똑! 누구 있어요?

3장
(에피소드 2)

폴리페모스, 너 취했구나?

율리시스는 겁이 났지만, 폴리페모스가 깨어날 때까지 기다리는 수밖에 없었다. 잠에서 깬 폴리페모스는 율리시스의 또 다른 부하 두 명을 끄집어내어 아침 식사를 마쳤다(아침은 황제처럼!). 그러고는 풀을 뜯어 먹이기 위해 양 떼를 이끌고 나가 잠시 자리를 비웠다. 율리시스는 반격의 기회를 엿보며, 말뚝을 뾰족하게 깎은 다음, 품 안에 숨겼다. 폴리페모스가 양 떼를 몰고 다시 돌아왔을 때, 율리시스는 사람 고기(동료 두 명을 또 잃었다)와 함께 곁들일 수 있는 와인을 권했다. 폴리페모스는 술에 취해 완전히 곯아떨어졌고, 술수에 능한 우리의 율리시스는 자신을 '아무개'로 소개했기 때문에, 폴리페모스는 만취 상태로 '아무개'에게 술을 권해주어 고맙다고 인사했다.

바보들의 저녁 식사

이제 아무도 나를 괴롭히지 않을 거야.

음, 물론이지. 자, 한 잔 더 마셔.

아침 식사 메뉴

3장
(에피소드 3)

장님이 된 폴리페모스

폴리페모스가 잠들자마자, 율리시스와 동료들은 뾰족하게 만든 나무 말뚝을 뜨겁게 달구어 그대로 폴리페모스의 눈을 깊이 찔렀다. 거인 폴리페모스는 고통에 울부짖으며 시끄럽게 소리쳤고, 키클로페스들은 바위산이 가로막고 있는 동굴 앞으로 달려왔다. '아무개'가 이렇게 만든 것이라며 외쳤지만 그들은 이미 신이 내린 고난에 맞설 수 없다며 자리를 피했다. 폴리페모스는 동굴의 입구를 조금 열었고, 율리시스와 동료들은 양의 배 밑에 몸을 숨겨 동굴을 탈출했다. 배에 다시 올라탄 율리시스는 그의 진짜 이름을 밝히며 폴리페모스를 조롱했다. 폴리페모스는 곧장 아버지 포세이돈에게 율리시스와 적어도 그의 동료들이라도 죽여달라 부탁하며 저주를 내렸다.

장님이 된 폴리페모스, 1550, 폴리페모스의 프레스코화, 티발디, 팔라초 포지 박물관, 볼로냐. 폴리페모스는 말뚝에 눈을 찔렸다.

4장

바람의 신이 나를 흔드네

율리시스의 배는 바람의 신 아이올로스의 섬에 도착했다. 아이올로스는 손님치레를 좋아해서, 폭풍우 같은 나쁜 바람을 전부 가죽 가방에 넣어 선물했다. 율리시스가 고향까지 빠르고 무사히 당도하기를 바라는 마음을 담아 오직 가벼운 미풍만을 남겨 두었다. 율리시스는 이 선물에 고마워하며 10일 동안 방향타를 놓지 않았다. 마침내 이타카의 해안이 보였고, 율리시스는 안도감에 잠시 눈을 감았다. 그 틈을 타 율리시스의 부하는 아이올로스가 준 가죽 가방에 금은보화가 들었다고 생각해 조심히 가방을 열었다. 그 순간, 엄청난 규모의 태풍이 불어 다시 섬으로 돌아오고 만다. 하지만 이번에는 율리시스가 저주받은 존재임을 알게 된 아이올로스는 퉁명스럽게 율리시스를 섬에서 쫓아낸다. 위대한 바람.

5장

꽤 친절한 거인들

율리시스와 동료들은 고향을 코앞에 두고 되돌아오게 되어 분한 상태로 라이스트리고네스 항구에 도착했다. 열두 척의 선박 중 열한 척은 두 개의 높은 절벽 사이에 있는 잔잔한 항구에 정박했다. 의심이 많은 율리시스만이 자신의 배를 바깥쪽에 정박해 두는 것을 선호했다. 세 명의 정찰병이 기슭 주위를 살피며 걸었고, 곧 왕에게로 향하게 되었다. 그러나 갑자기 거인은 세 명의 정찰병 중 하나를 집어 들고는 씹어 먹어 버렸고, 선박 위로 바위를 던진 다음 율리시스의 병사들을 모두 죽였다. 오직 율리시스의 배만이 도망치는 데 성공했다.

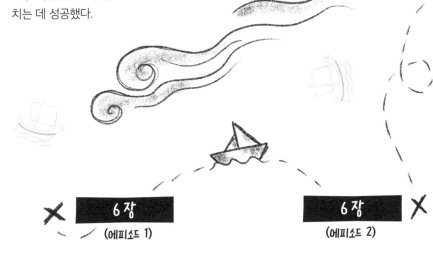

오, 이런, 버려진 선장의 처지여.

짹 짹

#금이_최고야

위험한 바람이 들어 있어요!

나는 살이 조금 찐 것 같은데, 어때요?

6장
(에피소드 1)

키르케, '독수리'에 붙은 이름

혼비백산한 상태로 마지막 남은 배를 타고 도망친 율리시스는 섬에 도착했고, 살아남은 동료들과 숨을 고르며 몸과 마음이 지친 상태로 땅에 쓰러졌다. 식인 거인을 또다시 마주칠까 봐, 모험을 지속하는 것이 두려웠다. (충분히 이해한다!) 그러나 더 사악하고 끔찍한 위험이 그들을 기다리고 있었다. 키르케라는 이름의 요염한 마녀가 마법을 부려 손님들을 모두 동물(사자, 늑대, 사슴 등)로 바꿔 버리는 것이었다! 키르케가 준 물약을 마신 첫 번째 동료는 돼지로 변하고 말았다.

6장
(에피소드 2)

키르케, 요정의 면모를 숨기다

다행히도 헤르메스가 나타나 키르케로부터 율리시스를 구하기로 한다. 헤르메스는 율리시스에게 키르케의 물약에 대한 해독제를 건네주고, 동물로 변한 동료들을 다시 인간으로 되돌리기 위해 키르케를 위협하는 방법을 알려 주었다. 그제야 비로소 키르케는 상냥하게 손님들을 맞이했고, 무려 1년 동안 키르케의 섬에서 잔치를 벌이며 평화로운 날들을 보냈다. 결국, 율리시스는 키르케에게 이제는 제발 섬을 떠나게 해 달라며 간청했다. 하지만 키르케는 고향으로 돌아가기 전에 고대 최고의 예언가, 죽어서도 예언을 할 수 있는 테이레시아스에게 먼저 들르라고 조언했다.

오디세이아

"영혼과의 통화"

7장
(에피소드 1)

분신사바, 분신사바, 오셨습니까?

이미 세상을 떠난 지 오랜 시간이 지난 눈먼 예언가 테이레시아스에게 조언을 듣기 위해, 율리시스는 키르케가 알려 준 제조법(피와 우유로 만든다)대로 만든 마법의 주문으로 죽은 자들의 영혼을 소환했다. 망자들을 불러 미래를 묻는 의식, 이것을 '네키아'라고 한다. 모든 영혼이 그를 환영했고 율리시스는 그의 어머니를 포함한 수많은 망자와 대화를 나누었다. 특히 영웅 아킬레우스의 영혼은 율리시스에게 죽은 영웅들의 왕이 되는 것보다 살아있는 가난한 농부가 되고 싶다고 말했다. 여기서 우리는 이런 교훈을 얻는다. "죽으면 전부 끝이다." 살아 있음이 최고다!

희생 제물을 바치는 율리시스에게 나타난 테이레시아스, 1800, 퓨젤리. 검을 손에 쥔 율리시스가 네키아 의식 중에 예언을 듣고 있다.

7장
(에피소드 2)

테이레시아스와 키르케의 예언

여기서 우리는 율리시스가 왜 망자 테이레시아스에게 예언을 듣고자 했던 것인지 의문이 든다. 살아 있는 키르케가 이미 같은 예언을 율리시스에게 전달했기 때문이다. 태양신의 신성한 소를 결코 잡아먹어서는 안 되며, 만일 그럴 경우, 모두 죽게 될 것이라는 예언이었다. 율리시스가 소들의 섬에 도착했을 때 부하들에게 과연 이 예언을 말했을까? 당연히 아니지! 단지 굶주린 부하들에게 소를 잡아먹지 못하도록 엄격히 명령을 내리기만 했다. 그러니 무슨 이유로 소를 먹지 못하게 하는지 몰랐던 부하들은 율리시스의 명령을 어기고 말았다. 율리시스 브라보! 짝짝짝.

세이렌의 진화

예쁘게 변했지!

8장

세이렌의 노래를 들어선 안 돼

율리시스가 예언을 전부 설명하지 않아 병사들이 모두 죽기 전에, 키르케는 율리시스 일행에게 세이렌으로부터 목숨을 구하는 방법에 대해 알려 주었다. 우리가 알고 있는 신비한 세이렌과는 달리, 노래를 불러 남자들을 유혹한 다음 그들을 집어삼키는 여자의 머리가 달린 괴물이었다. 율리시스는 예언에 따라 밀랍을 녹여 입과 귀를 모두 막고, 돛대에 몸을 묶어 세이렌의 노래를 들어도 배 밖으로 뛰어내리지 못하도록 했다. 이중으로 대비하기!

율리시스 능력 평가서
- ☑ 의지
- ☑ 용기
- ☐ 관리 능력

음0

율리시스와 세이렌, 1891, 워터하우스, 빅토리아 내셔널 갤러리, 멜버른.
이 그림에서 볼 수 있는 것과는 달리, 세이렌은 날지 못한다. 정말 다행이다! 그렇지 않으면 날카로운 발톱으로 선원들을 갈기갈기 찢어 버렸을 것이다.

오디세이아

칼립소에게 작별 인사하며 떠나는 율리시스, 1848~1849, 팔머, 위트워스 아트 갤러리, 맨체스터.

9장
(에피소드 1)

카리브디스와 스킬라의 사이

키르케는 "카리브디스 다음에는 스킬라가 있다"며 두 번의 치명적인 위협 사이에서 어떻게 무사히 빠져나갈 수 있는지 설명했다. 카리브디스는 하루에 세 번씩 주위의 모든 물을 삼키고, 이를 다시 뱉어 낼 때는 살아나오는 생물이 없는 괴물이고, 스킬라는 머리가 여섯 개 달려 한번에 여섯 명을 죽일 수 있는 괴물이다. 분명 카리브디스가 주위의 물을 전부 들이마셨을 때 그 틈에 빨리 지나갈 수 있을 것이었다. 하지만 율리시스는 그보다 스킬라 쪽으로 더 가까이 접근해서 여섯 명의 부하들을 희생시키는 것을 선택했다. 신중한 선택이었다.

가위, 바위, 보····.
네가 죽을 차례야.

9장
(에피소드 2)

칼립소에게 보내는 "베사메무초"

위험천만한 순간을 지나며 많은 부하를 잃은 율리시스는 곧 헬리오스섬에 도착했다. 율리시스가 잠든 사이 신성한 소들을 잡아먹은 부하들은 예언대로 폭풍으로 모두 사망했다. 유일한 생존자 율리시스는 아름다운 님프 칼립소가 있는 섬까지 뗏목을 타고 표류했다. 칼립소는 율리시스를 보고 사랑에 빠져 그를 남편으로 만들고 싶었다. 섬에 남아 자신의 옆에 있어 준다면 불멸을 선물로 주겠다고 할 정도였지만, 율리시스는 고국에 남아 있는 아내와 아들의 품으로 돌아가고 싶었다. (로맨틱한 남자♥) 그렇다고는 해도, 칼립소는 율리시스와 함께 지내며 아이를 낳았다. (이게 무슨 경우야!) 7년이 흐른 뒤에야 신들은 칼립소에게 율리시스를 고국으로 돌려보내라고 명령했다. 비록 마음의 상처는 컸지만, 칼립소는 율리시스를 도와 뗏목을 만들고 그와 작별한다.

10장

나우시카, 난 괜찮아요

바다의 신 포세이돈이 복수를 위해 여전히 그를 쫓고 있었기 때문에 율리시스는 계속해서 폭풍우를 견뎌야 했다. 마침내 이타카에서 그리 멀지 않은 그리스 해안에 도착해 파이아케스의 왕 알키노스의 궁으로 간다. 율리시스의 더럽고 덥수룩한 털과 벌거벗은 모습에 지나가던 소녀들은 비명을 지르며 달아났다. 오직 알키노스의 딸 나우시카만이 아테나의 용기를 갖고 율리시스를 씻기고, 이발하고, 옷을 입혀 궁으로 데리고 갔다. 그곳에서 율리시스는 지금까지 겪은 모험을 이야기했다. 스릴 넘치는 모험담이 마음에 들었던지, 알키노스 왕은 율리시스의 선박에 재물을 한가득 실어 돌아가도록 했다. 자신감 폭발!

어머, 자기야, 머리 자르니까 훨씬 낫다!

113

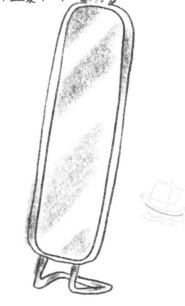

'영웅의 귀환'에 어울리는 옷차림인지 모르겠네….

11장

주인을 알아보는 충견처럼!

율리시스의 모험은 이렇게 막을 내리는 줄 알았지만 아직 할 일이 남아 있었다. 우선 아름다운 페넬로페를 둘러싸고 사랑을 갈구하는 구혼자들을 처리해야 했다. 아테나 여신은 율리시스를 아무도 알아볼 수 없게 노인의 모습으로 변장시켜, 율리시스의 재산을 마구잡이로 써 대는 궁정 사람들의 비웃음을 받으며 정체를 감추고 궁 안으로 진입할 수 있게 도왔다. 겉모습이 바뀌었어도 유일하게 율리시스를 알아본 것은 20년 동안 떠나간 주인을 잊지 않고 기다린 충견 아르고스였다. 아르고스는 너무 노쇠하여 꼬리만 흔들며 주인을 반기며 죽었다. (개들은 때때로 인간보다 더 인간미가 넘친다.)

페넬로페, 1849, 스펜서 스탠호프, 개인 소장품. 라파엘 전파의 상징주의 화가 스펜서 스탠호프가 옥스퍼드 대학에 재학 중이었던 20세에 그린 작품이다. 『오디세이아』에 푹 빠졌기 때문에, 정절을 지키는 여인의 표상으로 페넬로페를 그렸다.

12장

곤질긴 구혼자들

페넬로페는 그녀의 정절과 충성심이 본보기가 될 정도로 정숙한 여인이며, 율리시스의 여인답게 훌륭한 계략으로 3년 동안 구혼자들의 뜨거운 구애를 막아 내고 있었다. 낮에는 그녀가 짜고 있던 수의를 완성하면 그들 중 남편을 골라 결혼하겠다고 말하면서 막상 밤이 되면 짜놓은 수의를 모두 풀어 버렸다. 불행하게도 페넬로페는 그녀의 시중을 들던 하녀에게 배신당하여 이 사실이 전부 들통나고 만다. 더는 구혼자들의 요구를 물리칠 수 없어, 페넬로페는 남편을 결정하기 위한 구혼자들의 시합을 계획한다. 율리시스가 두고 간 활을 구혼자들에게 보여 주면서 시위를 당겨 화살로 열두 개의 도낏자루에 연달아 구멍을 뚫는 사람을 선택하겠다고 한 것이다. 당연히, 활시위를 당길 힘을 가진 사람은 율리시스뿐이었다!

아니, 괜찮아요?

전혀요! 3년 동안 한숨도 제대로 못 자고 손만 다 헐었네요. 끔찍하죠!

사랑하는 우리 가족들, 무사히 다시 만나게 되어 정말 아름다운 밤입니다. 그런데 나는 가서 눈 좀 붙여야겠어요.

13장

20년이 지난 약속

구혼자 모두가 활을 당기려 아무리 애써도 소용이 없었다. 누더기를 입은 거지 행색의 율리시스는 시위를 당겨 모든 도낏자루를 명중시켰다. 지켜보던 관중들은 모두 충격에 빠졌고, 곧 그의 정체를 알아보았다. 살려 달라며 애걸복걸하는 자들도 있었고, 율리시스를 공격하는 자들도 있었다. 하지만 율리시스는 그동안 주인을 배신하고 주인의 아내를 능욕한 것도 모자라 아들을 죽이려 공모한 모든 자의 목을 베어 한 명씩 죽였다. 마침내, 율리시스는 본래 자신의 것들을 되찾아 전부 손에 넣었다. 20년 만의 일이었다.

호메로스의 신격화, 1827, 앵그르, 루브르 박물관, 파리. 고대 그리스 로마 시대와 근대의 모든 위대한 예술가들이 밀집되어 있다. 붉은 치마를 입고 있는 여인으로 표현되는 『일리아드』와 녹색 치마를 입은 여인으로 표현되는 『오디세이아』에 등장하는 인물들은 영광의 월계수를 하사받는 맹인 음유 시인 호메로스 주위를 둘러싸고 있다. 앵그르는 호메로스의 발아래 앉은 두 여인의 모습을 통해, 두 편의 서사시에서 받은 보편적인 영감을 상징적으로 표현하고 있다. 그림 속 46인의 예술가 중에는, 왼쪽에 붉은 옷을 입은 단테, 오른쪽 하단 부분에서 우리를 바라보고 있는 몰리에르 등이 있다. 앵그르의 이 작품은 1827년에 같은 전시회에 출품했던 들라크루아의 '사르다나팔의 죽음'과는 대조적으로 순수 고전주의 작품들 가운데 가장 혁명적인 작품으로 여겨진다.

행복하여라, 율리시스처럼

『오디세이아』는 '모험' 또는 '서사시'의 동의어로 쓰일 만큼 서구의 위대한 작품으로 손꼽히며, 3000년이 넘는 시간 동안 수많은 예술 및 문학 작품에 영감을 주었다. (앞서 본 앵그르의 작품도 바로 그 예다!) 조아생 뒤 벨레의 유명한 소네트 중 "행복하여라, 율리시스처럼 훌륭한 여행을 한 사람은." 이라고 적힌 첫 번째 구절에서도 찾아볼 수 있고, 오늘날에도 학생들이 많이 찾아 읽는다. 한편, 이야기가 끝나지 않은 것 같은, 난해하고 계속 읽을 것인지 갈등하게 만드는 제임스 조이스의 『율리시스』(1992)는 프루스트적인 기억과 불안정한 정체성에 대한 장황한 이야기가 담겨 있기 때문에, 끝까지 완독한다는 것은 어쩌면 진정한 모험일지도 모른다!

31세기의 우주선장 율리시스

그리스 신화의 영웅들과 다른 인물들을 31세기에 대입한 일본 애니메이션 '우주선장 율리시스'도 빼놓을 수 없다! 애니메이션에서 주인공들이 타고 다니는 우주 전함은 '2001 : 스페이스 오디세이'에 등장하는 인공지능 컴퓨터인 HAL 9000에서 영감을 받았다. '아들 텔레마코스를 위한 율리시스의 선물'인 꼬마 로봇 노노는 위기 때마다 활약하며 도움을 준다!

쿠스토의 칼립소호

해군 장교 출신 자크 이브 쿠스토는 해저 탐험선에 칼립소라는 이름을 붙인다. 쿠스토는 마치 여인을 사랑하고 아끼듯, 반세기 동안 함께 바다를 누볐던 칼립소호가 침몰할 때까지 전 세계 바다를 항해했다. 그로부터 1년 후 쿠스토는 세상을 떠난다. 오래된 연인을 떠나보낸 후 일어난 우연이었을까?

『오디세이아』에서 탄생한 표현들

'카리브디스 다음에는 스킬라가 있다'라는 표현은 위기를 벗어나자마자 더 심각한 위기에 봉착한다는 뜻이다. '페넬로페의 베 짜기'는 쉴 새 없이 하는데도 끝나지 않는 일을 가리킨다. '트로이의 목마'는 오늘날 정상적인 프로그램으로 위장하여 컴퓨터에 설치되는 악성 코드를 가리킨다!

아이네이아스
'새로운 트로이', 로마 문명의 창시자

아이네이아스는 그리스의 마지막 영웅이자 로마 최초의 영웅이다. 아프로디테의 아들이자 트로이의 왕 프리아모스의 사위로, 트로이를 무사히 탈출한 유일한 생존자이다. 신들은 그를 오늘날의 남부 이탈리아로 보내 새로운 트로이, 로마 왕국을 건설하도록 했다.

디도에게 트로이의 비극을 이야기하는 아이네이아스, 1815, 게랭, 루브르 박물관, 파리.

안키세스의 솔직함

아이네이아스는 프리아모스의 잘생긴 사촌, 안키세스의 아들이다. 안키세스는 그 외모와 매력이 남달라서, 아프로디테 여신은 공주로 변장하여 그에게 다가가 함께 하룻밤을 보냈다. 다음 날 아침, 아프로디테는 안키세스에게 두 가지 사실을 전한다. 곧 두 사람 사이에서 태어날 아이는 영웅이 될 것이며, 자신은 사랑의 여신이라는 것이었다. 팔짝 뛸 노릇이었다! 이 모든 이야기를 비밀에 부쳐야 했기 때문이다. 하지만 우리의 안키세스는 너무나도 자랑하고 싶었던 나머지 함부로 입을 놀렸고, 그 죄로 제우스는 안키세스의 다리에 벼락을 내린다. 그 후, 안키세스는 절름발이가 되었다.

트로이를 떠나라

아이네이아스는 켄타우로스 케이론의 손에 자라 트로이의 용맹한 전사가 되었고, 프리아모스 왕의 딸 크레우사와 결혼하여 아들 아스카니오스를 낳았다. 어머니 아프로디테

자랑은 아닌데, 아프로디테랑 나랑 사귀었다!

와 다른 신들의 애정과 보호 아래서, 아이네이아스는 그의 도시 트로이를 지키며 영광스럽게 죽기를 원했다. 하지만 아프로디테는 아이네이아스에게 주어진 임무이자 운명인 새로운 트로이의 건설에 대해 알려 준다. 절름발이의 노쇠한 아버지를 등에 업고 수호신들의 도움을 받아, 화염에 휩싸인 트로이를 아들과 함께 무사히 빠져나온다.

어리석은 디도…

7년간의 긴 여정 끝에 아이네이아스는 아름답고 대범한 여왕 디도의 왕국, 카르타고에 도착했다. 세차게 비가 내리던 어느 날, 아이네이아스와 디도는 동굴로 몸을 피한다(#오만과_편견). 서로에게 사랑을 느낀 두 사람은 함께 밤을 보낸다.

사랑은
동굴에서

하지만 디도 여왕은 백성들에게 이방인과 결혼했다는 말을 전하기가 쉽지 않았다. 더군다나 아이네이아스는 운명을 따라 떠나야 했기 때문이다. 결국, 아이네이아스는 아프로디테의 부름으로 이루어야 할 숙명을 따르기로 하고, 사랑의 목소리에 귀를 기울이기로 마음먹었던 디도는 버림받고 만다. 멀어지는 아이네이아스의 배를 바라보며 디도는 스스로 목숨을 끊는다.

알바롱가의 건설

아이네이아스는 여신 헤라가 곳곳에 심어 놓은 모든 역경을 뚫고 마침내 이탈리아에 이르렀다. (헤라는 모든 인간을 싫어하지만, 그중에서도 트로이인을 가장 싫어한다.) 그곳에서 아이네이아스는 몇 해 전 세상을 떠난 아버지의 영혼을 만나 조언을 구하기 위해 지하 세계로 내려간다. 안키세스는 아이네이아스에게 아우구스투스 황제 시대까지 로마 제국이 번영할 것이라는 예언을 한다. 한편, 아이네이아스는 디도의 영혼을 만나 그녀를 버린 사실에 대해 용서를 구하지만, 디도는 그를 모른 채 지나간다. 아이네이아스는 혼인을 통해 라틴족과 동맹을 맺고, 아들 아스카니오스는 고대 로마 이전의 알바롱가를 건설한다. 위대한 (그리스인이 아닌) 로마인으로서의 모험은 이렇게 영웅설화로부터 시작되었다!

트로이에서 도망쳐 나오는 아이네이아스, 안키세스, 아스카니오스, 1618, 베르니니, 보르게세 미술관, 로마.
베르니니의 아름다운 이 조각상은 로마인들의 가정을 지켜 주는 수호신의 조각상을 손에 든 절름발이 안키세스와 아버지를 모시고 트로이를 도망쳐 나오는 아이네이아스의 모습을 표현했다. 가족애라는 주제와 조각상에 또 다른 조각상이라는 주제를 동시에 발견할 수 있다. 어린아이로 표현되는 아들 아스카니오스는 겁에 질린 모습으로 아버지의 다리 뒤에 숨은 채 손에는 가정의 신성한 불을 들고 있다. 그러니 아스카니오스는 할아버지와 아버지의 뒤를 이을 만한 충분한 자격이 있지 않겠는가!

아이네이아스를 찾아라

베르길리우스의 『아이네이스』

『아이네이스』는 약 1만여 행의 긴 시로, 800년이라는 시간의 차이에도 불구하고 『일리아드』와 『오디세이아』에서 영감을 얻어 쓴, 두 작품에 버금가는 명작으로 손꼽힌다. 아우구스투스 황제의 가까운 친구인 베르길리우스가 쓴 이 작품은 (기원전 약 70~19년) 로마 제국의 영광스러운 건국 신화를 통해 로마 문명의 위대함을 칭송하기 위해 쓰였다. 따라서 적의 마음마저 움직인 도시 트로이의 운명과 그것을 새로이 이어 간다는 이야기를 창조해 내어, 아이네이아스를 그리스 신화와 로마 신화의 징검다리 역할을 하는 인물로서 탄생시켰다.

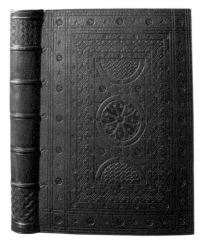

베르길리우스의 『아이네이스』 표지.

율리우스 카이사르와 7월에 숨겨진 아이네이아스

아이네이아스의 아들 아스카니오스의 또 다른 이름, 이올로스는 훗날 율리우스 카이사르를 배출하는 '율리아'라는 귀족 가문 이름의 기원이 된다. 그래서 카이사르는 자신이 이올로스의 할머니인 아프로디테 여신의 후손이라며 한껏 자랑하고 다녔다고 한다! 7월의 영문명 July는 율리우스 카이사르를 기리기 위해 지어진 이름이니, 이올로스의 흔적 역시 찾아볼 수 있다. 달력을 보면 이제 두 인물이 모두 떠오를 것이다!

바다,
카이사르,
그리고 태양
#7월

디도
카르타고의 창시자

'용감한 여인' 디도는 카르타고 문명의 창시자라는 비범한 운명을 타고난 인물로, 베르길리우스는 로마 문명의 창시자인 아이네이아스와 사랑에 빠진 여인으로 그녀를 재탄생시켰다.

디도의 카르타고 건설, 1815, 터너, 런던 국립 미술관. 왼쪽에 흰옷을 입은 디도가 남편의 무덤 옆에 서 있다. 항구 도시 카르타고의 상징인 왕궁의 건축 작업을 그녀가 직접 지휘하고 있다. 오른쪽으로는 고대의 요새 비르사가 보인다. 터너는 바로크 시대의 프랑스 화가 클로드 로랭이 1648년에 그린 '사바 여왕의 승선'에서 직접적인 영감을 받아 그렸다고 한다. 심지어는 내셔널 갤러리에 전시된 로랭의 작품 바로 옆에 걸어 달라며 부탁까지 했다고 한다! 그림 한가운데에는 절대로 지지 않는 붉은 태양이 빛나고 있다. 1815년 당시 몇 개월간 화산이 분화하여 태양을 가렸던 것을 반대로 표현한 것이다.

티레에서 도망치자

디도는 오늘날 레바논에 위치한 티레 왕국의 공주다. 피그말리온 왕의 누이로, 왕보다 더 강력한 부와 권력을 가진 대사제 시카르바스를 사랑하게 되어 결혼했다. 하지만 매제의 거대한 힘을 질투했던 피그말리온은 그를 사냥터로 유인한 다음 절벽에서 밀어 버린다. 사고로 위장한 죽음이었다! 음모를 눈치챈 디도는 남편의 재산을 피그말리온에게 전하는 척 전부 배에 실은 다음 충신들을 모두 데리고 떠나 저 멀리, 티레에서 가장 먼 곳을 향해 항해했다.

누구보다 현명한 여왕

디도는 크레타섬을 거쳐 (충신들과 혼인할 아리따운 처녀 80명을 배에 태웠다) 오늘날 튀니지 지역에 도착했다. 현지에 살고 있던 원주민들은 디도 일행을 적대하며 '소 한 마리의 가죽으로 둘러쌀 수 있는 만큼의 땅'보다 더 큰 면적의 땅은 줄 수 없다고 했다. 현명한 디도는 쇠가죽을 아주 가는 실처럼 잘게 잘라서 끈으로 엮은 다음 꽤 넓은 땅을 둘러쌀 수 있었고, 그렇게 얻은 땅에 '비르사(쇠가죽을 의미한다)'라는 이름을 붙인 다음 그곳에 도시 카르타고(신도시를 의미한다)를 건설했다. 멋진 이야기 아닌가?

디도의 죽음 (로마 신화)

베르길리우스가 쓴 로마 신화에서, 디도는 트로이를 도망쳐 나온 아이네이아스를 반갑게 맞이한다. 아이네이아스는 카르타고의 여왕에게 그동안의 모험담을 털어놓고 디도는 크게 감동한다. 그리고 두 사람에게는 신화에서라면 일어날 수 있는 뻔한 사건이 일어난다. 깊은 사랑에 빠진 나머지 아이네이아스는 신들로부터 부여받은 로마 문명 창시라는 임무는 완전히 잊고 만다. 이를 지켜본 제우스는 헤르메스를 보내어 아이네이아스가 해야 할 일

> "1킬로미터만 엮으면 충분해. 손만 있으면 할 수 있지!"

을 다시 깨닫게 하고, 아이네이아스는 디도를 버리고 떠난다. 이별의 슬픔을 이기지 못한 디도는 칼로 가슴을 찔러 자살한다.

디도의 죽음(그리스 신화)

로마 신화 속 아이네이아스의 사랑 이야기는 중세 시대 시인들의 마음에는 영 들지 않았다. '실제 역사'를 보면 원주민의 왕인 이아르바스는 디도에게 선택할 기회를 주었다는 것이다. 이아르바스와의 결혼 또는 카르타고와 원주민의 전쟁 중 선택하라는 것이었다. 디도는 먼저 세상을 떠난 전남편을 그리워하고 있었을 뿐만 아니라 악랄한 이아르바스와는 결혼할 생각이 추호도 없었지만, 양국 백성의 목소리에 압박감을 느끼고 있었다. 딜레마 속에서 디도는 전남편을 추모할 수 있도록 3개월의 시간을 요청하게 되는데. 유예 기간이 끝나는 날, 디도는 스스로 장례의 불길 속으로 뛰어들어 목숨을 끊었다.

디도의 죽음, 코이펠, 17세기, 파브르 미술관, 몽펠리에. 코이펠은 이 작품에서 디도의 죽음에 관한 두 신화를 모두 표현했다. 디도의 손에는 작은 칼을 쥐고 있어 베르길리우스의 이야기에 더 힘을 싣는 것처럼 보이지만, 그리스 신화에서처럼 장작 위에 올라앉은 모습도 같이 그렸음을 확인할 수 있다. 합의 완료!

카르타고 지도

카르타고는 '배가 닻을 내린 도시'이며, 그리스의 지리학자 스트라본에 따르면 기원전 149년에 멸망하여 자취를 감출 때까지 지중해 통상의 요충지로 무역으로 세력을 떨친 항구 도시다!

신화 퀴즈

디도의 죽음과 관련이 없는 것은?

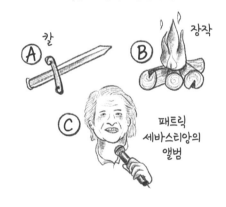

Ⓐ 칼
Ⓑ 장작
Ⓒ 패트릭 세바스티앙의 앨범

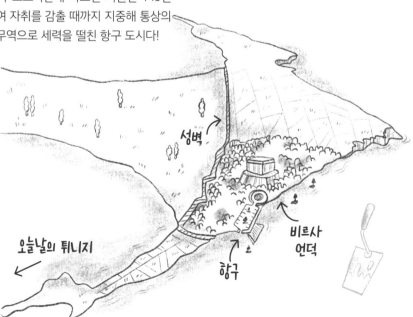

오늘날의 튀니지
성벽
비르사 언덕
항구

퍼셀의 디도와 아이네이아스

베르길리우스가 친구였던 아우구스투스 황제의 명을 받고 로마 제국의 기원을 더 영광스럽게 만들기 위해 아이네이아스와 디도의 사랑 이야기를 창조한 것은 사실이다. 그래도 영국의 작곡가 헨리 퍼셀은 이 이야기에 크게 감명을 받아 바로크 음악의 정수라고 할 수 있는 '디도와 아이네이아스'라는 제목의 아름다운 오페라를 1689년에 발표한다. 디도는 자신이 사랑하는 사람이 아이네이아스임을 밝히는 것이 백성들에게 실망을 안겨 줄까 두려웠지만 결국 진실을 알리게 되고, 결국 아이네이아스는 디도를 떠난다. 디도는 가슴이 에는 듯한 슬픔 속에서 '내가 땅에 놓일 때에'라는 곡을 서글프게 부르며 스스로 목숨을 끊고, 시녀에게 자신의 운명은 잊는 대신 자신을 꼭 기억하라는 유언을 남긴다.

앤, 누가 오는 게 보여?

"앤, 앤, 누가 오는 게 보여?" 프랑스 동화 『푸른 수염』에 나오는 대사이다. 실제로 이 대사는 『아이네이스』에서 디도와 그녀의 여동생 안나 페렌나가 비르사 언덕에 올라 아이네이아스가 남은 여정을 떠날 채비를 하고 출발하는 모습을 바라보며 나눈 대화에서 영감을 받은 것이다. 디도는 찢어지는 가슴을 안고 "앤, 혹시 그가 뱃머리를 돌리지는 않았어?"라며 소리쳤다고 한다. (작가 샤를 페로는 다음과 같은 대답을 적었다고 한다. "태양 아래 먼지구름과 녹색의 풀뿐이야.")

BARBE BLEUE   AU BON MARCHÉ

Ma sœur Anne, monte, je te prie, sur le haut de la tour pour voir si mes frères ne viennent point ; ils m'ont promis qu'ils viendraient me voir aujourd'hui; et si tu les vois, fais leur signe de se hâter.

『푸른 수염』, 석판화.

오페라 『디도와 아이네이아스』를 들어 보자.

로물루스와 레무스
로마를 건국한 쌍둥이

로물루스와 레무스는 부적절한 관계에서 태어난 쌍둥이 형제로 (그들의 어머니는 순결을 지켜야 하는 운명이었지만 '부정한 여인'이 되었다) 기원전 753년에 로마를 건국한다. 그들의 아버지는 전쟁의 신 아레스(로마명 마르스)로 로마 건국 신화에서 그의 흔적을 느낄 수 있다.

카피톨리노의 늑대, 1484~1496, 폴라이우올로, 카피톨리움 박물관, 로마.

베스타 여신을 모시는 공주였던 어머니

로물루스와 레무스의 어머니 레아 실비아는 왕국의 공주였지만 베스타 여신을 모시는 사제가 되어, 성직자로서의 업을 시작한 후 30년 동안 순결을 지켜야 했다. 만일 그것을 어긴다면 벌거벗긴 채 매질을 당하고 생매장되어야 했다! 그녀는 현명한 여인이었다. 하지만 어느 날, 제사에 쓰였던 물건들을 강물에 씻으러 갔다가 마르스(아레스)의 숲에서 잠이 들고 만다. 고약한 전쟁의 신은 아름다운 처녀의 잠든 모습을 보고 반하여 그녀를 겁탈한다. 아레스의 죄로 무고한 여인은 두 배로 그 대가를 치러야 했다.

그리스명: 그리스 신화에는 등장하지 않는다.
어원: 로마
아버지: 아레스
어머니: 레아 실비아

늑대의 젖을 먹고 자란 아이들

가엾은 레아 실비아는 자신이 임신했다는 사실을 깨닫고, 왕이자 삼촌이었던 아물리우스도 그것을 알게 된다. 왕은 아이들을 어미에게서 떼어 놓기 위해 광주리에 넣어 강물에 띄워 보내 버렸다. 아버지에게 겁탈당한 것으로도 모자라, 쌍둥이 형제의 어머니는 삼촌의 손에 죽임을 당한다! 다행히도 두 형제가 들어 있던 광주리는 삼촌의 예상과는 달리 강의 상류로 흘러가 기슭에 멈췄다. 암컷 늑대 한 마리가 광주리에 다가와 갓난 아기들을 잡아먹는 대신 젖을 물렸고, 얼마 후 아이들을 발견한 목동이 집으로 데리고 와서는 자기 자식처럼 키웠다.

이놈들에게 젖을 물린 게 잘한 일인지 모르겠네.

넘어서는 안 되는 고랑

청년이 된 쌍둥이 형제는 자신들이 발견되었던 지역에 도시를 세우기로 한다. 신화에 따르면 그 날짜가 바로 기원전 753년 4월 21일이었다고 한다. 둘은 각자 서로 다른 언덕을 가지기로 했다. 로물루스는 레무스보다 더 좋은 징조(독수리들이 날아다녔다)가 나타난 언덕에 고랑을 파 성벽을 세울 경계를 정했다. 심술 난 레무스는 고랑을 훌쩍 뛰어넘으며 로물루스를 비웃었다. 동생의 조롱이 분했던 로물루스는 곧 레무스를 죽이고는 그의 성벽을 뛰어넘는 자는 누구나 이렇게 죽임을 당할 것이라며 외쳤다고 한다. 웃을 일이 아니다!

대체 이게 무슨 난리야?

얘가 먼저 시비 걸었어요!

사비니 여인들의 납치

안타깝게도 로물루스가 세운 새로운 도시에는 온통 남자, 부랑자, 도망친 노비들뿐이었기 때문에 국가의 번영을 위해 혼인할 여인들을 구해야만 했다. 그래서 축제를 열어 이웃 나라의 사비니족을 초대한 다음, 여인들을 납치했다. 사비니인들은 분개하여 전쟁을 선포했고, 치열한 전투가 벌어졌다. 납치된 사비니의 여인들은 고국의 아버지와 형제들을 구하면서 동시에 남편들도 지키기 위해 중간에서 고군분투했고 결국 양국의 협상을 이끌어 냈다. 그 결과, 로마를 중심으로 두 통치자가 탄생했다. 바로 로물루스와 사비니의 왕이었다!

자비를 베풀어 주세요!

공개 구혼

영화 '사비니 여인들의 납치', 1961.

로마의 창시자 로물루스와 레무스의 어머니를 그린 목판화 (유니버설 히스토리 아카이브)

#건국신화

로물루스와 레무스를 찾아라

도시의 이름

로마라는 이름은 로물루스(레무스도!)에 대한 기록을 찾을 수 있는 가장 대표적인 증거 중 하나다. 물론, 두 형제가 실존했다면 말이다. 하지만 로마인들은 로마를 주로 '도시' 그 자체로서 부르는 경우가 많다. 가톨릭 교황청에서 쓰는 축복의 말 "로마와 세계에"라는 표현도 도시와 만인을 향하고 있다.

암컷 늑대 조각상

쌍둥이 형제에게 젖을 먹이고 있는 암컷 늑대 조각상 '카피톨리노의 늑대'는 매우 유명한 작품이며 로마의 카피톨리움 박물관에 전시되어 있다. 건국 신화를 역사적 실화로서 바라보는 관점에서는, 로물루스와 레무스를 발견하고 거둔 목동의 아내가 실은 매춘부(라틴어로는 '루파'라고 하며, 암컷 늑대를 의미하는 단어 'lupanar'의 어원이다)였기 때문이라는 설도 있다. 그래서 건국 신화가 탄생하게 된 것일지도 모른다.

메두사의 머리, 1617~1618, 루벤스, 빈 미술사 박물관.

신화 속 괴물들

"아이고, 숙취야!"

그리스 신화에는 초자연적 존재들, 기이한 괴물들, 전설적인 여인들이 넘쳐 나기 때문에 마치 그리스인들의 세계관 곳곳에서 지배하는 것처럼 보인다. 여기, 아이들이 무서워하고(음식 남기면 메두사가 쫓아올지도 몰라!), 죽은 자의 무덤에 케르베로스의 환심을 살 수 있는 간식을 함께 묻는 어른들도 믿는 신화 속 주요 괴물들이 있다!

페가수스
고대 최고의 군마

휘황찬란한 날개가 달린 순백의 말 페가수스는 신화 속 여러 영웅을 돕는다. 페가수스는 명불허전 고대 최고의 군마이며, 그 명성은 익히 들어 잘 알고 있으리라 믿는다!

아연실색할 아름다움

페가수스의 어머니 메두사(고르곤)는 처음부터 괴물은 아니었다. 해양 신들의 딸로 처음에는 매우 아름답고 물결 모양의 풍성한 머리카락을 지니고 태어났다. 성급하다 못해 폭력적이기까지 한 바다의 신 포세이돈은 메두사를 처음 본 그 순간부터 강렬한 소유욕을 느낀 나머지 아테나 신전으로 그녀를 데리고 가 사랑을 나누고 만다. 누가 벌을 내린 것인지 짐작이 되는가? 그리스 신화에서는 언제나 그렇듯, 신 포세이돈이 아닌 가엾은 여인 메두사가 신전을 모독한 죄로 벌을 받아 괴물로 변하고, 포세이돈의 아이는 메두사의 피로 굳어 버렸다.

잘린 목에서 태어난 말

눈을 마주친 인간은 돌로 만들어 버리는 (온몸이 굳어 버리는 게 아니라, 말 그대로 돌이 되었다) 험악하고 끔찍한 메두사에게 맞섰을 때, 페르세우스는 메두사의 눈을 보지 않고 목을 베었다. 잘린 목에서 떨어진 피가 땅에 떨어지고 그 자리에서 곧 순백의 날개 달린 말 페가수스가 태어났다. 아름다웠던 메두사가 괴물의 모습으로 변모했을 때 그녀의 피 속에 얼어붙어 있던 아이가 태어난 것이다. 한편, 포세이돈은 아테네인들에게 말을 선물한 적도 있는 말의 신이기도 하다!

페가수스를 탄 벨레로폰, 20세기, 마타니아.

아주 덩치가 큰 사내아이네!

잘생겼구나.

벨레로폰

태어날 때부터 하늘을 난 페가수스는 모든 그리스인이 선망하는 대상이 되었고, 특히 영웅들은 위엄 있는 흰색의 군마를 모는 꿈을 꾸기도 했다. 그들 중 한 명이 바로 벨레로폰이다. 성공하기 쉽지 않은 임무를 안고 아테나 신전에서 잠이 든 벨레로폰은 아테나 여신이 페가수스를 다룰 수 있는 금으로 된 고삐를 건네주는 꿈을 꾼다. 잠에서 깨어나니 마치 기적처럼 말의 고삐를 움직일 수 있었고, 벨레로폰의 명령대로 페가수스가 자리에서 일어나 그를 등에 태운 다음 모든 위험을 무찌르고 그에게 승리를 안겨 주었다.

번개를 운반하는 말

페가수스를 다룰 수 있는 유일한 사람이었던 벨레로폰은 자신감에 한껏 도취된 나머지 페가수스를 재앙의 한가운데로 밀어 넣을 뻔했다. 콧대가 하늘을 찌르며 그가 세운 업적이 신들에 버금간다 자부했다. 그 기세가 결국 페가수스를 타고 올림포스산으로 올라갈 정도였다. 이런 불경한 자를 봤나! 다행히도 페가수스는 올림포스산에 다다른 그 순간 벨레로폰의 말을 듣지 않았다. 그 덕에 분노한 제우스가 내린 벼락을 피할 수 있었지만, 벨레로폰은 벼락에 맞아 아래로 떨어지고 말았다. 그 후, 페가수스는 제우스의 번개를 옮기는 역할을 맡게 되었다고 한다.

6번 번개!

나를 캐디로 생각하는 거야 뭐야?!

페가수스를 찾아라

로고 속 페가수스

페가수스가 들어간 브랜드 로고의 수만 봐도 그 명성을 알아볼 수 있다. 74개의 브랜드 로고에 페가수스의 이름과 모습이 담겨 있기 때문이다! 튀르키예의 대형 항공사부터 성공적인 영화 사업을 펼치고 있는 콜롬비아 픽쳐스의 자회사 트라이스타 픽쳐스의 로고까지 기업의 종류도 다양하다. 모두 페가수스의 하늘을 빠르게 날고 능률이 높은 불굴의 이미지를 강조했다. 위풍당당!

역사 속 페가수스

페가수스는 '명성'과 동일시되는 존재였다. 실제로 고대인들은 명예와 위상이 날개를 달았고 그 위에 우리가 올라타는 것으로 생각했다. 고대 신화도 탄생했다. 첫 번째 황제이자 카이사르가 입양한 아들이었던 아우구스투스 신화에서도 그가 살아 있는 동안 큰 명예와 모두의 칭송을 받았고, 로마인들은 그가 죽은 뒤 페가수스를 타고 하늘로 올라간 것이라 믿었다!

게임 속 페가수스

페가수스 신화는 큰 인기와 성공을 얻었고 모든 판타지 게임에 등장하는 날개 달린 말을 가리키는 고유 명사가 되었다. 문장의 기원·구성·구도·색채의 상징 등을 연구하여 중세 사회 문화사를 해명하는 학문인 문장학에서도 날개 달린 말은 여러 문장과 상징에 등장한다.

위에서 아래로, 왼쪽에서 오른쪽으로:
- 에어 프랑스 광고
- 모빌 석유 광고
- 에이미카 자동차 광고
- 피콕 담배 광고
- 런던 메트로폴리탄 기록 보관소
- 프랑스 마옌 주의 로고

로마명: 페가수스
어원: 샘
별명: 번개를 운반하는 말
아버지: 포세이돈
어머니: 메두사

퓨리
복수와 저주의 여신들

그리스명: 에리니에스
어원: '분노', '복수', '냉혹함'의 집성체.
별명: 자비롭고 착한 여인들
아버지: 천공의 신 우라노스의 피
어머니: 대지의 여신 가이아

퓨리들은 그리스 신화에서는 에리니에스로 불리며 두 개의 얼굴을 가진 여신들이다. 도덕적 규율을 수호하며 범죄자들을 단죄하고 가난한 자들과 힘들고 어려운 자들은 보호하는 회한의 화신들이다. 하지만 '냉엄한' 모습 때문에 신화에서 숭배받지 못한다.

지옥의 트리오

메가이라, 알렉토, 티시포네는 고르고네스의 세 자매와 비슷하다. 머리에는 뱀이 우글거리고, 살짝 눈만 마주쳤을 뿐인데도 피눈물을 흘린다. 흉측한 검은 날개를 달고 불을 내뿜으며 채찍을 들고 개처럼 짖으며 먹잇감을 찾아 날아다닌다. 잠깐의 멈춤도, 안정도, 간절히 빌어도 소용없다. 지옥의 트리오는 복수를 위해 도망자들을 끝까지 뒤좇아 궁지에 몰아넣고 결국 미치게 만든다.

미치광이를 위한 범죄자들의 은신처

자비라고는 눈곱만큼도 없는 퓨리들 덕분에 그리스인들은 죄인들을 처벌하는 데 큰 고민을 할 필요가 없었다. 복수의 여신들이 알아서 처리해 주었으니 말이다. 한편, 퓨리들은 그리스에 신성불가침 사원을 두고 있었는데, 그곳에는 어떤 범죄자든 몸을 숨길 수 있었다. 그런 사원은 아테네에만 두 곳이었다. 관용을 베푼 것일까? 전혀 그렇지 않다. 고대 그리스 여행가이자 지리학자인 파우사니아스에 따르면 신전에 발을 들인 사람들은 모두 정신이 나가 미치광이가 되었기 때문에 결국 폐쇄되었다고 한다!

착한 여신들

복수의 여신들은 그들을 몹시 두려워하는 인간들은 물론이거니와 신들에게마저 혐오의 대상이었다. 단 한 명이 저지른 실수에 대한 죄를 국가 전체에 묻기도 했다. 오레스테스가 그의 어머니 클리타임네스트라를 죽였을 때도 그랬다. 모순되게도 퓨리들은 '착한 여신들'이라 불리기도 했는데, 아테네의 아레오파고스에서 오레스테스가 무죄 판결을 받았기 때문이었다. 판결에 분노한 퓨리들을 달래기 위한 아첨의 말이었다.

퓨리를 찾아라

'말괄량이 길들이기' 속 퓨리

신경질을 부리며 앙칼진 목소리로 소리 지르는 여자들을 '말괄량이'(셰익스피어의 희극 『말괄량이 길들이기』가 떠오르지 않는가!)라고 부른다. 퓨리 자매 중 첫째 메가리아의 이름은 『말괄량이 길들이기』의 프랑스어판 제목인 『La Mégére apprivoisée』에서 찾을 수 있다. 더군다나 퓨리는 분노, 격노, 격렬함을 의미하는 단어들인 furieux, fureur, furie의 어원이다.

공쿠르상 속 퓨리

미국인 작가 조너선 리탤은 2006년에 『착한 여신들』로 2006년 공쿠르상을 수상했다. 제목에서 쉽게 알아볼 수 있듯이, 아이스킬로스의 『오레스테이아』를 보면, 오레스테스가 그의 어머니와 연인을 살해했기 때문에, 책 속에서 주인공의 어머니와 그녀의 연인을 죽인 범인이 누구인지는 금세 추측할 수 있을 것이다. 그러나 오레스테스와의 차이점이 등골을 오싹하게 만든다. 주인공은 나치군으로 유대인 학살에 가담한 범죄자며 양심도, 후회도, 인간미도 없는 데다, 자신의 죄가 모두 속죄받을 수 있다고 생각한다!

베르길리우스와 단테가 만난 에리니에스, 단테의 『신곡』(1265~1321)을 위한 그림(1885), 귀스타브 도레, 파리 장식 미술관.

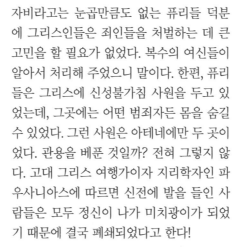

프랑코 제피넬리 감독의 '말괄량이 길들이기', 1967, 배우 엘리자베스 테일러.

케이론
현명한 켄타우로스

케이론은 켄타우로스족 중 가장 위대한 인물이다. 종족의 장점인 힘과 건장한 체구를 지녔지만, 다른 켄타우로스처럼 거칠고 난폭하지 않았다. 한편, 케이론은 현명하고 수완이 훌륭했기 때문에 신들이 아끼는 교육자였고, 의술의 신 아스클레피오스와 아킬레우스의 스승이었다.

아킬레우스를 가르치는 케이론, 1782, 레노, 루브르 박물관, 파리.

와 아폴론은 케이론에게 사냥, 의술, 음악, 예지력을 가르쳐 주었고, 케이론은 훌륭한 교육자가 되어 그가 알고 있는 모든 지식, 그중에서도 치유의 기술을 아킬레우스, 헤라클레스, 의술의 신 아스클레피오스, 영웅 이아손에게 전수했다. 한마디로 고대 시대의 일타 강사였다!

케이론의 무릎, 아킬레우스의 발뒤꿈치

제자 헤라클레스가 네 번째 과업을 수행하던 중 열면 안 되는 와인을 마신 탓에 켄타우로스들이 몰려들어 헤라클레스를 공격했다. 헤라클레스는 히드라의 맹독성 혈액을 묻힌 화살로 적들을 물리치고 있었는데, 공격은 안 했어도 그 자리에 있던 케이론은 불의의 사고로 무릎에 화살을 맞는다. 불사의 몸이었기 때문에 죽지는 않았지만 맹독의 고통이 너무나도 심해서 더는 견딜 수 없었다. 케이론이 포기한 불멸은 티탄족인 프로메테우스에게 부여되었다.

케이론을 찾아라

궁수자리가 된 케이론

케이론의 비극적인 운명이 안타까웠던 제우스는 그를 별자리로 만들었다. 별자리 중 태양에서 가장 가까운 위치에 있는 별 '프록시마 센타우리'(4광년밖에 떨어져 있지 않다!)가 가장 유명하다. 케이론은 궁수자리 뒤에 위치하여 그 누구보다 활을 잘 쏘는 방법을 알려주고 있다. 11월 23일~12월 21일 중에 태어난 궁수자리들이 현명하고 수완이 좋은 이유도 다 케이론 덕분이다!

반은 인간, 반은 말로 태어나 버림받은 아이

케이론이 켄타우로스로 태어난 것은 전적으로 아버지 크로노스의 책임이었다. 이미 유부남의 몸이었던 크로노스는 말로 변신하여 아내 몰래 아름다운 바다의 님프 필리라와 바람을 피웠다. 그 결과, 반은 인간이고 반은 말의 모습을 한 아이가 태어났다. 불행하게도 필리라는 괴물 같은 아이의 모습에 충격을 받

은 나머지 갓 태어난 아기를 버리고 신들에게 빌어 보리수가 되었다! 사생아를 책임질 만큼의 부성애가 없었던 크로노스는 사랑한 여인을 배신하고 케이론도 버렸다. #천상천하유아독존

고대 최고의 선생님

케이론은 다른 켄타우로스와는 그 출생부터 달랐던 만큼 (켄타우로스들은 익시온과 구름의 님페에게서 태어났다) 성격도 남달랐다. 일반적으로 다혈질에 폭력적인 켄타우로스들과는 다르게 케이론은 그의 현명함과 높은 처세술로 명성이 자자했다. 아르테미스

별명: 필리라이드
아버지: 티탄족 크로노스
어머니: 바다의 님프 필리라

카론과 케르베로스
지하 세계의 뱃사공과 문지기

그리스인들은 죽은 뒤 사후 세계의 입구에서 두 번의 만남이 있을 것이라 믿었다. 첫 번째는 얼음처럼 차갑고 새까만 아케론강을 건널 수 있게 도와주는 비관적인 뱃사공 카론, 두 번째는 지옥의 문을 지키는 끔찍한 괴물 개 케르베로스였다.

스틱스강을 건너는 카론, 1520, 파티니르, 프라도 미술관, 마드리드. 파티니르의 이 그림은 서스펜스를 자아낸다. 카론은 작은 나룻배에 태운 영혼을 어디로 데리고 가는 걸까? 스틱스강 왼쪽으로는 천사들이 머무는 천국이, 오른쪽으로는 뜨거운 불길에 싸인 지옥의 문을 지키는 케르베로스가 있다. 파티니르는 기독교적 신화와 그리스 신화를 혼합하여 표현했다. 그리스인들에게 '지하 세계'란 천국(엘리시온의 들판)과 지옥(타르타르)이 동시에 존재한다.

불한당 뱃사공 카론

낡고 다루기 어려운 나룻배의 노를 젓는 뱃사공 카론은 장례를 치르지 않았거나 두 눈과 입에 노잣돈 하나 없이 지하 세계로 온 죽은 자들의 영혼은 100년 동안 아케론강 주위를 떠돌게 내버려 두었다. 카론은 손에 뱃삯을 쥐는 그 순간, 망자를 배에 태운다. 그리고 돈 없는 영혼들이 물에 빠져 살려 달라며 허우적대도 무시한 채 검은 아케론 강물을 노 저어 간다. 필요에 따라 노에 걸리적거리는 망령들의 머리를 때렸다.

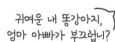

심장이 없는 머리가 셋 달린 괴물

아케론강을 건너고 나면 카론은 망자를 머리가 셋 달린—각각 과거, 현재, 미래를 의미—개 케르베로스에게 데려간다. 카론은 인간들을 공포에 떨게 만드는 가혹한 존재였다. 아무리 애원하고 빌어도 어떤 영혼도 죽은 자들의 왕국을 나갈 수 없도록 했기 때문이다. 케르베로스는 망자들에게 더 끔찍한 난관이었다. 달콤한 간식을 던져 주지 않고는 입구에 발도 들일 수 없었기 때문이다. (정말이지, 지참금에 강아지 간식에 죽어서도 챙길 것이 참 많다.)

괴물 부모를 둔 아들

괴물 개 케르베로스의 어머니 에키드나는 상반신은 아름다운 여인의 모습을, 하반신은 징그러운 뱀의 모습을 하고 있었고, 아버지 티폰은 눈에서 불을 뿜어내는 100마리의 뱀 머리를 가진 거대한 괴물로 제우스와의 전투에서 패하여 에트나산에 갇혔다. (그 후, 티폰이 이리저리 움직일 때마다 화산이 분출했다!) 케르베로스는 두 괴물 부모에게서 태어나 아버지에게서는 여러 개의 머리를, 어머니에게서는 뱀의 꼬리를 물려받은 셈이다.

오 솔레미오!

귀여운 내 똥강아지,
엄마 아빠가 부끄럽니?

머리가 셋 달린 멍청이

머리가 세 개나 달렸지만, 케르베로스는 그리 똑똑하지 않았다. 오르페우스가 리라를 연주하면 쉬이 잠이 들었고('해리포터와 마법사의 돌'에서 해리, 론, 헤르미온느가 괴물을 재우는 것도 여기서 영감을 얻었다), 프시케와 아이네이아스가 수면제를 섞은 빵을 던져 줬을 때도 냉큼 받아먹었다. 헤라클레스가 과업을 수행하는 중에 케르베로스를 때려 뭉갰을 때는 맥없이 (머리가 셋인) 미니어처로 변해 헤라클레스의 주머니에 보관된 적도 있었다.

카론과 케르베로스를 찾아라

이름에 숨겨진 케르베로스

케르베로스는 프랑스어로 '심술궂은 엄한 문지기'를 뜻하기도 하지만 '해리포터'의 세계관에서는 머리가 셋 달린 케르베로스(플러피)로, 지하 세계의 신이자 주인인 하데스의 발 아래에 앉은 조각상으로도 표현된다. 명왕성 주위를 도는 위성에는 '케르베로스'라는 이름이 붙었다.
(천문학자들은 신화를 참 좋아한다.)

명왕성의 두 위성: 카론과 케르데베로스.

시 속에 숨겨진 카론과 케르베로스

프랑스 시인 네르발은 그의 아름다운 시 「상속받지 못한 자」에서 아케론강을 '무사히' 건너는 오르페우스의 솜씨에 대해 읊었다. 한편, 단테의 『신곡』에서도 지하 세계를 흐르는 강에 대한 이야기가 나온다. 아케론강은 때때로 스틱스강과 혼동되어 쓰이는데, 아케론은 스틱스강의 지류로, 스틱스강은 거스를 수 없는 맹세의 강물로도 알려져 있다.

로마명: 카론
부모: 암흑과 밤

로마명: 케르베로스
어원: 죽음의 화신
부모: 에키드나와 티폰

카론과 프시케, 1883, 스펜서 스탠호프. 카론이 프시케가 입에 물고 있는 뱃삯을 가져가고 있다. 프시케는 아프로디테의 명령에 따라 스틱스 강물을 떠오기 위해 지하 세계로 향했다. 망자만 강을 건너는 것이 원칙이었지만 프시케가 돌아오는 길에 뱃삯을 또 주겠다고 약속했기 때문에 카론은 이례적인 제안을 받아들인다. 프시케의 손에는 케르베로스에게 먹일 수면제를 넣은 빵이 들려있다. 똑똑하군!

세이렌
날개 달린 괴물 여인들

우리가 흔히 알고 있는 북유럽 신화 속 인어의 모습을 한 세이렌들과는 달리 그리스 신화 속 세이렌은 상반신은 여인의 모습을 하고 하반신은 맹금류의 모습을 한 끔찍한 괴물이다. 더군다나 인간을 잡아먹기까지 한다! 아리엘처럼 감미로운 노래를 부르면서. #아이고

세이렌, 1929, 와이어스, 개인 소장품.

불길함의 징조 세이렌

고대 시대의 세이렌은 월트 디즈니의 인어 공주들과는 비교할 수 없을 정도로 냉혈한이었다. 아름다운 목소리로 노래를 불렀지만, 에릭처럼 표류한 왕자를 구해 줄 만큼 상냥하지 않았다. 오히려 표류한 인간들을 잡아먹기 위해서 자신들의 섬으로 표류하도록 배를 몰아 바위에 부딪히게 만들 터였다! 『오디세이아』에서 세이렌들은 해골 무더기와 뜯어먹고 말라비틀어진 인간들의 살갗 위에 앉아 있는 모습으로 표현되곤 한다. 물론 염소 같은 동물들의 부패한 사체도 있긴 하다. 그나마 낫군.

깜찍한
세이렌 캐스팅

오, 이런. 죄송하지만
탈락입니다. 다음
참가자 들어오세요!

물고기가 아닌 새

세이렌이 끔찍한 괴물이 된 이유는 무엇일까? 세이렌들은 자신들이 저지른 죄의 대가를 치르게 된 것이었는데, 사실 그리 심각한 것도 아니었다. 원래는 다른 소녀처럼 평범한, 페르세포네와 함께 어울리던 친구들이었다. 하지만 하데스가 페르세포네를 납치하던 그 순간에 아무것도 하지 않고 방관했던 것이 화가 되었다. 여기서 잠깐 생각해 보자. 대체 누가 저승의 신에게 대적한다는 말인가? 하지만 데메테르에게는 결코 용납할 수 없는 큰 죄였다. 결국 데메테르는 세이렌들을 반인반조의 끔찍한 괴물로 만들었고, 하데스의 왕국에서 신탁을 노래하도록 했다.

세이렌의 실패

신화 속의 단 두 영웅만이 세이렌의 유혹을 이겨냈다. 첫 번째는 율리시스다. 밀랍을 녹여 귀를 막고 혹시라도 노래를 들었을 때 엄습할 유혹을 피하고자 돛에 밧줄로 몸을 꽁꽁 묶었다. 두 번째는 오르페우스다. 오르페우스는 세이렌보다 더 뛰어난 노래 실력으로 그들을 유혹하여 서로 죽이게 했다. 두 번의 실패로 많은 수의 세이렌들이 바위에서 뛰어내려 스스로 목숨을 끊었다. 질투의 나쁜 예.

로마명: 세이레네스
서식지: 메시나해협 (이탈리아반도와 시칠리아섬 사이의 해협)
아버지: 강의 신 아켈로오스
어머니: 칼리오페 (아름다운 목소리를 지닌 뮤즈)

세이렌의
절벽

세이렌을 찾아라

유럽 문화 속 세이렌

여기서 가장 궁금한 사실은, 그리스 신화에서는 새의 몸을 가졌던 세이렌들이 어째서 물고기의 꼬리를 가진 인어(영어로는 mermaid)가 되었냐는 것이다. 그 이유는 아주 간단하다. 북유럽에도 고유의 신화가 존재하는데 거기서는 물고기로 표현되었기 때문이다. 북유럽의 신화는 두 단어(mermaid, siren)를 모두 사용하는 영어권에서는 분명하게 구별되었지만, 프랑스어로는 두 단어의 의미가 뒤섞인 나머지 그리스 신화에서 새의 몸을 가진 세이렌은 잊혔다.

어부와 세이렌, 1858, 레이튼.

화재경보기가 된 방화범 세이렌?

세이렌들은 운 좋게도 고대 시대 당시보다는 훨씬 더 긍정적인 이미지로 사람들에게 인식되고 있다. (안데르센과 디즈니의 '인어 공주'가 한몫했다!) 일상에서도 세이렌의 흔적을 찾을 수 있을 정도다. 세이렌의 아름다운 목소리가 경보를 의미하는 '사이렌'이 되었기 때문이다. 프랑스의 한 발명가(샤를 카냐르 드라투르)가 세이렌의 이름에서 영감을 받아 1819년에 만든 것이라는 사실을 꼭 알아 두길 바란다!

역사 속 세이렌

아주 오랫동안 고대와 중세에 관한 과학적 정보가 부족했기 때문에 사람들은 유니콘처럼 세이렌도 실제로 존재했을 것이라고 믿었다. 크리스토퍼 콜럼버스가 아메리카 여행기를 이야기했을 때도, 아주 평온한 상태로 그가 실제로 세이렌들을 만났고 그리 예쁘지 않았다고 말하기도 했다. 신화는 신화일 뿐! (역사가들은 아마도 그가 개의 머리 모양을 한 해양 포유류 '바다소'를 보고는 세이렌과 착각한 것이라고 설명한다.)

귀여운 바다소를 보러 놀러 오세요!
#콜럼버스_같은_삶
(플로리다 크리스탈 리버에서 헤엄치는 바다소)

부리가 없고 날지 못하는 새

흉측한 외모에 인육을 먹는 끔찍한 식습관을 가진 세이렌들은 감히 제우스와 므네모시네가 낳은 아홉 명의 딸, 뮤즈들과 그 실력을 겨룰 만큼 목소리에 대한 자부심이 넘쳤다. 물론, 노래 대결은 신성한 뮤즈들의 승리로 끝이 났고, 부상으로 세이렌의 깃털로 만든 왕관을 가지기로 했다. 그래서 세이렌들이 하늘을 나는 능력을 잃었다고 한다. 율리시스에게 날아와 그를 갈기갈기 찢어놓았을 수도 있었는데 참으로 다행이다! (워터하우스의 그림을 보니, 아마도 신화를 잘 몰랐던 것이 분명하다 ☺!)

율리시스와 세이렌, 1891, 워터하우스, 빅토리아 내셔널 갤러리, 멜버른.

아마조네스
고대의 여전사들

아마조네스는 유방이 한쪽밖에 없는 여전사들로 이루어진 부족으로 아버지 아레스를 닮아 전쟁을 좋아한다. 남자들의 눈에는 거칠고 결혼을 혐오하는 여인들이었을 테니… 전형적인 페미니스트의 완벽한 상징이다!

영화 '원더우먼', 2017. 가슴 모양과 관련해서, 배우 갤 가돗은 고대 신화를 그대로 따르지 않았다.

매정한 여인들

아마조네스는 남성에 대한 강박 관념에서 탄생한 부족들이다. 남성들 없이 오로지 여인들로만 이루어져 있으며, 1년에 단 한 번 아이를 낳기 위해 가장 잘생긴 남성들을 이용한 다음(쓸모가 없어지면 죽였다), 사내아이가 태어나면 죽이거나 노예로 삼았다. 악몽이 따로 없군! 아마조네스는 남자아이의 다리와 팔을 부러뜨리고 전쟁을 벌일 수 없도록 눈을 뽑아내고 노예로 썼다는 일부 전설도 있다.

한쪽 가슴을 숨겨라

잔인한 면모만으로는 아마조네스를 전부 설명할 수 없다. 그녀들은 다소 외설적이기까지 했다. 한쪽 가슴은 밖으로 드러내고 나머지 한쪽에 대해서는 시대에 따라 조금씩 설명이 다르다. 고대에는 나머지 한쪽 가슴은 가렸다고도 하고, 오늘날에 전해지는 이야기는 아예 제거해 버렸다고도 한다. 아마조네스가 실제 존재했다고 믿었던 역사가 헤로도토스가 부족의 이름인 아마조네스의 어원이 그리스어로 '젖이 없다'는 뜻의 '아마존'이라고 썼던 것에서 유래했다. 활을 쏠 때 방해가 되어 한쪽을 제거해 버렸다는 것이다! 분명한 것은 그들이 너른 초원을 말을 타고 달리며 전쟁을 즐겼던 여전사 부족이라는 점이다!

#거친_녀석들

사랑은 불행을 부르는 법

아마조네스 부족 출신 중 가장 이름이 알려진 여왕은 바로 히폴리테다. 이름에는 노련미 넘치는 전투 실력을 갖춘 '말의 고삐를 푸는 자'라는 뜻이 담겨 있다. 아버지 아레스에게 선물 받은 히폴리테의 황금 허리띠는 헤라클레스의 아홉 번째 과업의 목표가 될 만큼 유명하다. 한편, 히폴리테가 헤라클레스를 사랑하게 되고, 헤라는 과업 수행이 순탄하게 성공할 것을 막기 위해 음모를 꾸민다. 아마조네스는 그들의 여왕을 지키고 헤라클레스를 죽이기 위해 창을 던졌지만, 히폴리테가 대신 창에 맞아 목숨을 잃고 황금 허리띠를 손에 넣은 헤라클레스는 그 길로 떠났다….

흑회식 토기, '아킬레우스와 펜테실레이아'의 암포라, 엑세키아스, 그리스. 아킬레우스가 펜테실레이아를 죽이는 순간 사랑에 빠진 장면이 그려져 있다. 신화적인 그림이다.

아마조노마키아

아마조네스의 모든 여인이 결혼을 혐오했던 것은 아니다. 안티오페는 히폴리테의 황금 허리띠를 찾으러 온 헤라클레스와 동행했던 테세우스에게 사랑을 느끼게 된다. 테세우스는 안티오페를 납치해 결혼하고, 안티오페는 아테네의 여왕 자리에 오른다. 분개한 아마조네스는 아테네에 전쟁을 선포했고 그들 중 한 명이 실수로 안티오페를 죽이자 테세우스도 그녀의 복수를 한다. 아마조네스는 아레스의 언덕(아레오파고스)에서 처참히 패하고 만다. 테세우스는 아테네 땅에 아마조네스를 묻었고, 아마조네스가 묻힌 자리는 매년 제물을 바쳐 제사를 치르는 장소가 되었다.

아마조네스를 찾아라

원더우먼

아마조네스에서 영감을 받아 제작된 가장 유명한 작품은 바로 영화 '원더우먼'이다. 사람들에게 알려지지 않은 섬 '데미스키라'에서 아마조네스 부족을 다스리는 여왕 히폴리타의 딸, '다이애나 공주'로 등장한다. 갤 가돗이 연기한 '원더우먼'에서 다이애나는 부족의 정적 아레스에게 맞선다. 그리스인들에게는 이교도적인 이야기일지도 모른다. 모든 아마조네스의 아버지가 바로 아레스였으니 말이다!

아마존

위대한 역사가 헤로도토스(기원전 5세기)만 아마조네스의 존재를 믿었던 것은 아니다. 16세기경, 적도 부근의 남아프리카 대륙을 최초로 탐험했던 스페인 탐험가 오렐라나도 마라뇬 부근에서 아마조네스와 유사한 부족들을 발견했다. 그 후, 주위에 흐르는 강에 '아마존'이라는 이름을 붙였다고 한다! 전설은 영원하다.

아마존에 오르다

전설에 따르면 아마조네스는 말을 탄 최초의 고대 부족이었다. 카트린 드 메디시스는 말의 안장에 발을 거는 고리를 두 개로 만들어, 치마의 모양이 흐트러지지 않도록 여인들이 두 다리를 한쪽으로 모으고 말을 타는 방법을 고안했다. '아마존 승마법'이 탄생한 것이다. 물론 아마조네스 부족의 말 타는 자세와는 아무 관계없다!

로마명: 아마조네스
어원: 가슴이 없는
아버지: 아레스
어머니: 님프 하르모니아

크로아제트의 말 탄 초상화, 1873, 카롤루스 뒤랑, 투르쿠앵 미술관.

스핑크스
수수께끼의 괴물

스핑크스는 여러 생물이 합쳐져, 형제 케르베로스와 어머니 에키드나가 그랬듯이 고대의 테베 지역을 두려움에 떨게 만든 괴물이다. 오이디푸스에게 패하기 전까지!

스핑크스의 수수께끼를 푸는 오이디푸스, 1808, 앵그르, 루브르 박물관, 파리.

어머니와 괴물의 근친상간으로 태어난 딸

스핑크스는 부모 탓에 성별을 알아볼 수 없는 못난 외모를 타고 났다. 어머니는 살모사 같은 반인반사(半人半蛇)의 여신 에키드나, 아버지는 머리가 두 개 달린 끔찍한 개 오르트로스였다. 오르트로스는 사실 에키드나의 아들이기도 했다. 근친상간으로 태어나 여인의 머리, 사자의 몸, 새의 날개를 달고 스핑크스라는 남성 이름이 붙었지만 실은 여성이었다. 땅을 황폐하게 만들고 살육을 하며 환희를 느끼는 모습에 헤라는 복수의 수단으로 스핑크스를 선택한다.

에키드나, 16세기, 보마르조 괴물 정원.
보마르조는 이탈리아 르네상스 시대에 만들어진 기괴한 정원으로, 화산암(페페리노)으로 만든 조각상들과 식물들이 넘쳐 난다. 보마르조 정원은 16세기에 이탈리아 건축가 오르시니가 만든 신비한 비밀의 공간이다.

로마명: 스핑크스
어원: 교살하다
아버지: 두 머리의 개 오르트로스
어머니: 반인반사의 에키드나

그리스
아테네 지역

테베

아테네

헤라가 보낸 재앙

테베의 왕이자 오이디푸스의 아버지 라이오스는 죄를 저지른다. 자신을 보호해준 제우스의 손자 펠롭스(140쪽 탄탈로스를 참고하라)의 아들을 납치한 것이다. 신들의 주인에게 반하는 죄라니! 곧, 포세이돈의 저주와 헤라의 분노를 사게 되고, 헤라는 테베 지역을 쑥대밭으로 만들기 위해 스핑크스를 보낸다. 스핑크스는 다음의 수수께끼를 풀지 못한 인간은 모두 먹어 치웠다. "목소리는 같지만, 아침에는 다리가 네 개, 낮에는 두 개, 밤에는 세 개가 되기도 하는 것은 무엇인가?"

마지막으로 하고 싶은 말 있습니까, 장 피에르?

포기가 빠른 괴물

오이디푸스는 아버지를 죽이고 어머니와 결혼한다는 그의 운명을 피하려고 새로운 거처를 찾아 모험을 떠나던 중 앵그르의 그림에서 볼 수 있듯이 스핑크스를 만나 수수께끼를 푼다. "아주 쉽네. 정답은 바로 인간이야. 아기 때는 네 개의 다리로 기어 다니고, 청년 때는 두 개의 다리로 걸으며, 노년이 되면 지팡이를 짚고 세 개의 다리로 걷기 때문이지." 수수께끼를 푼 오이디푸스가 승리하자 스핑크스는 그 자리에서 절벽으로 뛰어내려 스스로 목숨을 끊는다. 더 이상 괴롭힐 필요가 없기 때문이었다. 포기가 아주 빠르군! 오이디푸스는 스핑크스를 물리친 공을 인정받아 테베의 여왕과 혼인하게 되는데, 알고 보니 자신의 친엄마였다. 이 이야기는 나중에 다시 나누자.

나도 해도 돼?

→ 세이렌의 절벽

진짜 스핑크스

한 인물의 신비로움, 수수께끼 같은 모습, 헤아리기 어려운 성품을 표현할 때 은유적으로 스핑크스라고 표현한다. 그 대표적인 예로 알렉상드르 뒤마의 『붉은 스핑크스』가 있다. 『붉은 스핑크스』는 1628년 라 로셸 섬 멸 작전 당시 수많은 음모를 헤쳐 나가야 했던 리슐리외 추기경에서 이름을 따 제목을 붙인 『삼총사』와 이어지는 작품이다.

틀린 곳을 일곱 군데 찾으시오

피라미드와 스핑크스

4500년 전 세워진 것으로 추정되는 기자의 스핑크스는 파라오 카프레(파라오만이 걸치는 두건 '네메스', 적들로부터의 보호를 의미하는 코브라 모양의 표장으로 알아볼 수 있다)를 상징하며 아버지 쿠푸의 피라미드를 지키는 수호신이다. 1368년, 우상 숭배는 곧 이슬람교의 명예를 훼손한다고 주장한 이슬람교도에 의해 코와 귀가 파괴되었다. (오벨릭스의 잘못이 절대 아니다.) 분개한 이집트 사람들은 범인을 교수형에 처했다. 꼴좋구만!

기자의 스핑크스, 기원전 2500년경.

좋아. 이번에는 더 어려운 수수께끼를 내도록 하지. 얼음이 물에 빠져 죽었다. 이것을 세 글자로 줄이면? 정답은 무엇일까?

날개 달린 스핑크스, 기원전 6세기경 제작된 조각상, 고대 그리스.

메두사
머리카락이 뱀인, 눈이 마주친 자는 돌로 만들어 버리는 마녀

고르고네스의 다른 두 자매처럼, 메두사는 눈이 마주친 인간은 모두 돌로 만드는 능력이 있는 괴물이다. 언니들과는 다르게 아름다운 여인으로 태어났던 유일한 인간이었지만 결국 페르세우스에게 죽임을 당한다.

"메두사의 눈은 모두를 죽일 수 있지!"

메두사의 머리로 무장한 페르세우스를 지켜보는 미네르바, 돌로 변한 피네우스와 그의 병사들, 1718, 나티에르, 투르 미술관.

머리에서 휘파람 부는 저 뱀들은 뭐야?

끔찍한 마녀가 되기 전, 메두사는 윤기가 흐르는 긴 곱슬머리로 남자들을 유혹하는 아름다운 처녀였다. 바다의 신 포세이돈은 그 매력에 빠져 메두사를 납치하고 아테네 신전으로 데리고 간 다음 불경하게도 뜨거운 사랑을 나눈다. 정숙하지 못한 메두사가 감히 여신들에게 자신의 미모를 견주며 잘난 체하고 다니자 심기가 불편해진 아테나는 메두사의 아름다웠던 곱슬머리를 혐오스럽고 징그러운 뱀으로 바꾸어 버린다. 그리고 그녀와 눈이 마주친 사람은 전부 돌로 만드는 저주의 눈이 되도록 벌을 내렸다.

조용히 주위를 살피기 위한 유일한 방법

어차피 죽을 운명이었던 메두사!

메두사에게는 두 명의 언니가 있었고, 사람들은 이들을 고르고네스의 세 자매라고 불렀다. 메두사라는 이름은 '여왕'이라는 어원을 갖고 있었지만 안타깝게도 세 자매 중 유일한 필멸의 존재였다. 페르세우스가 어머니의 결혼을 막기 위해 폴리덱테스 왕에게 고르고네스의 머리를 가져다주기로 했을 때 메두사를 선택한 것도 그 때문이었다. 헤르메스가 준 청동으로 된 하르페의 칼(낫)로 무장한 페르세우스는 아테나 여신의 엄호 아래 방패로 비추어 보며 메두사가 잠든 사이를 노려 급습했다.

머리와 피로 낳은 자식

아테나가 괴물로 바꿔 버리기 전에 메두사는 포세이돈의 아이를 두 번 임신한다. (아, 신화 속 모든 신이 그렇듯 포세이돈도 정력이 남달랐다.) 크리사오르와 페가수스는 메두사의 피 속에 굳어 있다가 페르세우스가 메두사의 목을 베었을 때 태어났다. 크리사오르는 '황금 칼'이라는 뜻으로 황금 칼을 갖고 태어난 용사였다. 페가수스는 날개 달린 말인데, 아버지 포세이돈이 바다의 신이자 말의 신이기 때문이다.

메두사, 1598, 르 카라바조, 우피치 미술관, 피렌체.

메두사의 동굴

쓸모 있는 죽음

메두사는 필멸의 운명에 따라 분명 죽음을 맞이했지만 결국 두 언니보다 더 오래 그 이름을 남겼다. 메두사의 눈은 여전히 상대를 돌로 만드는 힘을 지니고 있었기 때문에, 페르세우스는 아테나 여신에게 고마움을 전하기 위해 메두사의 머리를 바쳤다. 아테나는 흉부와 목을 보호할 수 있는 방패에 메두사의 머리를 붙여 적들을 전부 돌로 만들어 버렸다. 한편, 의술의 신 아스클레피오스는 메두사의 목에서 나온 피를 모아 아주 유용하게 활용했다. 메두사의 경정맥에서 흘러나온 피는 독성이 들어 있는 반면 경동맥에서 흘러나온 피는 죽은 자를 다시 살릴 힘이 있었다. 약물이 가진 모호한 경계를 잘 보여 준다!

로마명: 메두사
어원: 지배하다, 다스리다
별명: 고르곤
아버지: 포르키스?
어머니: 케토

메두사를 찾아라

베르사체 로고

로마나 파리의 거리를 거닐다 보면 (또는 시칠리아섬의 깃발을 보면) 건축물에 새기거나 그려 놓은 원형의 장식에서 메두사의 머리를 심심찮게 발견할 수 있다. 도둑을 내쫓기 위한 전통적인 방법이었을까? '아메리칸 크라임 스토리' 시즌 2에서 나오는 것처럼 이탈리아의 디자이너 지아니 베르사체가 어릴 적 로마에서 만든 그의 브랜드 로고에는 작고 아름다운 메두사의 머리가 새겨져 있다.

단어 속 메두사

메두사는 깜짝 놀라거나 아연실색한다는 의미의 프랑스어 'pétrifié'와 동의어로 쓰인다. 어떤 관계가 있을까? 'Pétrifié'는 돌을 의미하는 라틴어 '페트라'(요르단 남부의 유적지 '페트라'도 바위산을 깎아 만든 건물들로 유명하다)에서 유래했으며 '돌로 만들다'라는 뜻이다. 프랑스어 'médusé'도 같은 의미이며, 메두사와 눈을 마주친 순간 그 자리에서 몸이 굳어버리는 모습을 표현한다.

바다 속 생물 메두사

메두사를 본딴 해파리의 공식 명칭(Medusozoa)은 1758년에 처음으로 과학자 칼 폰 린네에 의해 붙여졌다. 해파리에 달린 따갑게 찌르는 수많은 촉수는 둥근 머리에 달린 고르고네스의 끔찍한 뱀을 떠올리게 했기 때문이다. 그 전까지는 프랑스에서 '바다의 젤리'라는 이름으로 불렸으며(영어로 jellyfish가 된 이유이기도 하다), 더 상냥하고 덜 공격적인 이미지를 갖고 있었다!

LADY GAGA FOR VERSACE

베르사체 광고, 레이디 가가의 목에 걸린 메두사 목걸이가 브랜드의 상징이다.

사자의 갈기처럼 풍성한 촉수의 해파리.

엘리시온의 들판 옆 레테강, 1880, 스펜서 스탠호프, 맨체스터 아트 갤러리.
이 그림은 플라톤이 말한 신화를 그렸다. 플라톤은 지하 세계에는 에리스(불화의 여신)의 딸인 나이아스(강과 샘물에 사는 닝프) 중 한 명이자 배은망덕함과
망각을 상징하는 레테의 이름을 딴 강이 흐른다고 했다. 환생을 명 받은 영혼들은 지하 세계를 떠나기 전 레테강에 몸을 담그고 전생을 모두 잊는다.
뒤편에는 (이 그림에서는 볼 수 없지만) 정의로운 자들과 영웅들의 영혼이 뛰노는 엘리시온의 들판이 있다.

신화 속 비운의 인물들

물이 차가우려나?

비 상 구

들어가기 전에 몸에 물 좀 묻혀야지!

우 리는 가끔 그리스인들에게 신화란 종교와도 같았다는 사실을 잊는 다. 신들을 기리지 않거나 제물을 바치지 않은 자들은 생전에도 불경함에 대한 벌로 저주를 받았으며 사후에도 타르타르(지옥) 에 빠져 고통받았다. 탄탈로스, 시시포스, 다 나이데스 등은 무한한 형벌의 늪에 빠져 허우적댔다. 하지만 적어도 잔인한 운명 을 타고난 오이디푸스나 나르키소스보다 는 나은 삶이었을지도 모른다!

탄탈로스
신화 속 최악의 요리사

탄탈로스 신화는 그리스 신화의 주요 주제인 잔인한 이야기 중 하나다. 나락을 뜻하는 타르타로스에서 영원히 목마르고 배고픈 형벌을 받게 된 리디아 왕의 처참한 삶이 불쌍해 보일 수도 있겠지만, 사실은…

인간이 되기엔 너무 부유한 탄탈로스

탄탈로스는 인간 왕이었지만 실은 제우스와 부의 여신 플루토의 아들로 태어났다. 어려서부터 신들의 각별한 애정을 받으며 신들의 만찬에 초대받아 올림포스산에서 넥타르와 암브로시아를 먹었다. 그가 불멸의 존재가 될 수 있다는 명백한 증거이자 특권이었다. 신들과 동등한 지위라고 생각했던 탄탈로스는 신들을 성대한 향연에 초대하여 대접하려 했다. 하지만 곧 이 향연에서는 끔찍한 참사가 일어나는데….

입맛 돋는 향연

오만하기 짝이 없던 탄탈로스는 신들보다 두뇌가 더 뛰어나다는 것을 증명하고 싶어서 신들의 통찰력을 시험하기 위해 미치광이 같은 끔찍한 죄를 저지른다. 바로 자신의 친아들 펠롭스를 토막 내어 만찬의 요리로 신들에게 대접했다! #사이코패스. 탄탈로스는 이로써 아들과 신을 상대로 두 개의 큰 죄를 짓게 되었다.

탑 셰프
신들을 위한 특별 메뉴

누가 어깨를 먹었지?

탄탈로스는 형체를 알아볼 수 없게 아들을 잘게 토막 내고 푹 익혀 고깃국으로 만들었다. 하지만 신들의 전지전능함을 속일 수는 없었다. 사실을 알아챈 신들은 그 누구도 음식을 입에 대지 않았다. 아무도. 오직 딸 페르세포네를 잃은 슬픔에 빠진 여신 데메테르만이 우울함에 판단력을 잃고 아무 생각 없이 어깨 부위 한쪽을 먹고 말았다. 탄탈로스의 끔찍한 범죄에 충격을 받은 제우스는 고깃덩이들을 하나로 모아 손자를 다시 환생시켰다. 데메테르가 먹어 버려서 푹 패인 어깨는 상아로 대신 채워 주었다.

탄탈로스의 고통, 1731, 피카르트, 개인 소장품. 판화 아래에는 이렇게 적혀 있다. "주위에 물과 과일이 있어도 평생 목마름과 배고픔에 고통받는 형벌을 받는 탄탈로스." 그림의 안쪽에는 타르타로스에서 벌을 받는 영혼들을 고문하는 악마들의 모습이 보인다.

어깨 상처 말이야, 상어한테 물린 거야?

설명하기 참 곤란한데….

어원: 감질나다
아버지: 제우스
어머니: 부의 여신 플루토

1920년대, 독일의 탄탈 전구 광고 엽서.

만찬을 원했던 거야?
그럼 지금 하게 해 줄게!

탄탈로스의 죄에 분노한 제우스는 불멸의 존재가 된 탄탈로스를 지하 세계의 타르타르로 추방하여 영원히 그가 저지른 잔인한 죄에 대한 벌을 받도록 했다. 아들을 죽여 끔찍한 만찬을 준비했으니, 평생 목마르고 배고픈 고통을 주었다. 깨끗한 물가에 다가가 물을 마시려 입을 가까이 대면 샘물이 말라 사라지고, 사과를 따 먹으려 하면 나무가 땅으로 푹 꺼져 사과를 잡을 수 없었다. 고통스러운 벌이었지만, 그가 저지른 죄가 그만큼 중대했기 때문이었다.

#메롱

단어로 보는 탄탈로스-환칭법

'탄탈로스의 형벌'은 신화에서 유래한 유명한 표현 중 하나다. 그런데 수사학의 환칭법(고유 명사를 보통 명사나 동사, 형용사 등으로 바꾸어 쓰는 법)에서 탄탈로스의 이름이 자주 쓰인다는 것을 알고 있는가? 즉, 탄탈로스는 자신이 가질 수 없는 것을 끊임없이 갈망하는 사람을 가리킬 때 쓰인다. 아주 논리적이다.

물에 빠진 부리

탄탈로스의 형벌은 탄탈이라는 새 이름에서도 찾을 수 있다. 사하라 사막 이남 아프리카에 널리 분포하는 황새의 일종으로, 물속을 몇 시간 동안 걸으며 늘 목이 마른 듯이 부리를 물에 담그거나 심지어는 먹이를 찾으러 머리까지 푹 담근다. 영원한 목마름과 배고픔의 형벌을 받은 탄탈로스와 비슷한 모습이다.

노랑부리황새는 Mycteria ibis로도 불린다.

화학 원소 속 탄탈로스

1802년, 한 대학교수는 산화되지 않고 물에 녹지 않는 화학 원소를 발견한다. 물속에 들어가 있지만 물 한 모금도 마실 수 없고 몸에도 흡수되지 않는 지옥의 탄탈로스를 연상했다. 그 후, 73번 화학 원소가 되어 주기율표에는 '탄탈럼'이라는 이름으로 불리게 되었다!

시시포스
코린토스의 왕이자 창시자

시시포스의 형벌은 극도로 끔찍하다. 아무리 밀어 올려도 끊임없이 굴러떨어지는 무거운 바위를 영원히 산 정상으로 밀어 올리는 형벌이었다. 그의 유일한 죄는 죽음에 도전한 것이었다.

시시포스와 바위, 18세기 판화.

이스트미아 제전

시시포스는 본래 동정심이 많은 왕이었다. 이스트미아의 시조 도시 코린토스의 창시자로 인간들을 위해—적어도 그리스인들을 위해—이스트미아 제전(수 세기 동안 큰 성공을 거둔 올림픽과 겨룬 스포츠 경기)을 창시했다. 이 제전의 유래는 다음과 같다. 시시포스는 헤라 여신의 분노를 산 조카 멜리케르테스가 복수를 당한 후 그 시신이 해안가의 소나무에 걸린 것을 발견했다. 이스트미아 제전은 조카의 안타까운 죽음을 기리기 위한 일종의 제례 의식이었다.

죽음도 피해 가는 교묘함!

호메로스에 따르면, 시시포스가 지닌 왕으로서의 재능은 도시나 제전을 창시하는 데 그치지 않았다. 도시의 무역과 항해술을 발전시킬 만큼의 능력도 있었다. 이 정도면 완벽한 왕 아닌가? 물론 그렇지 않았다. 시시포스는 안타깝게도 뛰어난 술책을 지녔지만 다른 사람들을 희생시켰다. 예를 들어, 이스트미아 지협을 가로지르는 장벽을 세워 그리스 북부와 남부의 교통을 차단한 다음, 그곳을 지나다니는 사람들에게 과한 통행료를 요구하기도 했다. 한편, 꾀 많은 시시포스는 죽음의 신 타나토스에게 그가 직접 발명한 수갑을 차 보라며 부추겨 오랫동안 토굴에 감금해 수년 동안 인간들의 목숨을 빼앗는 것을 막았다. 똑똑하군!

로마명: 시시포스
아버지: 아이올로스
어머니: 에나레테
배우자: 아틀라스의 딸, 플레이아데스 자매 중 한 명인 메로페

돈이냐 목숨이냐 그것이 문제로다!

율리시스의 아버지?

시시포스의 교묘함은 율리시스의 수법과 무척 닮아 보인다. 아마 우연은 아닐 것이다. 어느 날, 전령의 신 헤르메스의 아들 아우톨리코스는 (아버지의 훔치는 기술을 물려받았다) 시시포스의 소 떼를 훔쳐 알아보지 못하도록 소의 모습을 바꿔 버린다. 한편, 시시포스는 도둑 몰래 소 발굽 아래 칼로 글자를 새겨 두었다. 도둑질을 들킨 아우톨리코스는 소를 훔친 대가로 시시포스에게 딸을 주었는데, 훗날 그녀가 율리시스의 어머니가 된다. 우연의 일치였을까?

죽음을 피하다 (에피소드 2)

죽음을 맞이하기 직전, 시시포스는 아내에게 자신이 죽으면 땅에 매장하지 말아 달라는 부탁을 남긴다. 이는 사실 그리스에서는 금지된 행동이었다. 영혼이 지하 세계에서 결코 평온을 찾을 수 없게 될 것이기 때문이었다. 시시포스의 아내는 그의 유언을 따랐다. 마침내 지하 세계에 도착했을 때, 시시포스는 하데스를 찾아가 아내의 죄를 벌하도록 지상으로 다시 보내 달라며 간청한다. 시시포스의 말에 설득당한 하데스는 흔쾌히 그를 지상으로 올려 보냈고, 시시포스는 당연히 수년 동안을 지하 세계에 돌아오지 않았다. 죽음을 능멸한 것이 바로 그가 타르타르에 빠지는 형벌을 받게 된 죄였다. 헤르메스가 시시포스를 강제로 끌고 지하로 내려갔고, 그곳에서 감히 신들을 농간한 죗값을 톡톡히 치른다.

여보, 하데스한테 전화 왔어요. 언제 돌아오는지 알려 달래요.

내가 나중에 전화한다고 전해 줘.

시시포스를 찾아라

행복한 시시포스를 상상하며

시시포스가 저지른 죄는 우리에게 왠지 모를 공감을 불러일으킨다. (죽음을 피하고 싶지 않은 자가 어디 있겠는가?) 알베르 카뮈는 시시포스가 받게 된 끔찍한 형벌을 긍정적인 시각에서 해석하여 『시시포스의 신화』를 쓴다. 카뮈는 작품에서 삶 그 자체를 이야기하며, 삶의 모든 가치는 결과가 아닌 그것을 성취하기 위한 우리의 끝없는 노력에 있다고 말한다. "행복한 시시포스를 상상하며." 중요한 것은 과정이다.

알베르 카뮈.

시시포스, 1549, 티치아노, 프라도 미술관, 마드리드.

파리 정원에서 만난 시시포스

시시포스가 끊임없이 움직이며 돌을 굴리는 모습은 조각상(뤽상부르 공원, 뇌이유 공원), 명화(프라도 미술관에 전시된 티치아노의 시시포스) 등 수많은 작품에 영감을 주었다. 이루어야 할 과업의 방대함과 설령 우리의 노력이 절망적일 만큼 실패로 끝이 날 운명이라고 하더라도 그것을 불평해서는 안 된다는 사실을 떠올리게 한다!

쇠똥구리의 시조

쇠똥구리를 본 적 있는가? 딱정벌레목 쇠똥구릿과에 속하는 곤충으로, 쇠똥을 먹으며 앞다리로는 쇠똥을 굴린다. 그 모습을 본 곤충학자들은 단 한 차례의 망설임도 없이, 멈추지 않고 '바위'를 굴려 올리는 시시포스의 모습을 연상하여 쇠똥구리의 공식 명칭을 '긴 다리의 시시포스'라고 붙였다! #롤링스톤

쇠똥구리.

다나이데스
지옥에서 만난 불의의 피해자

다나오스의 50명의 딸을 의미하는 다나이데스는 저승에서 구멍 뚫린 항아리에 영원히 물을 채워 넣는 형벌을 받았다.
다나이데스야말로 그리스 신화에서 가장 부당한 처벌을 받은 경우라고 할 수 있겠다!

다나이데스, 1904, 워터하우스.

다나오스의 50명의 딸, 아이깁토스의 조카들

리비아의 왕 다나오스의 50명의 딸인 다나이데스들은 서로 다른 어머니에게서 태어났다. 다나오스 왕은 엄청난 바람둥이였다. 그의 형제 아라비아의 왕 아이깁토스도 50명의 아내에게서 낳은 50명의 아들이 있었다. #바람난_가족. 어느 날, 아이깁토스는 형제인 다나오스의 왕국 사이에 남아 있는 땅들을 정복하여 영토를 확장하고자 했다. 하지만 다나오스는 아이깁토스가 품은 영토 확장의 야심을 경계하고 있었다.

약속대로 너희 동네에서
결혼식 올리자!

아냐, 형 동네에서 해.
공간이 부족해.

그런 게 어딨어.
너희 동네에서 하기로 했잖아.

아냐, 형 동네에서 해. 그냥 그렇게 해.

혼인 전략

아이깁토스는 그의 50명의 아들과 다나오스의 50명의 딸을 결혼시키자며 선량한 척 제안했다. 하지만 다나오스는 이것이 분명 계략일 것으로 의심하며 경계했고, 신탁을 들어 보기로 했다. 다나오스가 듣게 된 예언은 아이깁토스가 50명의 딸을 신혼 첫날 바로 다음 날 모두 죽일 계획을 세우고 있다는 것이었다! 충격에 휩싸인 다나오스는 곧장 아테나 여신을 찾아가 도움을 청했다. 동정심을 느낀 아테나는 다나오스에게 50개의 노로 젓는 역사상 최초의 배를 만들어 전해 주었고, 다나오스는 딸들과 함께 배를 타고 지중해를 건너 그리스의 아르고스로 도망쳤다. 휴, 다행이다.

로마명: 다나이데스
어원: 다나오스의 딸들
아버지: 리비아, 훗날 아르고스의 왕 다나오스
어머니: 전부 다름

50번의 결혼, 49번의 장례식

아이깁토스는 당연히 아들들을 아르고스로 보내어 다나오스에게 그의 딸들과 결혼시킬 것을 계속해서 요구했다. 몇 주 후, 다나오스는 하는 수 없이 결혼을 허락하기로 한다. 딸들을 지키기 위해 다나오스는 딸들에게 날카로운 비녀를 손에 쥐어 주고, 결혼 첫날밤 남편의 목을 베라고 지시했다―그렇지 않으면 다음 날 남편의 손에 죽을 테니 말이다. 자정이 되자, 다나이데스들은 각자의 잠든 남편들을 찔러 죽였다. 하지만… 아내의 순결을 지켜 준 단 한 명만이 살아남았다.

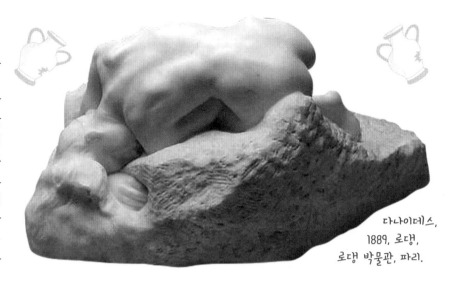

다나이데스, 1889, 로댕, 로댕 박물관, 파리.

범행 도구

그리스 신화 최악의 법정 스캔들

다나오스와 그의 딸들에게는 불행하게도 죽음의 현장에서 살아남은 아이깁토스의 유일한 아들은 복수를 위해 아르고스로 다시 돌아온다. 그리고 당연히 다나오스와 딸들을 (물론 자신을 살려줬던 한 명만 제외하고) 전부 죽인다! 다나이데스들은 아테나와 헤르메스에게 '무죄' 판결을 받았지만, (정당방위였으니까!) 지하 세계에서는 그 죄에 대한 대가로 구멍 난 술통에 평생 물을 채우는 벌을 받는다. (실제로는 밑바닥이 깨진 항아리였을 것이다. 그리스인들은 골족이 만든 술통을 당시에는 몰랐을 테니!) 지옥 같군!

다나이데스 꽃병, 1926, 라리크. 유백색의 유리병.
(꽃병의 이름을 보니 상품성이 떨어지는 것 같다. 구멍 난 곳이 없나 잘 찾아보자!)

다나이데스를 찾아라

지구본 속 다나이데스

다나이데스들의 삼촌 아이깁토스는 그의 왕국(아라비아)과 형제의 왕국(리비아) 사이에 있는 왕국을 정복했다. 머릿속에 지도를 펼쳐 그 위치를 생각해 보면, 오늘날 이집트가 아이깁토스의 이름에서 유래했다는 것을 알아챌 수 있을 것이다!

Come to EGYPT
FOR SUNNY DAYS & MAGIC NIGHTS

1950년대의 광고 포스터.

프랑스어 속 다나이데스

'다나이데스의 술통'은 비록 정확한 표현은 아니지만(실은 항아리였다), 결코 이룰 수 없는 것에 대해 말할 때 자주 쓰이는 표현이다. 예를 들어, 프랑스 시인 아폴리네르는 그의 가장 대표적인 시 중 하나인 '사랑받지 못한 사내의 노래'에서 이런 구절을 적었다. "내 가슴과 내 머리가 비어 가는 자리에 하늘이 온통 무너져 내리네. 오, 나의 다나이데스 술통이여, 행복하려면 어찌해야 하는가." 그의 시 구절에서 그가 느낀 불안감이 잘 느껴지지 않는가?

은유법 속 다나이데스

플라톤은 『고르기아스』에서 다나이데스의 술통 항아리의 은유를 활용하여 행복의 두 가지 측면에 대해 반박한다. 소크라테스가 말하길, 다나이데스의 항아리는 욕망을 채우기 위해 애쓰는 것이기에 영원히 욕구 불만에 시달릴 수밖에 없다. 그러자 플라톤과의 대화에서 끊임없이 자가당착에 빠지는 수사학자 칼리클레스가 답하길, 인간은 항아리를 가득 채웠을 때 만족한다고 한다. (아무것도 이해 못 한 바보 천치다. "이봐, 칼리클레스, 그러니까 항아리에 구멍이 뚫려 있다고!")

미다스
프리기아의 왕

미다스는 그리스 신화에서 가장 잘 알려진 왕 중 한 명이다. 손에 닿는 모든 것을 황금으로 바꾸는 능력(하지만 양날의 검이 되었다)과 음악 경연 사건으로 유명하다.

미다스 왕과 술병.
너새니얼 호손의 『그리스 로마 신화』에 실린 그림, 1852, 월터 크레인.

부자가 될 운명

미다스는 왕의 아들로 매우 부유한 가정에서 태어났다. 어린 시절, 개미들은 밀알을 가지고 와 미다스의 입에 넣었다. 이는 모든 인간 중 가장 부유한 자가 될 것이라는 징조였다. 한편, 그의 아버지 고르디아스 왕은 아주 복잡한 매듭을 만들어 신전 앞에 묶어 둔 다음, 이 매듭을 푸는 자가 세계의 지배자가 될 것이라고 말했다. 아무도 매듭을 풀지 못했지만, 마침내 알렉산더 대왕이 나타나 단칼에 매듭을 잘라 버렸다. 이렇게 간단하고 쉬운 방법이 있었다니! 그 후로, '고르디아스의 매듭 풀기'는 겉으로는 해결하기 복잡해 보이는 문제를 뜻밖의 방식으로 쉽게 해결하는 것을 의미하는 표현이 되었다.

헛된 엘도라도

디오니소스의 친구였던 사티로스 실레노스는 어느 날 술에 너무 취한 나머지 미다스의 왕국에서 길을 잃는다. 왕국의 경비병은 실레노스를 부축하여 미다스 왕에게로 데려갔다. 미다스는 실레노스를 알아보고는 그가 무사히 돌아갈 수 있게 도와주었다. 친구를 도와준 것에 고마움을 표현하기 위하여 디오니소스는 미다스에게 소원을 한 가지 들어주겠다고 약속한다. 황금을 좋아한 미다스의 소원은 바로 그가 만지는 모든 것이 금으로 바뀌는 재능을 달라는 것이었다. 그렇게 비극이 시작되었다! 손을 갖다 대는 순간 모든 것이 금으로 바뀌었으니 아무것도 먹을 수도, 마실 수도 없게 된 것이다.

로마명: 미다스
아버지: 고르디아스
어머니: 키벨레

자동차 수리는 미다스

자동차의 빠른 수리를 자랑하는 미국 기업 미다스는 전 세계 기업 중 순위권에 꼽히는 유명 기업이다. 알파벳 'i'처럼 생긴 로고 위에 작은 왕관이 보이는가? 이제 여러분은 프리기아의 왕 미다스의 이름에서 유래했다는 것을 알아챘을 것이다!

'파크톨루스'의 미다스

고대 시대 때부터 파크톨루스강은 사금을 구할 수 있는 곳으로 유명했다. 왜일까? 바로 미다스 왕이 파크톨루스강에서 몸을 씻자 바닥을 만져 온통 금으로 바꿔 버렸기 때문이었다. 한편, 사금이 나오는 아마존의 한 강 유역에서 녹색의 유리처럼 반짝이는 작은 개구리를 발견한 학자들은 미다스의 일화를 떠올리며 공식 학명으로 '테라토히라 미다스'라는 이름을 붙였다. 황금 물방울 같은 노란색의 작은 점박이 무늬가 있었기 때문이다.

보티첼리 작품 속 미다스

피렌체 우피치 미술관에 전시 중인 보티첼리의 유명한 작품 '아펠레스의 비방'은 비방에 관한 우화적 표현이 잘 드러난 것으로도 알려져 있다. 이 작품에서 미다스의 귀가 당나귀의 귀인 것을 볼 수 있다. 아폴론과 마르시아스의 음악 경연에서 아폴론의 실력이 더 뛰어나다는 심판의 판정에 반기를 든 미다스에게 아폴론이 벌을 내렸기 때문이다. 그 후로 미다스는 잘못된 판정 또는 부정한 판정의 상징이 되었다. 운도 없지!

파크톨루스를 만지다

결국, 미다스는 디오니소스를 찾아가 소원을 무효로 만들어 달라고 울며 빌었다. 디오니소스는 미다스에게 파크톨루스 강물에 깨끗이 몸을 씻으면 능력이 사라질 것이라고 했다. 그 후, 파크톨루스강에서는 사금이 나온다고 한다. 한편, 능력을 잃고 신난 미다스는 두 번째 큰 실수를 저지르고 만다. 감히 아폴론(리라 연주가)과 플루트를 연주하는 사티로스 마르시아스의 음악 경연 심사에 개입한 것이다. 그것으로도 모자라, 마르시아스의 연주 실력이 월등하다며 나서기까지 한다. 벌 받을 운명인 게 분명하다!

머저리 같은 심판!

자존심에 상처를 입고 분노한 아폴론은 미다스의 귀가 '막귀'가 아니고서야 있을 수 없는 일이라며 그의 귀를 당나귀 귀로 바꿔 버렸다. 자신의 귀가 수치스러웠던 미다스는 모자를 푹 눌러 쓰고 귀를 숨기고 다녔다. 오직 왕의 이발사만이 그 비밀을 알고 있었고, 발설하는 그 즉시 목숨을 잃게 될 것이기에 함구해야 했다. 하지만 입이 간지러워 더 이상 참기 힘들었던 이발사는 외딴곳으로 가 땅에 구덩이를 파고 그 안에 소리쳤다. "미다스 왕의 귀는 당나귀 귀!" 그런데, 하필이면 옆에 우거진 갈대숲이 바람

에 흔들리며 땅에 묻은 이발사의 목소리가 흘러나와 왕궁에까지 전해지고 말았다! 세상에 이런 일이!

#흔들리는_갈대숲에서

오이디푸스
완벽한 비극의 주인공

'오이디푸스 콤플렉스'로도 잘 알려진 완벽한 비극의 주인공 오이디푸스가 걸린 저주는 바로 아버지를 죽이고 어머니와 결혼한다는 것이었다. 끔찍한 운명을 피해 도망쳤지만, 오이디푸스는 결국 숙명에 굴복한다.

오이디푸스와 안티고네, 1842, 잘라베르, 마르세유 미술관.

로마명: 오이디푸스
어원: 부어오른 발
아버지: 라이오스
어머니: 이오카스테
배우자: 이오카스테

오이디푸스, 발이 부었구나

오이디푸스는 테베의 왕 라이오스의 아들로 태어났다. 여왕 이오카스테가 오이디푸스를 임신했을 때, 라이오스는 아내와 신탁을 얻으러 갔다가 끔찍한 운명을 전해 듣는다. 아들이 태어나면 아버지를 죽이고 어머니와 결혼한다는 것이었다. 충격과 두려움에 라이오스는 예언의 실현을 막기 위해 끈으로 아이의 발목을 묶어 나무에 매달아 저 멀리 떨어진 산에 내다 버렸다. 하지만 길을 지나던 한 목동이 발견하여 아이를 거두었고, 끈을 잘라 내니 발이 심하게 부은 것을 보고는 '부어오른 발'을 의미하는 '오이디푸스'라는 이름을 붙였다.

목동은 아이가 없는 코린토스의 왕 폴리보스와 여왕 메로페에게 아이를 바쳤다.

무자비한 여사제

청년이 된 오이디푸스는 술에 취한 어떤 남자와 말다툼을 벌이다 자신이 '주워온 아이'였다는 사실을 듣게 된다. 부모에게 찾아가 물었지만 진실을 알려 주지 않자, 오이디푸스는 델포이의 여사제 피티아에게서 그가 원하는 대답이 아닌 끔찍한 운명을 듣게 된다. 폴리보스와 메로페가 여전히 자신의 친부모라고 알고 있었던 오이디푸스는 신탁의 예언을 거스르기 위해 코린토스를 영원히 떠나기로 했다. 비극의 시작이었다.

#비공인_온테소리

오이디푸스를 찾아라

스핑크스의 수수께끼

스핑크스가 오이디푸스에게 낸 수수께끼는 너무나도 유명하다. "아침에는 다리가 네 개, 낮에는 두 개, 밤에는 세 개가 되기도 하는 것은 무엇인가?" 오이디푸스는 '인간'이라고 답한다. 삶을 하루로 보았을 때 '아침'의 시기인 아기 때는 네 개의 다리로 기어 다니고, 청년 때는 두 개의 다리로 걸으며, 인생의 '밤'이 오고 노년이 되면 지팡이를 짚고 세 개의 다리로 걷기 때문이다. (내가 생각하는 진짜 수수께끼는 이 괴물의 정체. 스핑크스는 '남자'인가? '여자'인가? 원래는 여자가 맞다!)

어쩌구저쩌구… 어쩌구저쩌구…
어쩌구저쩌구… 어쩌구저쩌구…
어쩌구저쩌구… 어쩌구저쩌구…
어쩌구저쩌구… 어쩌구저쩌구…
어쩌구저쩌구… 어쩌구저쩌구…
어쩌구저쩌구… 어쩌구저쩌구…
어쩌구저쩌구… 어쩌구저쩌구…
어쩌구저쩌구… 어쩌구저쩌구…
어쩌구저쩌구… 어쩌구저쩌구…
어쩌구 저쩌구…

오이디푸스와 스핑크스, 1864, 모로, 메트로폴리탄 아트 뮤지엄, 뉴욕.

라이오스? 라이우스?

'라이우스'라는 단어를 들어 본 적 있는가? 장황하고 지루한 연설 또는 말을 의미한다. 라틴어의 '라이오스'에서 파생된 것으로 1804년 프랑스의 '에콜 폴리테크니크(공립 공과 대학)' 입학시험 작문 주제로 등장한 적 있다. "라이오스가 오이디푸스에게 말한 답변에 대해 자유롭게 적어 보시오"라는 문제에 당시 수험생들은 수십 장의 페이지에 장황하고 지루한 답변을 가득 적어 제출한 것에서 유래되어 '라이우스'라는 표현이 생겼다고 한다!

근친상간

오이디푸스와 친어머니 사이에서 벌어진 근친상간의 주제는 정신 분석의 창시자 프로이트에게 큰 영감을 주었고, 고대 신화를 바탕으로 심리학적 개념 '오이디푸스 콤플렉스'를 확립한다. (간략하게. 오이디푸스 콤플렉스는 모든 남자아이는 무의식적으로 어머니에게 큰 애착을 느끼기 때문에 아버지가 죽거나 사라지기를 바라는 심리를 의미한다.) 신화적 사고는 이렇게 높은 지적 활동으로 이어질 수 있다. 그 증거가 바로 프로이트의 정신 분석학적 주요 개념이다!

오이디푸스와 스핑크스가 그려진 프로이트의 장서표.

친부 살해, 근친상간…전부 사고였어!

코린토스를 떠나 방랑하던 오이디푸스는 길목에서 나이 든 한 남자와 그의 일행들을 마주치게 되었다. 갈림길 한가운데 선 오이디푸스가 길을 비키지 않자 그를 마구 때리기 시작했다! 한참의 시비 끝에 분노에 눈이 먼 오이디푸스는 그들을 모두 죽이고 길을 떠났다. #고대의_교통사고_대처법. 오이디푸스는 테베인들이 괴물 스핑크스가 낸 수수께끼를 풀지 못해 고통받고 있다는 것을 알게 되고, 스핑크스에게 맞서 수수께끼를 풀어낸다. 마침내 자유를 되찾은 테베인들은 오이디푸스를 왕의 자리에 올리고 여왕과 결혼하도록 했다.

오이디푸스, 내가 네 엄마야

수년 후 오이디푸스는 여왕과 네 명의 아이를 낳는다. 그러던 어느 날, 테베에 역병이 창궐했다. 오이디푸스가 상황의 심각성을 깨닫고 신탁을 청하자, 선대 왕 라이오스의 살인자를 찾아 처단해야 한다는 답이 돌아왔다. 범인을 찾아 도시 전체를 샅샅이 뒤져 마침내, 자신이 바로 라이오스를 죽인 범인이었다는 것을 알게 되었다! 더욱 충격적인 사실은 여왕 이오카스테가 실은 친어머니라는 것이었다. 비극적 운명에 이오카스테는 스스로 목숨을 끊고, 오이디푸스는 두 눈을 찔러 장님이 된 채 딸 안티고네와 함께 도시를 떠난다.

제 가족관계증명서입니다. 미리 말하지만, 아주 복잡해요!

가족관계 증명서

파에톤

태양신의 아들, 고대 추락사의 전형

파에톤은 신의 아들임을 뽐내며 오만하고 무책임한 성격 때문에 그리스 신화에서 가장 처참한 죽음을 맞이한다. 허영심 때문에 태양의 신인 아버지의 마차를 마음대로 몰다가 인류의 절반을 뜨거운 불로 태워 버렸다.

파에톤을 찾아라

폭스바겐 사의 '페이톤'.

폭스바겐 사의 세단, '페이톤'

폭스바겐 사 마케팅 팀은 자사의 새로운 세단에 이름을 붙일 때, 파에톤 신화를 제대로 읽은 것인지 의문이 생길 수 있다. 솔직히, 신나게 액셀을 밟고 달리다 전부 불태워 버리고 결국 벼락에 맞는 통제 불능의 자동차에 올라타고 싶은 사람이 어디 있겠는가? 그러니, 아마도 바퀴는 큰데 차체는 아주 낮고 작은 사륜마차 '페이톤'에서 유래했을 가능성이 크다!

마차 페이톤, 버터워스, 개인 소장품.

파에톤, 영국학파, 20세기.

내가 태양신의 아들이다

클리메네와 태양신(그리스어로는 헬리오스, 라틴어로는 포이보스)의 아들로 태어난 파에톤은 특별한 업적을 남긴 것은 없지만 모든 아들이 그렇듯 그의 뿌리에 엄청난 자부심이 있었다. 그러나 이를 아무리 자랑해도 돌아오는 것은 조롱뿐이었다. "네가 태양신의 아들이라고?" 오기가 생긴 파에톤은 해가 떠오르는 동방의 헬리오스 궁전으로 찾아가 친자 관계를 증명할 수 있게 도움을 요청했다. 헬리오스는 아들의 마음을 진정시키며 어떤 소원이든 들어주겠다는 아주 경솔한 약속을 하고 만다.

파에톤, (태양) 마차를 멈춰

그리스인들에게 지나친 오만과 과시에서 발

이봐, 제우스! 이 녀석 좀 어떻게 해 봐!

아, 우리 아빠 좀 불러 달라니까요, 예?

생한 '폭력'의 전형이자 최악의 실수를 저지른 악동으로 알려진 파에톤은 아버지의 태양 마차를 직접 몰아 보는 것을 그 소원으로 제시한다. 마차를 끄는 네 마리의 신성한 말들을 다루기 위해서는 엄청난 힘이 필요했다. 헬리오스는 그의 경솔함을 후회했지만 이미 엎질러진 물이었다. 자신감이 넘친 파에톤은 고삐를 잡았고 마차를 출발시켰다. 평소와 다른 가벼운 힘을 눈치챈 말들은 금방 흥분해 마구 날뛰기 시작했다.

아프리카인들의 피부가 까맣게 된 이유

파에톤은 그리스어에서 때때로 무책임함을 은유적으로 표현할 때 쓰인다. 밀레니얼 세대처럼 파에톤은 원하는 모든 것은 배움의 과정이 없어도 그 즉시 해 봐야 직성이 풀리는 성미를 갖고 있었다. 그 책임은 그럼 누가 지었을까? 바로 전 지구에게 돌아갔다! 파에톤이 끄는 마차가 지상에 가까이 내려가자 땅에는 불이 붙어 활활 타올랐고 강물은 메말랐으며 아프리카 지역에 살고 있던 원주민들은 피부가 새까맣게 그을렸다. 엉망진창이 된 대지를 보고만 있을 수 없었던 제우스는 파에톤에게 벼락을 내렸고, 파에톤의 시신은 포강으로 추락했다!

나르키소스
자기 자신과 사랑에 빠져 버린 남자

아름다운 청년 나르키소스는 자기 자신에게 마음을 빼앗겨 사랑에 빠지고 결국 (말 그대로) 미치고 만다. 나르시시즘의 창시자!

예언자 테이레시아스

물의 님프 리리오페의 아들로 태어난 나르키소스는 태어날 때부터 아름다운 외모로 모든 님프의 사랑을 한 몸에 받았다. 리리오페가 예언자 테이레시아스에게 아들의 미래를 물었고, 그는 다음과 같이 예언했다. "자기 자신을 알지 못한다면 아주 오래 살 수 있을 것이다." 너무나도 모호하고 난해한 예언이었다! 시간이 흐를수록 나르키소스는 잘생긴 미소년으로 성장했고 동성과 이성 할 것 없이 모두가 갈망하는 애정의 대상이 되어 웬만한 여인들의 구애에 무감각해질 정도였다.

에코와 나르키소스, 1903, 워터하우스, 워커 아트 갤러리, 리버풀, 영국.

내 마음은 오직 그의 것

나르키소스는 차갑고 냉담했다. 자신에게 끊임없이 사랑을 표현했던 청년 아메이니아스에게는 칼을 선물해 그가 자살하도록 만든다. 한편, 아메이니아스는 스스로 목숨을 끊으면서, 분수를 넘어서는 모든 종류의 과함을 응징하는 복수의 여신 네메시스에게 나르키소스를 벌해 달라 기도한다. 분노한 네메시스는 나르키소스를 반짝이는 샘물로 데리고 간 다음, 물에 비친 자신의 모습을 보게 만든다. 그 누구에게도 유혹당한 적 없던 나르키소스는 마침내 반사된 그의 모습에 사랑을 느끼고 말았다.

물에 비친 나는 대답이 없다

자기 자신의 모습과 사랑에 빠진 나르키소스는 점점 피폐해져만 갔다. 헤라의 심기를 건드려 오직 상대방이 말한 마지막 단어만 따라 해야 하는 벌을 받은 물의 님프 에코는 나르키소스를 사랑했지만 그를 위로할 방법이 없었다. 나르키소스가 반사된 자신의 모습만 바라보듯, 에코도 그의 말의 마지막 말만 되풀이할 뿐이었다. 나르키소스의 미친 사랑은 비극다운 결말을 맞는다. 물가에 엎드려 물속에 비친 모습만 바라보다 나르키소스의 다리는 뿌리가 되어 버렸다. 그는 결국 아름답지만 독성이 있는, 언제나 물가를 향해 머리를 기울여 자신의 모습을 바라보는 꽃, 수선화가 되었다.

로마명 : 나르키소스
어원: 졸음의
아버지: 강의 신 커피소스
어머니: 물의 님프 리리오페
직업: 사냥꾼

내 얼굴만 바라봐도 24시간이 모자라···

판도라
그리스 신화 속 최초의 여성

제우스가 인류에 벌을 내리기 위해 헤파이스토스를 시켜 진흙을 빚어 만든 그리스 신화에 등장하는 최초의 인간 여성이다. 판도라는 호기심을 이기지 못하고 제우스가 준 미스터리 한 항아리를 열고 만다.

판도라, 16세기, 레니에, 18세기 베네치아 미술관. ("나 지금 실수하는 것 같아.")

신들이 준 선물

가가멜이 스머프를 만든 것처럼, 제우스는 판도라를 만들었다. 프로메테우스로부터 불을 얻게 된 인간들을 벌하기 위해서 어떤 불화의 씨앗을 던질까 고민하던 제우스는 마침내 한 가지 방법을 생각해 낸다. 바로 인간 여인을 만드는 것이다! #여성_혐오. 제우스는 헤파이스토스에게 진흙으로 여인을 빚게 시켰고, 모든 신이 그녀에게 저마다 한 가지씩 선물을 주도록 했다. 아르테미스는 아름다움을, 아테나는 방직 기술을, 아폴론은 노래를, 헤라는 질투심을, 그리고 마지막으로 헤르메스는 거짓말과 설득, 호기심을 선물했다! #준비_완료.

신들의
인형 놀이

사악한 아름다움

판도라가 세상에 등장하기 전 인간들의 세상은 이브가 원죄를 저지르기 전의 지상 낙원과도 같았다. 농작물이 쑥쑥 자라나듯 자손이 번영하고 피곤함도, 노쇠함도, 고통도 알지 못했다. 천국의 삶이었다. 판도라가 세상에 "등장하기 전까지"는 말이다. 판도라는 '사악한 아름다움'의 상징이 되어, 아름답게 '포장'되어 있지만, 그 안에는 온통 혼란만이 담겨 있어 인간에게 독이 된 선물이었다. 최대의 피해를 낳아 확실하게 벌하고자 했던 제우스는 판도라에게 지참금이라며 (아주 위험해 보이는) 선물 한 가지를 손에 쥐어 인간 세상에 내려보냈다.

별명: 사악한 아름다움, 치명적인 호기심
어원: 판도라, 모든 선물
아버지: 헤파이스토스(진흙으로 만듦)
어머니: 모든 신이 한 가지씩 선물을 주었다

두 번의 재앙

첫 번째 재앙은 제우스가 판도라에게 준 신비한 항아리였다. 제우스는—판도라의 호기심을 자극하기 위하여—이것을 절대 열지 말라며 신신당부했다. 사실 그 안에는 인간을 불행하게 만드는 온갖 나쁜 재앙들이 담겨 있었다. 제우스는 항아리와 함께 판도라를 보내어 불을 훔친 프로메테우스의 동생이자 '나중에 생각하는 자'라는 뜻의 이름을 가진 에피메테우스를 유혹에 빠뜨렸다. 프로메테우스는 동생에게 독과 같은 제우스의 (두 개의) 선물을 받아서는 안 된다고 말했지만, 에피메테우스는 판도라와 결혼했고, 그녀는 곧, 참을 수 없는 호기심에 휩싸여 항아리 뚜껑을 열고 만다.

상자를 연 판도라, 1910년 출간된 일러스트 작품, 크레인, 파리 장식 미술관.

깊은 곳에 남아 있는 한 줄기 희망

두 번째 재앙은 바로 판도라가 항아리 뚜껑을 열자마자 인간 세상에 퍼진 온갖 종류의 불행들이었다. 어두운 기운에 자신의 잘못을 깨닫고 재빨리 뚜껑을 닫았지만, 소용이 없었다. 질병, 노화, 전쟁, 기근, 절망, 속임수, 이기심 등 악한 것들은 전부 퍼져 나갔다. 하지만 딱 한 가지가 다른 불행들과 순서 다툼에서 밀려 항아리에서 빠져나오지 못하고 남아 있었는데, 바로 (불확실함 속) 희망이었다. 모든 불행의 끝에서 그나마 인간을 구원해 준 것은 항아리 속 저 깊이 남아 있는 희망이었다. 인간을 다시 살아가게 하는 한 줄기 빛!

다행이야. 그래도 내가 희망은 남겼잖아!

성경 속 판도라

성경에서 원죄를 짓는 이브와 판도라는 매우 닮았다. 위험한 호기심과 '지상 낙원'의 종말까지 창세기의 연대는 정확히 파악하기 어려워서 무엇이 먼저 일어났고, 영향을 미쳤는지는 알 수 없다. 그러나 둘 사이에 차이점이 있다면, 그것은 바로 사회에서 여성의 지위 향상에 도움이 된 정도라고 할 수 있다. 성경에서는 적어도 인간의 삶을 혼란에 빠뜨리기 위해 여성을 탄생시키지 않았으며, 여성 그 자체가 악한 존재는 아니기 때문이다!

품질에 비해 값비싼 보석

판도라는 1982년에 설립된 덴마크의 유명 주얼리 브랜드로, 태국에서 헐값에 패물들을 수입하여 덴마크 화폐 가치에 맞게 바꾼 다음 전 세계에 되팔아 어마어마한 수익을 창출하는 '기업 모델'을 추구했다. 그 결과, 30년 만에 판도라는 전 세계 주얼리 브랜드 중 티파니앤코와 카르티에 다음 순위에 올랐다. (판도라라는 이름처럼) 겉으로 보기에는 괜찮아 보이는 성과다!

아담과 이브를 책망하는 하느님, 1623, 도메니코, 데번셔 공작 소장품, 채츠워스 하우스.

오레스테스
친모 살해범, 아가멤논의 아들

오레스테스는 친어머니를 살해한 것으로 잘 알려져 있다. 명백하고 끔찍한 범죄를 저지른 오레스테스는 두 가지 죄에 대한 대가로 복수의 여신 에리니에스에게 쫓기며 오랜 고초를 겪는다.

오레스테스와 에리니에스, 1891, 모로.

> 나 착한
> 여신 맞지?
>
> 네...
> 여신님.

로마명: 오레스테스
아버지: 아가멤논
어머니: 클리타임네스트라

어머니를 죽인 살인자 아들

아르고스의 왕 아가멤논이 10년에 걸친 트로이 전쟁을 마치고 마침내 고국으로 돌아왔을 때, 아들 오레스테스는 어느덧 젊은 청년으로 자라 있었다. 오랜 시간 떨어져 있었던 아버지와 아들이 얼싸안고 상봉의 시간을 누릴 겨를도 없이, 아가멤논의 아내는 정부였던 아이기스토스와 작당하여 그를 살해한다(간통+살해=이중 배신). 누이였던 엘렉트라는 동생 오레스테스를 삼촌에게 보내어 보호를 부탁했다. 그러나 오레스테스는 성인이 되자마자 아르고스로 돌아와 아버지의 원수를 갚았다. 어머니와 그의 정부를 죽인 것이었다. 정당한 것 아닌가? 이해는 가지만, 그리스에서 친모를 살해하는 것은 중범죄에 해당하는 항목이었다.

> 카론에게 줄 뱃삯으로
> 가득한 오레스테스의
> 동전 지갑!
>
> #다_자란_왕자

미치게 만드는 에리니에스의 분노

어머니 클리타임네스트라를 죽인 아들에게 화가 난 신들은 친족 살해범이라면 끝까지 쫓아가 그 죄를 묻는 복수의 여신 에리니에스들을 오레스테스에게 보낸다. 여신들이 끈질기게 따라다니며 괴롭힌 탓에 한참을 시달리던 오레스테스는 도시에까지 닥칠 에리니에스의 화풀이를 막기 위해서 아르고스를 떠나야만 했다. 한편, 올림포스산에서 이 모든 것을 지켜보던 아폴론은 클리타임네스트라와 아이기스토스를 죽이라 조언했었기 때문에 오레스테스가 받는 고통이 안쓰러웠다. 그래서 오레스테스에게 도시 아테네로 가서 죄에 대한 판결을 받을 것을 제안한다.

박해받고 제물이 되기까지

오레스테스는 아테네의 법정 아레오파고스에서 아테나 여신의 도움을 받아 마침내 무죄 판결을 받는다. 판결을 인정할 수 없었던 에리니에스들은 분노했지만, 앞으로 아테네인들이 '자비롭고 착한 여신

오레스테스를 찾아라

운문 비극 속 오레스테스

라신의 운문 비극 『앙드로마크』의 대표적인 구절 중에는 오레스테스가 환상에 사로잡혀 뱀에게 둘러싸여 있다 착각하고 소리치는 장면이 있다. "당신들의 머리 위에서 휘파람을 불어 대는 이 뱀들은 대체 누구를 위한 것입니까?" 라신은 머리 위에서 뱀이 휘파람을 불어 댄다는 묘사를 통해 망상에 빠진 오레스테스의 모습을 표현했다. 라신이 위대한 극작가로 꼽히는 데는 다 이유가 있다.

뱀이 휘파람을 부는 악몽

귀여운 헤르미온느와 오레스테스

그리스 신화에 등장하는 헤르미온느는 그리 상냥한 인물은 아니다. 어린 시절엔 오레스테스와 결혼을 약속한 사이였지만 아킬레우스의 아들 피로스와 정략결혼을 하게 되고, 피로스가 전리품으로 거두어 첩으로 삼은 안드로마케에 대한 병적인 질투심에 사로잡혀 주술을 부려 그녀를 저주하고 괴롭혔다. 헤르미온느는 피로스를 사랑했지만, 피로스의 사랑은 안드로마케를 향해 있었다. 질투심을 참지 못한 헤르미온느는 결국 오레스테스를 시켜 피로스를 죽이도록 한다. 또 다른 신화에서는, 헤르미온느가 오레스테스에게 피로스를 죽이라 명한 자신을 비관해 절망 속에서 자살했다고도 한다!

『파리 떼』

사르트르는 희곡 『파리 떼』에서 오레스테스 신화를 철학적으로 풀어냈다. 오레스테스는 죄를 후회한다는 것은 그것을 털어 내려는 비겁한 방법이며, 그가 정의라고 믿은 두 번의 살인을 완전히 인정하기로 한다. 그 결과, 주피터(제우스)가 보낸 파리 떼가 도시 아르고스 전체를 뒤덮는다. 오레스테스는 도시 사람들을 회한과 파리 떼로부터 자유롭게 해 주기 위해 자신을 희생한다. 모순적이게도, 주피터는 아이기스토스에게 이렇게 말한다. "인간이 자유 의지를 갖고 있다는 것은 신과 왕들을 슬프게 하는 일이다." 인간의 자유 의지란 신이 보낸 무수한 파리 떼와 우리가 스스로 가한 망상에서 벗어나게 하는 힘이다.

들'이라고 (아름답게) 칭송해 주는 대신 화를 가라앉히기로 한다. 한편, 오레스테스는 복수에서 완전히 벗어나기 위해 그의 사촌이자 절친한 친구 필라데스와 함께 타우리스로 가 아르테미스 여신상을 훔치려 했다. 이는 곧 아주 심각한 결과를 불러일으키게 되는데 이곳 신전에서는 이방인을 여신의 제물로 바치는 풍습이 있었기 때문이었다. 그리고 때마침 제사를 담당하는 여사제가 도착했다.

해피엔딩

짠! 제사를 관리하는 여사제는 사실 아르테미스 여신이 암사슴으로 변신시켜 트로이 항해를 위한 제물이 되지 않도록 구해 주었던 그의 누이 이피게네이아였다. 이피게네이아는 오레스테스와 필라데스를 위해 여신상을 훔쳐 그들과 함께 달아났다.

(구해 주세요!) 가는 길목에서 오레스테스는 그의 사촌이자 약혼녀였던 메넬라오스와 헬레네의 딸 헤르미온네를 빼앗아 간 아킬레우스의 아들을 죽였다. 필라데스는 오레스테스의 누이 엘렉트라와 결혼했고, 오레스테스는 90세가 되어 뱀에 물려 죽을 때까지 헤르미온네와 함께 아르고스와 스파르타를 다스렸다.

재회

다시 만나서 정말 기뻐! 근데 그게 무슨 소리야?

나도 잘 지냈어. 내가 엄마를 죽인 거만 빼면.

잠든 오레스테스, 1820년경, 뒤부아, 캉페르 미술관, 프랑스.

이카로스와 다이달로스
뛰어난 건축가이자 발명가인 아버지, 기술에 목숨을 빼앗긴 아들

이카로스와 다이달로스 신화는 기술을 갈고닦는 자와 그 기술에 잠식된 자에 대한 기막힌 비유를 보여 준다.

발명가 다이달로스

아테네의 전설적인 기술자로 고대의 레오나르도 다빈치라 불리는 다이달로스는 천부적인 재능과 기술력을 지녔지만 시기 질투가 강했다. 그의 제자 중 한 명이 톱과 나침반을 만들어 그의 명성을 뛰어넘으려 하자 너무 질투한 나머지 다이달로스는 그를 탑에서 밀어 버렸다! (아이러니하게도, 훗날 아들의 죽음과 유사하다. #네메시스) 이 범죄로 다이달로스는 아테네에서 쫓겨나 크레타섬으로 망명했고 그곳에서 미노스 왕의 욕심을 채워 줄 수 있는 무언가를 발명하게 되는데….

다이달로스의 미로

미노스 왕의 아내 파시파에는 남편이 저지른 죄의 벌을 대신 받았다. 바다의 신 포세이돈이 선물했던 흰 소를 약속대로 제물로 바쳐야 했는데, 그것을 지키지 않은 죄였다. 포세이돈의 저주를 받은 파시파에는 정신병에 걸려 흰 소와 사랑에 빠지게 된다. 음메에. 다이달로스는 파시파에의 부탁으로 그녀가 흰 소와 짝짓기를 할 수 있도록 나무로 암소를 만들어 주었고, 그녀는 결국 흰 소의 아이를 임신까지 하게 되었다! 파시파에는 황소 머리를 가진 괴물 미노타우로스를 낳았고, 왕궁에서는 그를 다이달로스가 만든 라

그리스의 50가지 그림자

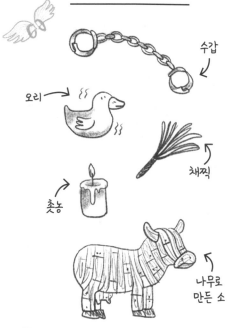

수갑

오리

채찍

촛농

나무로 만든 소

이카로스의 날개를 붙잡는 다이달로스, 1754, 비앙, 파리 국립 고등 미술 학교, 프랑스.

어원: 명장

가족 관계: 아버지와 아들

비린토스 미로에 가두어 인간의 눈에 띄지 않도록 했다.

아들과 함께 또 따로

다이달로스만이 라비린토스를 빠져나오는 방법을 알고 있었다. 실타래를 풀며 미로에 들어갔다가 다시 풀린 실을 따라 나오는 방법이었다. 하지만 아리아드네도 미로를 탈출하는 법을 알고 있었다. 미노타우로스를 물리치러 온 테세우스에게 연민과 사랑을 느낀 아리아드네가 다이달로스에게 물었기 때문이었다. 미노타우로스가 결국 죽

임을 당하자, 미노스는 배신한 다이달로스와 그의 아들을 (실타래 없이!) 라비린토스의 깊은 곳에 가두었다. 발명의 영감이 언제나 샘솟았던 다이달로스는 날개를 만들어 하늘로 날아 탈출하는 방법을 생각해 냈다! 그러나 예상치 못한 실수가 하나 있었으니, 날개의 깃털들을 전부 밀랍을 녹여 붙였다는 것이다.

기술을 뛰어넘는 천재성

다이달로스는 기술을 뛰어넘는 천재성의 전형적인 인물로서 언급된다. 그가 가진 재

능과 실력으로 비행기의 전신을 개발한 것이나 다름없었으니 말이다. 한편, 그의 아들은 영웅도 아니었고, 평범한 그리스인이었다. 오만하고, 지나친 교만(그리스인들에게는 최악의 성격이다)에 사로잡혀 있었으며, 하늘을 날 때 절대로 태양 가까이 가서는 안 된다는 아버지의 당부도 듣지 않았다. 이렇듯 이카로스는 기술의 황홀함에 취해 그것을 제대로 활용하지 못하고 '날개가 녹아' 추락하고 만다. 현대 시대의 은유일까?

이카로스와 다이달로스를 찾아라

실을 잃어버리지 마세요

다이달로스는 수사학의 환칭법으로도 그 이름이 자주 등장한다. 라비린토스를 곧 '다이달로스의 미로'라고 부르기도 하기 때문이다. 한 가지 잘 알려지지 않은 사실은, 한 가닥의 실로 달팽이 집을 통과하는 난제를 해결하기 위해 실을 개미에 묶어 달팽이 집을 돌아 나오도록 하여 해결한 것도 바로 다이달로스라는 것이다. 그러니, 라비린토스를 빠져나오는 방법으로 어째서 실타래를 생각하게 되었는지 이제 충분히 이해가 될 것이다!

이카로스의 꿈 #날아올라

그리스 신화에서는 오만함이 부른 죄는 결코 용서받지 못한다. 그런데 현대 사회에서 이카로스는 그것을 이해받는 듯하다. 그가 처한 상황에서 벗어나고, 한계를 극복하여 정상에 이르고자 꿈꾸는 인물로서 여겨지기 때문이다. 그 예로, 스위스 제네바에서 열린 익스트림 스포츠 대회의 이름은 '이카로스의 꿈'이었다! 문화마다 이해의 척도가 다른 법이다.

실력을 뛰어넘는 영화

그리스인들에게 이카로스는 전형적인 영웅의 특징이 전혀 없는 인물이었다. 하지만 태양에 다다르고픈 그의 욕망이 베르뇌유 감독에게는 큰 공감을 이끌어 내, 감춰진 진실을 파고들다 결국 살해당하고 마는 이브 몽탕 주연의 영화 '이카로스의 비밀'이 탄생했다. "진실에 다다르려 애쓰는 자는 날개를 잃는다." 한편, 러시아 스포츠계의 도핑 사건을 다룬 다큐멘터리 영화 '이카로스'는 반대로 진실을 파헤치는 데 성공한다. 이카로스에 대한 두 가지 다른 해석이 재미있지 않은가!

로마 문명, 라비린토스에서 싸우는 테세우스와 미노타우로스를 표현한 모자이크.

우선 사랑하는 제 아버지께 이 영광을 돌립니다. 아버지가 계시지 않았더라면 영화의 모티브가 될 일도 없었을 거예요.

황도 십이궁

사람들은 대부분 자신의 별자리를 알고 있지만, 별자리의 유래가 그리스 신화라는 사실은 잘 알지 못한다. #운명

물고기자리

어느 날, 그리스 신화의 가장 무서운 괴물 티폰('연기를 내다'는 뜻)은 제우스를 공격하여 왕좌를 뺏을 음모를 꾸민다. 혼란에 빠진 올림포스산의 모든 신은 동물로 변신하여 도망쳤고, 아프로디테와 아들 에로스(큐피드)는 두 마리의 물고기로 변신했다. 위기의 그 순간을 기억하기 위해 제우스가 만든 별자리다!

물병자리

가니메데스는 『일리아드』에 등장하는 '필멸의 인간 중 가장 빼어난 미남'으로 트로이의 왕자였다. 제우스는 그의 미모에 매료된 나머지 독수리로 변신하여 가니메데스를 납치했고 올림포스산 신전으로 데리고 올라왔다. 가니메데스는 그곳에서 신들을 시중들며, 만찬 중에는 신들의 술잔을 채웠다. (그래서 물병자리가 탄생했다!)

염소자리

이 별자리는 유쾌한 신 판과 관련이 있다. 티탄족이 올림포스산을 공격했던 당시, 아프로디테 여신이 물고기로 변신해 물에 뛰어들어 몸을 피하는 것을 본 판은 급히 변신하다 상반신은 염소, 하반신은 물고기가 되어 물에서 허우적댔고, 그것을 본 제우스가 우스꽝스러운 모습을 기념하기 위해 별자리로 만들었다.

궁수자리

고대 시대에 가장 뛰어난 활 솜씨를 가진 켄타우로스 케이론은 수많은 영웅 제자들에게 활 쏘는 법을 전수했다. 어느 날 히드라의 독이 묻은 화살에 무릎을 맞고 죽을 것만 같은 고통에 결국 자신의 불멸을 포기했고, 하늘에 올라 별자리가 되었다.

전갈자리

여동생 아르테미스가 사랑한 사냥꾼 오리온을 죽이기 위해 아폴론이 보낸 불을 내뿜는 전갈이다. 오리온자리와 반대 방향에 있어 오리온자리가 지는 여름에 뜨는 별자리로, 영원히 쫓고 쫓기는 관계다.

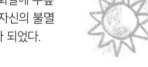

천칭자리

정의의 여신 아스트라이아가 가지고 다니던 정의의 저울로, 트로이 전쟁 당시 제우스가 그리스군과 트로이군의 운명을 가늠하기 위해 (그리스군의 승리로 기울었다) 사용했다.

양자리

크리소말로스('황금 털'이라는 뜻)라는 이름으로
불리는 숫양으로, 이아손의 황금 양가죽을
찾아 떠나는 모험에 영감을 주었다.

황소자리

포세이돈이 크레타의 왕 미노스에게 보낸 흰 소다.
미노스 왕이 약속을 지키지 않자, 포세이돈은 그를
벌하기 위해 그의 아내와 흰 소가 사랑에 빠져 괴물
미노타우로스를 낳게 한다!

쌍둥이자리

그리스 신화에 등장하는 '가짜' 쌍둥이 형제
카스토르와 폴룩스의 별자리다. 레다가 낳은
아들들이자 헬레네의 쌍둥이 형제들이다.
(로마 신화에서는 로마를 건국한 로물루스와
레무스 형제의 별자리로 여긴다!)

게자리

레르네의 히드라와 친구였던 작은 꽃게는 여신 헤라가
헤라클레스를 죽이기 위해 보냈던 것이었다. 하지만
헤라클레스와의 전투에서 처참히 짓밟혀 죽게 되고,
이를 안타깝게 여긴 헤라가 하늘의 별자리로
만들어 영원히 반짝이게 했다.

사자자리

헤라클레스가 해결한 열두 개의 과업 중
첫 번째 과업이었던 네메아의 사자다.

양자리

황소자리

쌍둥이자리

게자리

사자자리

처녀자리

처녀자리

제우스의 딸이자 정의의 여신인 아스트라이아는
(크로노스가 지배하던) 황금기가 끝날 무렵 교양 없는
인간들의 모습에 질려 대지를 떠났다. 아스트라이아는
주로 그녀가 들고 다니는 저울과 함께 표현된다.

찾아보기

사진의 저작권:

감사의 말

오드 고에민 :

우선 호메로스에게 감사의 인사를 드립니다(당신이 없었다면 불가능했을 겁니다). 프랑스 최고의 만화가 안 로르, 그리고 생동감 있는 이야기를 남긴 신화 속 영웅들과 괴물들에게도 감사의 말씀을 전합니다.

안 로르 바루시코 :

오드 그리고 아가타, 여러분의 따뜻함과 친절에 감사드립니다. 작업하면서 정말 행복했어요. 전 여러분을 조금 사랑하게 된 것 같아요…. #두근두근
에마뉘엘, 주말마다 인스타그램 댓글로 방대한 이 작업을 마무리할 수 있도록 이끌어 주어서 고마워요.
야니스, 내 편이 되어 주고, 언제나 "네가 최고야"라고 말해 줘서 고마워요. 사랑해요!
마지막으로, 그리스인과 결혼해 가정을 꾸리면서 이제 저는 할아버지와 눈을 똑바로 맞추고 신화에 대해 정확한 이야기를 나누고 농담도 할 수 있게 되었습니다. #오드의_성장

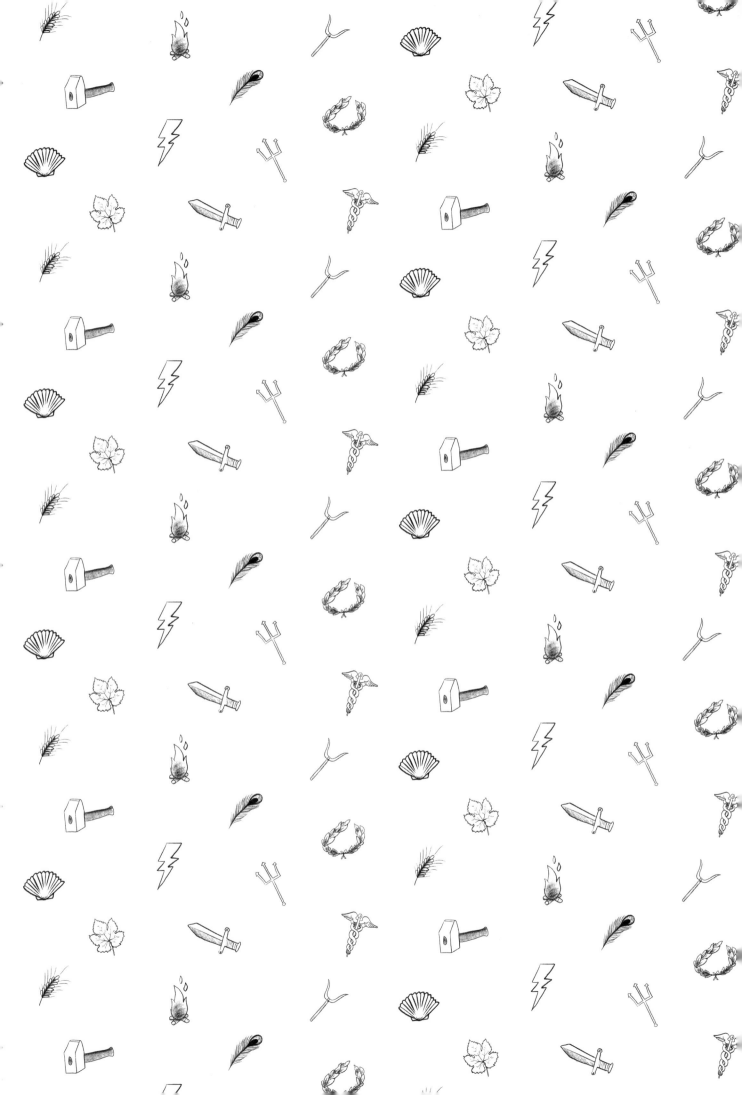

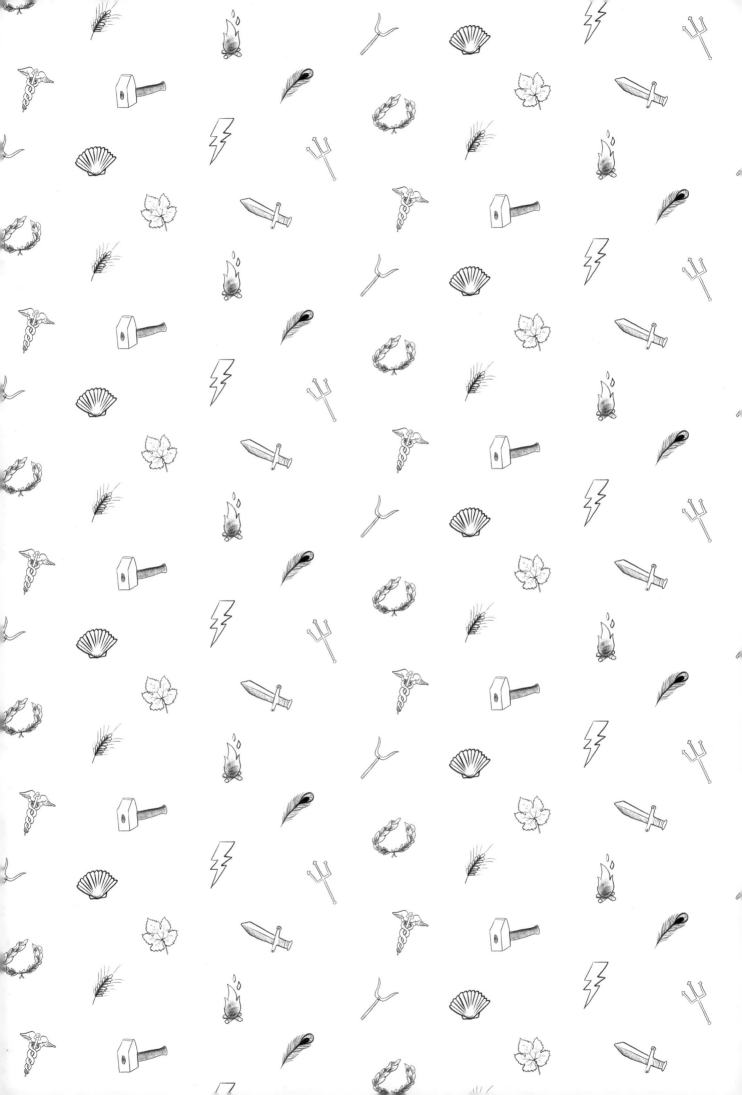